몸의 언어, 교육연극과 초등문학교육

이수동 지음

몸의 언어, 교육연극과
초등문학교육

elementary literature education

도서
출판

몸의 언어, 교육연극과 초등문학교육

초판 인쇄 2014년 3월 4일 초판 발행 2014년 3월 10일
지은이 이수동 | 펴낸이 박찬익 | 편집장 김려생 | 편집인 정봉선
펴낸곳 도서출판 **박이정** | 주소 서울시 동대문구 천호대로 16가길 4
전화 922-1192~3 | 팩스 928-4683 | 홈페이지 www.pjbook.com
이메일 pijbook@naver.com | 등록 1991년 3월 12일 제1-1182호
ISBN 978-89-6292-624-8 (93370)

* 책값은 뒤표지에 있습니다.

머리말

교육현장에서 문학교육을 담당하고 있는 교사라면 '문학은 가르쳐질 수 있는 것인가?'라는 본질적 문제에서부터 '문학을 어떻게 가르쳐야 할 것인가?'라는 현실적 문제에 이르기까지 한번쯤은 다 고민해 보았을 것이다.

또한 이러한 문학교육 방법론의 문제는 문학 지식의 생성이 어떻게 이루어지느냐의 문제, 학습 독자를 어떤 관점으로 바라보느냐의 문제, 문학의 생산과 수용에 사용되고 있는 언어 텍스트를 무엇으로 보는가의 문제 등에 따라 다양한 방법들이 동원되며 변화되어 왔다. 이러한 변화는 교육환경의 변화에 따라 객관주의적 관점의 문학교육에서 구성주의적 관점의 문학교육으로 바뀌며 그 타당성도 인정되고 있는 것이 현실이다. 그리고 교육 현장에서는 구성주의적 관점의 문학교육에 대한 연구들도 많이 이루어지고 있다. 그럼에도 불구하고 문학교육의 대상이 구체적 조작기라는 발달적 특징과 함께 무한한 상상력을 갖고 있는 초등학생에 알맞은 문학교육의 방법 면에 직면하면 또 막연해 진다.

이 책은 이런 문제에 부딪히는 초등학교 신생님들에게 다소나마 문학교육에 대한 대안이 될 수 있기를 기대하며 초등문학교육에 관하여 고민한 문제를 교육연극에서 찾아 '몸의 언어, 교육연극과 초등문학교육'이란 제목으로 엮었다.

책의 제목에 '몸의 언어'를 강조한데는 그럴 만한 이유가 있다. 2009개정 국어과 교육과정(2011 고시) 문학 영역의 목표를 살펴보면 '문학 작품을 수용하거나 생산하면서 인간의 다양한 삶을 총체적으로 이해하는 능력을 기르고 심미적 정서를 함양한다.(교육과학기술부 고시 제2011-361호 [별책5])'라고 제시하고 있어 '인간의 다양한 삶에 대한 총체적 이해'와 '심미적 정서 함양'에 두고 있음을 알 수 있다. 또 학년군별 성취기준을 살펴보면 1-2학년군은 '……문학이 주는 즐거움을 경험하고 일상생활의 경험을 문학적으로 표현한다.', 3-4학년군은 '……문학 작품을 자신의 말로 해석하고, 해석한 내용을 다양한 방식으로 표현한다.', 5-6학년군은 '……작품의 일부나 전체를 재구성하는 활동을 통해 작품 수용과 표현의 수준을 높인다.'로 되어 있다. 이는 초등문학교육이 문학의 즐거움에 대한 경험과 문학작품의 해석 그리고 작품의 재구성 활동과 같이 표현 활동에 초점을 두고 문학현상을 경험할 수 있도록 해야 함을 말해 준다. 그런 면에서 교육연극은 학습자들의 모방성, 활동성, 유희성, 통합성 등과 같이 인간의 본능인 동시에 연극의 본질이기도 한 요소들을 통해 자연스럽게 문학현상을 경험할 수 있도록 하는 문학교육의 방법이 되기 때문이다.

한편 교육연극의 언어는 존재 인식 도구로서의 기호 체계 언어인 존재의 언어, 즉 일상적 의미의 소통언어 이외에 존재 이전의 사고 자체를 의미화하는 사고의 언어, 존재에 선행하는 언어까지도 포함하고 있다.(황정현 교수의 고별강연 '융복합시대의 교육연극과 국어교육' 때:2013.12.9, 곳:서울교대 에듀엘센터 컨벤션홀) 즉 전자가 문학 텍스트에 사용된 소통의미로서의 문자 언어라면 후자는 문학 텍스트의 내면에 숨겨진 사고의미로서의 사고 언어라할 수 있다. 그런데 이 사고 언어는 문자 언어 이외에 사고를 표현하는 신체나 이미지, 음향 등과 같이 사고를 표현하는 sign언어까지도 언어의 범주에 포함된다. 이런 사고 언어의 예는 일상생활에서도 쉽게 목격할 수 있다. 서로 말이 통하지 않는 이국 사람끼리의 대화에서 음성언어로 의사소통이 안 되면 손과 발짓 등 신체의 움직임이나 표정으로 자신의 생각을 전하려 한다. 이때 그 신체의 표현은 존재 이전의 사고를 언어화 한 것으로 사고언어인 것이다. 교육연극은 이런 몸의 언어로 표현하는 활동이 많기 때문에 이 책의 제목에 '몸의 언어'를 강조하였다.

문학 텍스트의 수용은 단지 문학 작품의 스토리와 의미의 해석을 넘어 학습독자가 문학 텍스트를 통해 자신의 삶을 조회해 보며 인간 삶을 총체적으로 이해할 수 있어야 한다. 또 문학 텍스트를 통한 문학 체험으로 심미적 정서를 함양할 수 있어야 한다. 다시 말해 문학교육은 문학적 체험을 통해 삶의 여러 가지 방식을 배워 가치관을 확립하고, 감동을 통해 인생의 진리를 깨닫게 하며, 상상력을 길러 창조력을 신장시킬 수 있게 하고, 대상 세계를 통일적으로 인식하는 능력을 길러 주어야 한다.

따라서 이 책은 이와 같은 문학교육의 본질에 맞는 초등 문학교육의 방법론으로 교육연극을 기반으로 한 문학교육의 방법을 소개하고 안내하고자 한다. 책의 장별 집필은 다음과 같다. 1장에선 현장에서 부딪히고 있는 문학교육의 문제들은 무엇이며 문학교육의 방법들이 어떻게 흘러왔는지 알 수 있도록 살펴보았다. 2장에선 교육연극의 이론을 철학과 교육학적 배경에서 문학교육과 관련하여 어떤 함의가 있는지 이해할 수 있게 안내하고자 하였다. 3장에선 인지 이론적 배경을 바탕으로 교육연극이 지니는 인지론의 원리와 문학의 수용 원리를 이론적으로 밝혀 보고자 하였다. 4장에선 교육연극을 기반으로 한 문학교육의 원리와 방법을 제시 안내하였으며 5장에선 교육연극의 원리에 따른 문학교육 방법으로 교수-학습 모형을 몇 개의 장르로 나누어 제시 안내하고자 하였다.

이 책이 나오기까지 학문적 자양분을 아낌없이 제공해 주신 고 황정현 교수님의 가르침에 먼저 감사드린다. 또 육신적으로 어려운 가운데서도 아무런 내색 없이 운명하시기 직전 고별강연에서까지 카랑카랑한 목소리로 흔들림 없이 융복합학문으로서의 교육연극에 대하여 열강하시던 그분의 학문적 열정을 이어갈 것을 다짐하며 먼저 그 영전에 이 책을 바치고자 한다.

끝으로, 이 책이 교육연극을 초등 문학교육에 적용해보고자 하는 선생님들의 길잡이 역할을 할 수 있게 되길 바라며, 아울러 이 책이 나올 수 있도록 도와주신 출판사 관계자들에게도 감사드린다.

2014. 2.
이수동 씀.

차 례

Ⅰ. 서 론

1. 문제 제기

문학의 교육 목적은 미적 감수성을 세련시키며, 문학적 상상력을 계발시키고, 인간 삶의 다양한 양상들을 포착하는 방식과 그 양상을 경험하게 하는 데 목적이 있다(교육부, 1999:155). 문학은 기능적 측면에서도 초등학생들에게 풍부한 상상력을 길러주며 새로운 세계와 우주를 발견하게 하고 고도의 창의적인 사고와 언어탐구를 통해 초등학생들의 국어 사용능력을 한층 더 고양시킨다. 또한 문학의 세계에서 초등학생은 삶의 진실을 정서적 감성으로 받아들이며 문학을 통해 감동을 받기도 한다. 이처럼 문학은 교육텍스트로서의 가치가 높아 일찍이 인문학의 핵심으로 자리 잡아 왔다.

이렇게 내재적 가치가 큰 문학을 교육한다고 할 때, 그 과정에서 초등학생들은 "어떤 활동을 해야 하며, 그들의 내부에선 어떤 일이 벌어지고, 또 그들은 무엇을 얻게 되는지"에 대하여 먼저 생각해 본다는 것은, 문학 교사가 문학교육의 방향을 바르게 설정하기 위해 꼭 필요로 하는 당위적 질문이다. 이런 당위적 질문에 대한 답을 찾기 위해, 우선 초등 국어교육의 목표에 대해서 살펴보면, 제 6 차 교육과정에서는 국어과의 주된 내용이 언어 사용 기능, 언어, 문학의 세 영역으로 구성된 교과임을 밝히고 학교 급별로 강조점을 달리 제시하고 있는데 초등학교에서는 '언어 사용 기능의 신장'을 강조하고 있다(교육부, 1999:9). 그리고 제 7차 교육과정에서는 학습자의 '창의적 국어 사용능력 향상'을 국어 교육의 궁극적 목표로 설정하고 있다(교육부, 1999:15). 이는 '언어 사용 기능의 신장'이라는 '도구(道具)교과'로서의 국어교육에서 '창의적 국어 사용능력 향상'이라는 '사고(思考)교과'로서의 국어교육으로 초등 국어교육의 성격이 옮아가고 있음을 보여준다. 이는 또한 제 7

차 교육과정이 학습자의 능동적인 의미구성을 중시하는 인지심리학을 바탕으로 한 구성주의의 패턴을 따르고 있음을 보여주는 것이기도 하다. 그렇다면 문학교육도 이런 시대적 요구에 따라 초등학생 스스로가 문학 텍스트를 찾아 읽고 즐기는 주체적 독자로서, 보다 능동적으로 언어적 탐색을 추구하고, 이를 통해 의미를 구성하는 교육이 되어야 한다. 또한 초등학생들이 상상력을 동원하여 문학의 세계를 탐색하고 재구성해 보는 활동들도 적극적으로 계획되어야 하며, 이렇게 계획된 활동들은 학생들에게 안내되어 스스로 수행해 나갈 수 있는 문학교육이 되어야 한다.

그럼에도 불구하고 현장에서 이루어지는 문학교육을 살펴보면 여전히 내용파악이나 표현살피기와 같은 지식 내지 해석결과에 중점이 두어져, 규범적인 작품해석을 중시하는 모습을 보여주고 있는 것이 현실이다. 이는 상당기간 동안 교육의 현장에서 터를 잡고 유지되어 오고 있는 객관주의적 패러다임(paradigm)[1]의 지식관에 의한 영향이 크다. 이런 관점에서 보면 "문학 텍스트란 근본적으로 저자의 개인적 성향의 산물이기 때문에, 마음속으로부터 저자와 조화를 이루고 있는 해석자만이 그 저작에 대하여 완전한 이해를 할 수 있다고 보았다. 따라서 저자의 정신 안에 감추어져 있는 어떤 것을 밝혀내는 것"(이유선 옮김, 1993:30)이 문학 텍스트를 이해하는 데 더 중요하다고 보고 있다. 이는 독자의 입장에서 보면, 저자와 완벽하게 조화를 이룰 수도 없을 뿐만 아니라 설사 그런 해석자가 있다고 할지라도 그의 해석은 어차피 독자의 외부에 존재하는 지식으로서의 해석이므로 문학 텍스트는 규범적인

---

1) 객관주의적 패러다임이란 구성주의적 패러다임의 대립적인 패러다임을 말한다. 이러한 관점에서 지식(앎)이란 인간 외부에 객관적으로 실재하기 때문에 그 대상을 '정확히', '찾아서' 익히는 형태여야 한다. 그렇기 때문에 얼마나 많은 지식의 양을 암기하고 있는가 하는 측면에서 지식의 우열을 판단하게 된다. 동·서양 모두의 전통적인 사유 방식이 이에 속한다. 따라서 지식 및 의미란 주체에 의해 능동적으로 '구성'된다는 관점을 지닌 구성주의 입장에서 보면 이는 완전히 타파해야 할 전근대적인 인식론적 관점이자 지식관이다. 이상구,「학습자 중심 문학교육 방안 연구」, 한국교원대 대학원 박사학위논문, 1998, p.1.

작품해석에 중점을 두며 이를 중시한다.

물론 1990년을 전후로 한 일련의 교육개혁 과정과 제 7 차 교육과정의 개정은 이러한 현장의 모습을 많이 바꾼 것도 사실이다. 이런 변화 모습은 먼저 문학교육에 관한 학습 이론적 연구와 구성주의적 패러다임을 반영한 현장교육 연구들을 통해 시도되고 실천되어 왔다. 예를 들면, 독자 중심의 반응론적 관점의 문학교육2)에 대한 연구와 인지과정을 중심으로 한 구성주의적 관점의 문학교육3)에 대한 연구들이 바로 그것이다.

이러한 연구들 중에 구성주의적 관점을 종합적으로 검토하고 있는 연구가 이상구의 연구(이상구, 1998)이다. 그는 구성주의 문예학이 문학 교육에 제공해 주는 시사점으로 네 가지를 거론하고 있는데 이를 초등 문학교육의 입장과 관련지어 살펴보면 다음과 같다.

첫째, 문학교육에서 상당히 오랫동안 유지해 왔던 객관주의적 교육관을 구성주의적 교육관으로 바꿔놓음으로써 그동안 무시되거나 소홀히 되어왔던 학습독자에게 관심을 갖게 하였다는 것이다. 이를 초등 문학교육의 입장에서 보면, 초등학생들이 문학 텍스트를 통해 그들의 내부에 어떤 정서적 느낌과

---

2) 반응론적 관점의 문학교육은 차봉희에 의해 수용미학(1981)이 소개되면서부터 시작하여, 박인기에 의해 수용미학 이론의 문학교육 적용(1986)에 대한 연구로 이어졌고, 경규진에 이르러선 반응 중심 문학 교육의 방법 연구(1993)가 본격적으로 소개되었다. 그리고 박태호, 이상구, 권혁준, 이경화, 등의 문학교육 연구자들로 이어지며 후속적인 연구가 지속되고 있다. 이런 연구들은 물론 시교육을 포함하는 문학교육 전반에 걸친 연구들이다.

3) 이는 1990년대에 접어들어 미국, 독일을 중심으로 구미에서 활발히 논의되어온 인식론으로서의 구성주의(constructivism) 및 이를 바탕으로 한 구성주의 학습관과 구성주의 문예학으로부터 도입되고 있다. 넓게는 반응론적 관점도 학습 독자의 내부에 구성되는 반응을 중시한다는 점에서 볼 때 여기에 속한다고 볼 수 있다. 그러나 구성주의는 앎의 이론(theory of knowing)(Duffy et al., 1992)으로 knowing의 -ing 진행형이 의미하듯이 지식이론(theory of knowledge)의 knowledge라는 단어와 구분하여 어떤 완료된 형태로서가 아니고 지속적으로 진행해 나간다는 의미를 강조하고 있다. 즉, 구성주의는 "의미 만들기"(how to make meaning) 혹은 "알아가기"(how to come to know) 이론(Fosnot, 1989)의 의미가 크다. 강인애,『왜 구성주의인가?』2005, p.16참조. 이런 입장의 문학교육은 이상구의「학습자 중심 문학 교육 방안 연구」,(1998)에서 본격적으로 논의되고 있다.

의미를 구성하느냐에 초점을 맞추게 하고, 작품수용의 주체인 초등학생이 의미구성의 핵심이라는 시사점을 얻게 한다.

둘째, '해석' 위주의 해석학적 관점에서 '해석 행위' 위주의 해석학으로 전환을 가져오게 했다는 것이다. 이는 초등 문학교육에서 초등학생들이 문학 텍스트를 해석하는데 작가의 생각이나 작품의 의미가 "무엇이냐" 하는 결과론적 해석이기 보다 "어떻게 해석하느냐"하는 과정론적 의미구성 행위가 중심이라는 시사점을 얻게 한다.

셋째, 문학의 수용과정을 '작가 - 텍스트 - 독자'로 연결되는 '정보이송 모델'로 보는 것이 아니라 독자의 역할 강조에 따른 '정보구성 모델'로 본다는 것이다. 이는 초등 문학교육에서 초등학생들이 다양한 상호 작용을 통해 정보구성의 공유와 상호 공인적인 영역들을 발전시켜 나가는 것이 중요하다는 시사점을 얻게 한다.

넷째, 카니발적인 다양성만을 양산하는 독자 반응론적 문학교육을 집단 구성원들의 협응을 통해 의미를 구성한다는 관점으로 전환시켰다는 것이다. 이는 초등 문학교육에서 초등학생들이 다양한 활동을 통해 의미협상과정을 거치는 논리적 사고교육이 필요하며 이를 통해 초등학생은 간주관적(間主觀的)[4]이고 사회문화적인 의미를 구성할 수 있다는 시사점을 얻게 한다.

이렇게 최근에 이루어져 온 문학교육 연구들은 현대교육의 큰 흐름인 구성주의적 관점의 문학교육으로 변화하고 있음을 알 수 있다. 이는 초등 문학교육의 입장에서 볼 때 여러 시사점들을 얻고 문학교육의 방향을 설정하는데 도움이 되고 있음을 보여준다. 그러나 그 방법론으로 들어가 보면 이런 시사점들을 아우를 수 있는 초등 문학교육 방법의 부재를 들 수 있는데, 이는

---

4) 심리학자들은 간주관성의 개념을 "활동에 참여한 자들 사이의 공유된 이해"로서 정의한다. 특히 괜치(A. Goncu)는 "간주관성이 어머니와 유아의 커뮤니케이션 속에서 의도적 인식과 조정을 통해 이루어진다"고 주장하면서, 간주관성의 '정서적 기원'을 강조하였다. 이처럼 간주관성의 개념은 다학문적 개념으로서 "공동체적 자아, 공유적 이해, 그리고 합의된 객관성" 등으로 정의될 수 있다.

다음의 두 가지로 요약된다.

첫째는 초등 문학교육의 이론적 체계를 수립하지 못하고 있다는 점이고, 둘째는 초등 문학교육의 실천적 방법이 없다는 점이다. 전자의 문제는 문학 텍스트의 수용과정이 고도의 추상적 사고를 필요로 하는 언어활동임에 반해 초등학생들은 발달 단계상 구체적 조작기(concrete operational period)[5]에 해당하여 직접적으로 경험할 수 있는 사상에 한해 논리적으로 사고가 가능한 데, 그 구체적 경험을 바탕으로 하는 초등 문학교육의 이론을 찾기가 어렵다 는데 있으며, 후자는 문학교육의 실천적 방법을 찾기 위해 독자 반응비평과 신비평 이론을 보완적으로 적용하고자 하거나, 그밖에 구성주의 문예학이나 텍스트 언어학, 상호 텍스트성 등과 같은 일련의 문학이론과 구성주의 인식 론 및 학습이론 등의 학제적 결합으로 문학 교육의 실천적 방법을 찾고자 하였으나 이들 연구들은 모두 학습자 중심의 문학 교육이란 당위적 패러다임 에 알맞은 문학교육 이론의 틀을 마련하는데 공헌하고 있을 뿐 정작 '어떻게 아는가'의 실천적 지식[6]에 대한 명쾌한 이론적 근거로는 미흡하다는 점이다.

어린이가 문학 텍스트를 어떻게 지각하고 인지하여 의미를 구성하고 산출 해 내는가? 라는 문제가 그리 간단치만은 않다. 그러나 구체적 조작기라는

---

5) 이는 피아제의 인지발달 이론으로 구체적 조작기(concrete operational period)는 6,7 세~11,12세의 어린이들로 구체적인 문제에 대한 논리적 사고가 가능한 시기이며 (단, 직접적으로 경험할 수 있는 사상에 한해 논리적으로 사고가 가능하다.) 이 때의 특징은 자아중심성에서 벗어나 다른 사람의 입장이나 관점을 고려 할 수 있는 탈중심화, 특정 조작과 역조작을 동시에 통합할 수 있는 능력인 가역적사고, 특정 조작이 역조작에 의 해 부정되거나 반전될 수 있음을 인식하는 능력인 반환성과 특정 측면의 변화는 다른 측면의 변화에 의해 보상된다는 것을 인식하는 상보성과 유목화가 가능하다.

6) '인지혁명'을 통해, 행동주의 심리학에서 인지심리학으로 심리학적 패러다임의 전환이 이루어 진 후 인지심리학자들은 지식을 실존적 지식인 개념적 지식 또는 명제적 지식과 방법론적 지식(metheoretical knowledge)인 절차적 지식(procedural knowledge) 또는 조 건적 지식(conditional knowledge)의 두 부류로 나누었다. 이중 구성주의는 후자인 방법 론적 지식(metheoretical knowledge), 절차적 지식(procedural knowledge), 조건적 지식 (conditional knowledge)에 관심을 집중하며 '지식 교육'이 아닌 '지력'교육으로 비판적 사고력과 창의적 사고력을 기르고자 한다.

초등학생들의 인지적 발달단계에 대한 특징을 고려하여 해결방안들을 검토해 본다면 어렵긴 하지만 앞에서 제기된 문제들을 해결할 수 있는 대안들을 찾아낼 수 있을 것으로 보인다.

구체적 조작기의 특징은 직접적으로 경험할 수 있는 사상에 한해 논리적으로 사고가 가능하다는 점이다. 따라서 무엇보다도 직접 경험할 수 있는 활동들이 보다 중요하다고 볼 수 있다. 그러므로 초등학생들이 직접 참여함으로써 경험을 통해 세계를 인식하고 문학 텍스트를 탐색하는 교육연극을 기반으로 하는 방법들은 초등 문학교육 방법의 대안이 될 수 있을 것이다.

한편 문학 텍스트와 연극은 모두 예술의 한 분야들이다. 이러한 예술은 인간의 느낌을 표현하는 형태들을 개발하는 것과 관계가 있다. 즉 예술은 느낌(정서:feeling)에 기반을 둔 인지활동인 것이다. 다시 말해 예술의 기본가치는 "세상을 이해하고 그리고 세상으로서의 개별적 체험을 할 수 있게 하는 예술만의 고유한 공헌에 있다."(Elliot W. Eisner, 1972:61)고 할 수 있다. 이렇게 문학 텍스트와 연극은 느낌(정서:feeling)에 기반을 둔 인지활동을 요하는 텍스트라는 점에서 공통적 속성을 갖고 있다. 그런데 문학 텍스트가 추상적 기호인 언어의 사고과정을 통한 표현물이라면 연극은 구체적 기호인 온몸 움직임의 사고과정을 통한 표현물이다. 그렇기 때문에 교육연극은 구체적 조작기에 해당하는 초등 문학교육의 방법으로 그 가능성이 모색되어질 수 있다. 그래서 초등학생들은 여러 가지 교육연극을 통해 문학 텍스트의 의미들을 구성해 내고 문학 텍스트에 대한 인식을 새롭게 한다. 즉 교육연극은 문학 텍스트를 통한 고등정신 사고와 정서 개발에 적합한 초등 문학교육 이론의 틀을 마련하는데 중요한 단서와 준거를 제공해 줄 수 있는 것이다.

여기서 본 연구가 바탕이론으로 선택하고 있는 교육연극은 드라마적 인지활동[7]을 말하는 것으로 교육연극 방법의 교수 - 학습시 학습자의 내부에서

---

7) 황정현은 드라마적 인지과정을 감각인식, 사실인식, 관계인식, 본질인식의 네 단계로 보

일어나는 인지과정을 말한다. 교육연극(Educational Theatre, Drama in Education)은 전문 연극(Professional Theatre)의 아동·청소년 연극과 차별화된 새로운 '연극방법'이며 동시에 교육방법을 말한다. 이러한 교육연극은 연극을 교육방법의 매개로써 교육 현장에 응용, 활용하여 크게 두 가지 효과를 극대화하려는 데에 목표를 두고 있다. 그 하나는 자아개발(Self-development)을 통한 사회화 교육이며 다른 하나는 모든 과목의 교육수단으로 활용하자는 것이다. 전자는 연극예술 본래의 사회적, 교육적, 미학적 기능을 교육에 적용하려는 본질적 기능(essentialist function)이며 후자는 연극을 교육적 도구(teaching tool)나 방법으로 활용하려는 실용적 기능(contextualist function)이다.(조병진, 2005:23-24) 구체적 조작기에 해당하는 초등 문학교육에서는 이 두 가지 모두를 문학교육의 방법적 지식인 절차적 지식으로 적용할 수 있을 것이다.

또한 교육연극 인지활동은 현대 교육의 패러다임인 구성주의와도 부합한다. 구성주의는 육체와 정신, 주체와 객체의 이분법적인 것 보다는 통합성을, 부분 보다는 전체성을, 실증적인 것 보다는 경험적인 지식과 직관적인 사고를 강조한다는 점에서 교육연극과 동일하다. 그것은 교육연극이 바로 몸의 움직임을 통한 직관적 사고를 중시하는 교육이며, '지금 여기'라는 허구 속에서 주체와 객체를 통합할 수 있는 교육이고, 이를 통해 경험적 지식을 쌓으므로 세계의 본질을 새롭게 자각할 수 있게 하는 교육이기 때문이다. 교육연극을 초등 문학교육의 실천적 방법으로 선택할 수 있는 까닭도 바로 이런 점에서 찾을 수 있을 것이다.

고 있는데, 이는 구체에서 추상으로, 특수에서 보편으로 나아가는 지식구성의 과정이며 계층적이기 보다는 순환적으로 일어난다고 보았다. 황정현,『국어교육과 교육연극의 방법과 실제』(박이정, 2004), pp.16-19.

2. 연구사 검토

　문학교육 연구의 큰 흐름은 현대 교육이 요구하는 패러다임의 변화 동향에 따라 작품 분석 중심의 객관론적 관점 - 독자 반응론적 관점 - 구성주의적 관점으로 변화를 보이며 발전되어 왔다. 본 연구는 이런 흐름 속에서 문학교육과 관련하여 중요시되는 연구들을 중심으로 변화추이를 살펴본 후, 그 연장선상에서 본 연구가 목적하고 있는 교육연극을 기반으로 한 문학교육에 대한 의의를 찾고, 초등 문학교육의 실천적 이론체계 수립의 기저로 삼고자 한다.

　문학교육에 대한 논의는 1970년대부터 시작되었지만 본격적인 연구가 활발하게 시작된 것은 1981년 제4차 교육과정에 문학이 내용영역으로 처음 들어오기 시작했던 때를 전후로 한 시기부터이다. 이때의 연구들은 문학교육의 방향을 설정하기 위한 총론적인 논의들이 대부분이었으며 문학교육을 총괄적으로 이론화하는 연구들이었다.(한상각, 1977; 김은전, 1979; 김인환, 1979) 그리고 이때의 문학교육은 문학교육의 전반적인 문제들을 탐색하며 주로 인상비평적[8]인 관점에서 효과적인 이해와 감상, 창작지도 방법을 모색하고자 하였다.(이유식, 1968; 김윤식, 1979) 또한 문학교육의 현상적 연구들이 많이 나와 교과서 분석이나 문학교실 현장에서 부딪치는 여러 가지 문제에 대한 실제적인 해결 방법을 제시하고자 하였다.(김문수, 1975; 정관영, 1976; 김영실, 1979; 엄기원, 1981; 이우선, 1982; 윤선옥, 1983; 배문식, 1983; 윤일남, 1984; 김기태, 1985; 이중, 1986; 김창숙, 1988) 이들 연구들은 대부분 작가 작품 중심의 해석을 중심으로 하는 객관론적 관점을 취하고 있는데 그러면서도 조금씩 독자 쪽에 관심을 갖기 시작하는 연구들이 나오기 시작하였다. 이런 연구들은 객관론적 관점인 신비평적인 분석을 위주로 한 문학교육의 문제점을 지적(정재찬, 1992)하고 수용미학의 측면에서 문학 텍스트에 접근하려

---

8) 작품의 예술적 의의와 딴 성질과의 혼동에서 기인하는 모든 편견을 버리고, 순수히 작품 그것에서 얻은 인상과 감동만을 충실히 표출하고자 하는 비평.

는 방법을 모색하기도 하였다.(최미숙, 1992; 노창수, 1986)

이렇게 문학교육의 연구동향은 점차적으로 독자 중심의 반응론적 관점이 주류를 이루면서 학습독자를 중시하는 경향으로 초점이 맞추어지고 학습자의 발달, 인지, 정서, 그리고 태도나 상황 등을 강조하게 되었다. 이는 문학교육이 문학텍스트와 인식주체로서의 수용자와 교섭적 상호작용에 의해서 이루어져야 한다는 주장으로 박인기는 이런 입장에서 수용미학적 원리를 문학교육에 도입·적용하고자 하였다.(박인기, 1986) 이후로 수용자의 주체적 독서를 통한 텍스트의 구체화와 수용자와 텍스트간의 상호소통을 중심 이론으로 한 후속적 연구물들이 나왔다.(강현재, 1988; 김주향, 1991; 김태기, 1991; 우재학, 1994; 지현배, 1995; 최 보윤, 1996) 그러나 이들은 모두 주체적인 독자, 주체적 문학텍스트 읽기, 능동적 학습이라는 문학교육의 당위성에 대해 견해를 같이하고 있었지만 실제적이고 구체적인 방안을 제시하지는 못하였다.

그런데 이러한 수용미학을 적용한 이론보다 더 학습자의 활동 쪽에 가까이 다가간 이론이 바로 독자반응 이론이다. 문학교육의 연구는 이제 학습독자의 정보인식과 의미구성의 측면에서 바라보게 되었으며, 문학작품은 텍스트에 있는 것이 아니라 학습독자의 반응 즉 의미구성에 의해서 완성된다고 보는 것이다. 이러한 반응중심 문학교육이 본격적으로 체계성 있게 소개된 것은 경규진에 의해서다. 그의 문학교육 연구는 학습자들의 반응에 초점을 맞추고 이를 발달시키는 다양한 관점과 방법론을 제공하고자 하였다.(경규진, 1993) 이렇게 반응론적 관점의 문학교육은 서서히 인지과정 중심의 구성주의적 관점으로 선회하기 시작하였는데, 작품의 규범적 해석을 중심으로 하는 객관론적 관점과 수용미학을 바탕으로 하는 반응론적 관점이 문학지식을 외부로부터 전달받는 정보이송모형의 문학교육이라면, 독자반응이론을 바탕으로 한 반응론적 관점은 문학 텍스트의 해석 주체가 학습독자이며 작품은 학습독자의 내부에서 의미가 구성되고 채워질 때 완성된다고 본다는 점에서, 문학지식이 학습자의 내부에서 구성된다는 정보구성모형의 문학교육이라 할 수 있다. 이런 관점에서 바라보는 반응중심의 문학교육에 대한 후속연구(박태호, 1995; 이상구, 1996; 권혁준, 1996; 이경화, 1997)들이 경규진의 뒤를 이었는데, 그것들이 대부분 구성주의적 관점의 문학교육에 관한 연구들이다.

구성주의 관점의 문학교육은 구성주의 문예학에서 기본적인 방법론들을 시사 받고 있는데 그것은 독서과정에서 개인의 인지적 과정을 중시한다는 것과 개별 독자간의 상호작용을 통하여 단일한 의미를 구성해 내는 개인간의 의미구성 행위를 동시에 중요시 한다는 것이다. 이에 대한 연구를 체계화하고 있는 것은 이상구의 연구를 들 수 있다.(이상구, 1998)

그는 이 연구에서 구성주의 문예학이 학습자 중심 문학교육 설계에 새로운 이론적 토대를 제공해 줄 수 있는 문학이론이 될 수 있다는 이유를 다음과 같이 들고 있다. 첫째, 무엇보다도 구성주의라는 현대 인식론적 관점을 바탕으로 성립되어있기 때문에 현대 교과교육의 동향과 일치한다는 점, 둘째, 개인적인 심리적 과정에만 관심을 집중함으로써 개별 독자들이 산출한 의미의 타당성에 대해서는 명쾌한 해답을 제시하지 못한 기존의 문학이론들과는 달리, 개인적 심리과정은 물론, 의미 산출에 있어서 구성원들 간의 협응을 통한 정당성 획득이라는 장치를 제시하고 있어서 무엇보다도 토의학습을 강조하는 현대 교육의 동향과 부합한다는 점, 셋째, 기존의 문학이론이나 실천 비평들은 문학 작품에 대한 존재론적 지식, 즉 문학에 관한 개념적 지식만을 제공할 뿐, 문학감상 혹은 해석에 필요한 절차적 지식을 전혀 제공하지 않는 데 비해, 문학텍스트를 어떻게 이해할 것인가 하는 절차적 접근에 대한 이론의 체계화를 지향하고 있다는 점이다. 그의 이러한 견해는 상당한 타당성과 설득력이 있어 보인다.

그리고 그는 명제적 지식의 제공만이 아닌 명실상부한 절차적 지식의 틀을 마련하기 위해서는 텍스트 언어학(Textlinguistics) 및 상호 텍스트성 이론 (Intertextuality Theory)과 개별화 교육, 구성주의 학습관, 구성주의 수업설계 이론 등 인접학문들과의 학제적 결합을 통한 종합과학이어야 한다고 한다. 교수-학습이론이 어느 한 이론만을 가지고 체계화될 수 없음은 자명한 사실 이다. 그런 면에서 이도 또한 문학교육의 방법을 마련하는데 바람직한 방향 으로 보여 진다. 그렇더라도 이는 결국 또 잡다한 문학텍스트 해석 이론과 같은 명제적 지식들을 또 동원하는 것이 된다. 다만 그런 지식들을 종합함으 로써 보다 능률적이고 다차원적인 활동이 될 수 있다는 점에서는 긍정적이라 할 수 있을 것이다.

그러나 그의 연구는 독자인 학습자들이 문학교육 활동과 관련하여 구체적 으로 어떤 활동을 하고 또 그 활동을 통해 무엇을 얻게 되는지, 그래서 그들 은 그들의 내부에 무엇을 구성하는지에 대한 좀 더 면밀한 과정들에 대한 천착이 필요하고, 또 실질적인 절차적 지식이 될 수 있는 학습자의 활동 방 법[9]들에 대한 제시가 필요한 것으로 보여 진다. 특히 구체적 조작기에 해당 하는 초등학생의 인지적 특성들이 고려되지 않고 있어 초등 문학교육에 적용 하기엔 무리가 있어 보인다.

이에 대하여 교육연극은 초등학생의 인지적 특성들이 배려될 수 있어 앞에 서 제기된 활동 방법의 대안이 될 수 있을 것이다. 이러한 교육연극에 대한 연구들을 살펴보면 연극과 관련된 분야에서 먼저 시작되었는데 그 내용들은 연극을 순수 예술적 작업에만 국한하는 것이 아니라 Rudolf Arnheim(김재은 역, 1993:520)이 지적하듯 연극을 통하여 특수한 목적을 달성하고자 하는 순 수 예술의 응용 작업으로까지 확대하는 의미를 담고 있다.(김장호, 1983; 조 동희, 1987; 안치운, 1996) 그러던 것이 1980년대 후반부터 전공자들이 미국,

---

9) 본 연구자는 여기서 말하는 학습자의 활동을 단지 언어활동이나 사고활동만이 아닌 언 어와 사고 그리고 온 몸의 오감을 통해 무엇인가를 얻고 조직하며 구성하는 온 몸을 통한 움직임 활동까지를 포함하는 광의적 의미로 사용하였다.

영국 등에서 실현되는 연극놀이와 교육연극을 소개하고, 연극과 교육을 연결하는 실제 작업을 시작하면서 교육의 효용성에 관한 연구들로 본격화되기 시작하였다.(김혜숙, 1989; 박성철, 1990; 박은희, 1994; 최윤정, 1995; 김선, 1997; 황정현, 1997) 더 나아가 교육연극을 특정 교과교육에서 방법으로 적용한 연구들이 나왔다.(박호철, 1992; 이용복, 1994)

이렇게 처음에는 연극 전공자들로부터 시작된 교육연극은 이제는 학교교육에서 교수-학습 실천이론으로서의 가소성이 인정되기 시작하면서 교과교육과 연계된 본격적인 연구들이 나왔다. 특히 초등 국어교육에서 창의적 언어사용능력의 신장이라는 목표에 대한 실천적 방법론으로 가능성이 제기되면서 황정현에 의해 교육연극 인지론에 대한 이론적 연구가 이루어졌다.(황정현 외, 2004) 또 초등 국어교과교육의 방법론으로 교육연극을 도입·적용한 연구들(오판진, 2000; 남청자, 2000; 신동구, 2000; 조연희, 2003)이 함께 이루어졌으며, 초등 국어교과의 각 내용 영역별 연구들에서도 교육연극의 부분적 방법들을 활발하게 도입·적용하고 있음을 볼 수 있다.(정영희, 2001; 우미라, 2003; 김정애, 2003; 박숙현, 2006; 한금남, 2006) 이중에서 특히 우미라의 다중지능 이론에 기초한 초등 문학교육 방법 연구는 교육연극 인지활동이 인지 심리학적으로나 생리학적으로도 합리성을 갖고 있음을 뒷받침하고 있어 본 연구와 관련하여 시사하는 바가 크다.

3. 연구 방법과 절차

1) 연구 방법

본 연구는 앞의 문제제기에서, 최근에 많이 연구되어 오고 있는 독자 중심의 반응론적 관점의 문학교육과 인지과정을 중심으로 한 구성주의적 관점의 문학교육 연구들이 주는 시사점을 바탕으로 초등 문학교육의 문제점을 크게 두 가지로 제기하였는데, 그 첫째가 초등 문학교육의 이론적 근거를 마련하지 못하고 있다는 점이었고, 둘째가 초등 문학교육의 실천적 방법이 없다는 점이었다. 또한 이의 해결을 위해선 교육연극을 기반으로 한 문학교육이 그 대안이 될 수 있다는 강한 신뢰성을 갖고 기존의 문학교육에 대한 연구사를 검토하였다.

그 결과 본 연구에서는 황정현에 의해서 제시되고 있는 교육연극 인지론[10]을 기저로 하여 그 배경 이론과 관련 이론들을 검토해보고, 이를 바탕으로 도출할 수 있는 원리들은 어떤 원리들이 있는지 찾아 볼 것이다. 또 그 원리들은 초등 문학교육에 어떻게 적용되고 있는지 그 체계를 수립해 볼 것이다. 한편 이러한 초등 문학교육 체계는 문학교육이 이루어지는 교육의 현장에서 어떤 모습을 하고 있으며 학습독자는 교육연극 인지활동을 통해 어떤 과정들로 문학적 능력을 얻게 되는지 그 도상적 로드맵을 제시하게 될 것이다. 그리고 궁극적으로는 초등 문학교육의 구체적인 교수- 학습 원리와 방법을 바탕으로 교수- 학습 모형을 제시하여 초등 문학교육이 나아가야 할 방향타로서의 역할을 하게 될 것이다.

2) 연구 절차

II장에서는 "교육연극이 문학교육의 효과적인 방법적 수단을 제공하고, 문학교육의 합당한 이론체계를 갖고 있는가?"라는 질문에 "그렇다"라는 가설에서부터 출발한다. 따라서 여기에서는 문헌연구를 통해 교육연극의 측면에서 바라보는 드라마의 일원론적 인식론과 구성주의 관점의 전인적 인간관은 어

---

10) 이는 황정현이 그의 글 '드라마의 일원론적 인지과정과 학습'에서 제시한 이론을 필자가 본 논문에서 간략히 일컫는 명칭으로 지칭하였다. 그는 이 글에서 드라마적 인지과정과 학습활동의 관계를 일반적으로 지식을 구성해 나가는 과정이라고 전제하고 그 과정은 구체에서 추상으로 나아간다고 하였으며 그는 이 과정을 '감각 인식', '사실 인식', '관계 인식', '본질 인식'의 단계로 나눌 수 있고 이는 감각적인 구체적 단계에서 추상적인 단계로, 특수성에서 보편성으로 이루어져 있지만, 계층적이 아니라 순환적으로 작용한다고 보았다.

떤 특성과 의미가 있는지 고찰해 보고, 교육연극의 정의 및 목적을 통해 문학교육의 입장에서 교육적 의미는 무엇인가를 살펴봄으로써 가설에 대한 근거들을 인식론을 바탕으로 찾아보고자 한다. 이러한 근거들은 교육연극의 본질적인 문제들을 통해 살펴보게 되는 교육연극의 철학과 교육학적인 함의가 될 것이다. 그러므로 본 장에서는 이러한 교육연극의 철학과 교육학적인 함의를 찾아 교육연극을 기반으로 하는 문학교육의 이론체계를 수립하는데 초석으로 삼고자 한다.

Ⅲ장에서는 Ⅱ장에서 고찰한 교육연극의 철학적·교육학적 함의를 바탕으로 초등 문학교육의 이론으로서 인지과학적 관점의 의미구성 이론과 교육연극의 드라마적 인지과정을 중심으로 구성주의 측면에서 어떻게 문학교육 이론으로 수용될 수 있는지를 살펴보고 교육연극을 기반으로 한 문학교육의 요소들을 통해 초등 문학교육의 이론체계를 수립할 수 있게 될 것이다. 따라서 본 장에서는 먼저 오늘날 주류적 문학교육 이론의 패러다임으로 굳어지고 있는 구성주의 문예학이 문학교육 이론으로서 인식론적 입장에서 보완되어야 할 사항이 무엇인가를 논의해 볼 것이다.

다음으로는 그 논의에 대한 보완이론으로 인지과학적 관점의 의미구성 이론을 도입함으로써 학습독자가 문학 텍스트를 통해 의미를 구성해 나갈 때 인지적으로 관련이 있는 신체적 활동과 감각운동체계를 어떻게 활성화하며 의미를 구성해 가는지 살펴볼 것이다. 또한 이 이론은 드라마적 인지과정과 관련하여 문학교육에 어떻게 적용되며 학습독자가 문학지식을 구성하는 학습이론으로 어떻게 연계되는지도 알아볼 것이다. 그리고 이러한 일들은 본 장에서 목적하고자 하는 교육연극을 기반으로 하는 문학교육의 이론체계를 수립하는 일이 될 것이다.

끝으로는 교육연극을 기반으로 하는 문학교육의 요소로 교육연극의 교사, 교육연극의 학습자, 교육연극의 교수방법론들을 도로시 헤스컷(Dorothy

Heathcote)의 이론을 중심으로 고찰해 봄으로써 교육연극 교수 - 학습에서의 각 요소들에 대한 역할과 교수 - 학습의 방법적 원리들이 문학교육의 방법적 원리가 됨을 보다 구체성 있게 고찰하여 교육연극을 기반으로 한 문학교육 이론을 보다 명시적으로 전개하고자 한다.

Ⅳ장에서는 Ⅲ장에서 고찰한 이론적 배경을 바탕으로 하여 교육연극을 기반으로 한 문학교육의 특성을 살펴보고 그 특성에 입각하여 문학교육의 원리를 찾아볼 것이다. 또 교육연극을 기반으로 한 문학교육의 방법은 문학텍스트 재구성 방식에 따른 교육연극 방법, 문학 텍스트의 장르에 따른 교육연극 방법, 의사소통 활용방식에 따른 교육연극 방법으로 나누어 세 가지로 대별하여 살펴보고자 한다. 먼저 문학텍스트 재구성 방식에 따른 교육연극 방법은 언어적 연행과 비언어적 연행으로 구분하고 문학교육에 구체적으로 적용한 예를 들어서 제시해 볼 것이다. 그리고 장르에 따른 교육연극 방법은 시 텍스트와 이야기 글(동화, 소설)텍스트 및 극본 텍스트로 나누어 그 텍스트에 적합한 교육연극의 방법들이 무엇이 있으며 그것이 왜 적합한지 살펴볼 것이다. 끝으로 의사소통 활용방식에 따른 교육연극의 방법들을 여러 가지 제시함으로써 교육연극 교수 - 학습 모형에 적용할 수 있도록 하고자 한다.

Ⅴ장에서는 Ⅳ장에서 제시한 교육연극을 기반으로 한 문학교육의 원리와 방법에 따라 교육연극 교수 - 학습모형을 서정적 텍스트의 경우와 서사적 텍스트의 경우로 나누어 구안하고 각 모형의 단계별 교육연극 방법과 활동들을 구체적 예를 통해 제시하고 그에 따른 유의점도 제시할 것이다.

3) 연구의 한계점과 범위

본 연구는 실천이론으로서의 문학교육 방법론에 대한 이론체계의 확립과 문학교육 모형을 구안하고자 하는 연구이다. 그것도 인지발달상으로 구체적 조작기에 해당되어 추상적 사고보다는 신체적 감수성을 통한 구체적 인지활동에 더 친근감을 갖고 있는 초등학생들의 문학교육 방법에 초점을 맞추고 있다. 따라서 본 연구는 문학텍스트를 보다 몸으로 체득할 수 있도록 몸의 감각영역을 문학텍스트 인지활동으로 활용하고자 한다. 따라서 본 연구는 다음과 같은 한계점과 범위를 전제로 한다.

첫째, 문학텍스트가 문자언어로 되어 있고 학습독자의 활동들은 문자언어와는 본질적으로 다른 음성언어와 더불어 비음성적인 연행과 같은 표현위주의 활동으로 이루어지게 된다. 따라서 순간적인 음성언어나 비언어적인 연행으로 재현된 학습독자의 활동들은 공유하기 단계를 거쳐 문자언어적 활동으로 문학적 의미들을 선조적으로 정리하는 과정이 동반되어야 더 효과적이라는 한계점이 있다.

둘째, 문자언어로 되어있는 문학텍스트를 허구적 공간속에서 재구하기 위한 드라마적 기호화 과정이 필요하며 이는 학습독자의 잠재된 능력 개발을 위한 교육연극적 학습훈련이 여러 가지 놀이적 방법으로 제공되어야 더 효과적이라는 한계점이 있다.

셋째, 이 연구는 교육연극적 측면에선 문학교육을 전제로 한 교육연극의 드라마적 인지활동과 요소들을 대상으로 하며 문학교육적 측면에선 문학텍스트의 수용 과정에서 필요로 하는 상상력을 활성화하기 위한 방법적 수단으로 교육연극의 요소들을 다룬다.

넷째, 이 연구는 문학교육의 실천 이론적 연구로 실증적 연구이기 보다 문학교육의 새로운 방안을 제안하기 위한 의미가 크다. 따라서 방법론적 개선점과 문학교육 모형구안에 주력하였으며 특히 초등 문학교육에 범위를 두고 있어 본 연구에 제시된 문학텍스트도 초등 문학교육과정에 제시된 텍스트로 제한하였다.

Ⅱ. 교육연극의 철학과 교육학적 함의

본 연구는 궁극적으로 문학교육이 교육연극의 방법으로 이루어질 때 "문학교육에서 목표로 하는 도달점에 얼마나 더 효과적으로 도달할 수 있는가?" 또 "문학교육의 방법으로 교육연극이 합당한 이론체계를 갖고 있으며 다른 어떤 방법보다도 더 효과적인 도구적 수단을 제공하는가?" 라는 질문에 대하여 "그렇다"는 가설을 전제로 한다.

즉, 어린이들이 문학교육을 통해서 얻게 되는 것이 문학능력의 신장이라면 교육연극을 기반으로 하는 문학교육은 문학능력을 길러준다고 전제하는 것이다. 그런데 모든 교육이 그렇듯이 교육은 인간의 앎의 문제 즉, 인식의 문제에 귀착된다. 이는 인간이 세계를 어떻게 보고 무엇으로 파악하며 어떤 지적 구조물을 자신의 내부에 구축하느냐 하는 문제로 인류발생 이후 지금까지 지속되어온 철학적 질문인 것이다.

따라서 이 장에서는 교육연극이 문학교육과 어떤 관계를 맺고 어떤 작용을 하며, 어떤 체계를 이루는지를 논의하기에 앞서 인식론을 바탕으로 교육연극의 본질적인 문제들을 통해 교육연극의 철학과 교육학적인 함의를 찾아보고자 한다. 그래서 교육연극을 기반으로 하는 문학교육의 이론체계를 수립하는데 초석으로 삼고자 한다.

1. 교육연극의 철학적 함의

"교육연극은 교육에 있어 방법이 아니라 철학이다. 그것은 대상을 바라보는 인식론적 의미에서 기존의 교육을 새롭게 해석하고 교육에 접목하려는 하나의 교과교육학의 철학적 배경이다.(황정현, 2004:13)" 이는 기존의 교육에 대한 인식론적 성찰의 결과이며, 교육연극이 기존의 교육을 새롭게 해석하기 위해 던지는 인식론적 질문이다. 즉, 드라마 인지과정의 측면에서 볼 때, 교육연극의 교육적 기능은 허구와 모방이 본질을 인식하게 하는 매개로서 기존의 이분법적 사고의 틀을 지양하고, 새로운 각도에서 세계를 하나의 상징체계로 조명을 한다. 이러한 교육연극의 철학적 함의에 대하여 드라마의 일원론적 인식론과 철학적 배경을 통하여 좀 더 살펴보면 다음과 같다.

1) 드라마의 일원론적 인식론

드라마에서 세계를 어떻게 인식하는가 하는 것은 교육연극의 본질을 이해하는 중요한 척도가 된다. 그런데 인간이 세계를 인식하는 방법에는 일원론적 시각과 이원론적 시각의 두 가지가 있어왔다. 전자가 허구와 모방이라는 가상세계가 실제세계를 반영하고 있으며 이는 그 본질을 표현하고 있다고 보는 시각이라면 후자는 허구와 모방은 실제세계를 불완전하게 재현한 것으로 진리가 될 수 없는 감각적인 세계일뿐이며 그 본질은 이데아의 세계로 따로 존재한다고 보고 있는 시각이다. 이러한 차이는 인식 대상의 본질에 이르는 시각의 차이로부터 기인한다고 볼 수 있다.

인지 과정의 목표는 대상의 본질에 다다르는 것이고 종착지는 본질 그 자체이다. 이러한 본질에 이르기 위한 과정이 인지적 과정이라 할 수 있다. 본질에 대한 이해가 인지 과정의 목표라면 이 과정에 대한 논의는 초기 그리스 시대부터 이루어졌다. 대표적인 논의는 플라톤과 아리스토텔레스 사이의 '허구(fiction)와 모방(mimesis)'에 대한 인식의 차이에서 비롯되었다고 볼 수 있을 것이다(황정현, 2004:14). 플라톤이 앞에서 말한 후자에 해당하는 이원론적 세계인식[11]을 하고 있었다면 아리스토텔레스는 일원론적 세계인식을 하

---

11) 플라톤은 관념론적 세계인식을 하고 있었다. 즉 그는 사물의 세계를 한낱 가상에 지나지 않는 것이라고 부정한다. 그리고 사물의 진리는 사물의 개념, 곧 관념(idea)이고 이 관념이야말로 진정으로 불멸하는 존재로서 진리이며, 이 진리는 인간의 영혼 속에 본

고 있었는데 교육연극에서 말하는 드라마의 세계인식은 아리스토텔레스의 입장에 서있다. 즉 허구와 모방이라는 가상세계는 실제세계를 반영하고 있으며 이는 그 세계의 본질을 표현하고 있다고 보는 일원론적 시각을 갖고 있는 것이다.

그리스의 철학자들은 우리가 어떻게 알 수 있는가라고 물었을 때, 그들의 대답은 우리가 직접적으로 알 수 있다는 것이었다. 그들에게 통용되는 지식은 존재의 지식이었다. 예컨대 아리스토텔레스는 마음속의 관념들과 이 세계 사물들의 본질은 일치한다고 보았다. 그 일치가 지식의 문제에 대한 답을 제공했던 것이다. 아리스토텔레스의 결론에 의하면, 우리의 마음이 이 세계 사물들의 본질을 직접적으로 파악할 수 있기 때문에 우리는 알 수 있다고 보았다. 이것은 궁극적인 형이상학적 실재론(metaphysical realism)이었다. 마음은 이 세계와 직접 접촉하기 때문에 존재론과 인식론 사이에 간격이 없다고 본 것이다. 즉, 그는 실재(reality)의 최고 단계를 우리가 감관으로 인지하고 지각하는 것에 두면서 감관 속에 실재하지 않는 것은 의식 속에서도 실재하지 않는다고 하였다. 말하자면 사람의 영혼 속에 있는 것은 자연적 대상의 반영(reflection)으로서, 감각 세계의 현실과 이데아 세계의 현실이 분리되어 있는 것이 아니라 하나의 통합체라는 일원론적 세계인식을 하고 있었다. 이런 관점에서 그는 시인의 모방은 단순한 현상을 모사(模寫)하는 것이 아니라 본질을 반영(reflection)하는 것이기 때문에 시인들은 진리를 인식할 수 있다고 보았던 것이다.

이와 같은 형이상학적 실재론(metaphysical realism)에 입각한 아리스토텔레스의 일원론적 세계인식은 교육연극과 관련하여 연극의 기원으로부터도

유되어 있다고 보았다. 따라서 진리를 찾기 위해선 자연의 사물 속에서가 아니라 인식 주체인 자기 자신의 내부에서 찾아야 한다고 했다. 이렇게 그는 인식 대상인 사물과 인식주체 안에서 본유 되어있는 사물의 개념, 즉 관념(idea)은 각각 가상과 진리라는 서로 다른 세계라는 이원론적 세계인식을 하고 있었다.

찾아볼 수 있다. 일반적으로 연극의 기원은 종교 의식, 스토리텔링, 그리고 구비 문화를 젊은 세대에 전달하는 것을 통해서 발달하였다(St. Clair, 1991:3-4). 이중에 사냥과 전쟁에 관한 체험담을 타인에게 전달하는 스토리텔링에 대한 인간의 흥미에서 연극의 기원을 찾아보면, 사냥, 전쟁, 무용담이 처음에는 그것을 경험한 해설자의 행동과 대화를 통해서, 그 다음에는 각각의 역할을 다른 사람이 맡아서 함으로써 점차 정교화 되었다. 이와 같이 '마치 ～인 것처럼'(as if)의 행동 개념은 선사시대로 거슬러 올라갈 수 있으며, 실제적인 것과 허구적인 것은 인간 문명화의 시작 이래로 공존하였다(St. Clair, 1991:1). 선사시대 사람들은 인간의 얼굴을 나타내기 위해서 뼈를 조각하고 돌을 새겼고, 힘을 획득하기 위해서 동굴 벽에 그림을 그렸고, 사냥을 위한 우월성을 획득하기 위해서 동물의 영혼인 '것처럼' 춤을 추었다. 여기에서 연극을 인간의 '유희' 본능과도 관련시킬 수 있다. 이때, '유희'는 단순히 오락적인 활동이라는 의미와 함께 어떠한 상황 안에서 다른 사람이 되는 놀이라는 의미를 동시에 갖고 있다.(Brockett, 1991:3) 아리스토텔레스는『시학』(Poetics)에서 인간은 본능적으로 모방적이고, 모방이야말로 인간이 세상을 배우는 주요 방법들 가운데 하나라고 주장하였다. 이처럼 고대 문명의 기원에서 보면, 연극은 인간이 세계를 이해하는 하나의 도구이자 수단으로서 그 기능을 하였고, 연극의 역사는 부분적으로 인간 자신, 인간을 둘러싼 세계, 진리와 실재에 대한 변화하는 인간의 관점에 대한 기록이라고 할 수 있다(Brockett, 1991:3). 즉 연극의 기원을 통해 살펴볼 때 인간 자신, 인간을 둘러싼 세계, 진리와 실재에 대한 변화하는 인간의 관점에서 보면, 드라마의 세계 인식은 감각 세계의 현실과 이데아 세계의 현실이 분리되어 있지 않고 통합되어 있다고 바라봄으로써 일원론적으로 보고 있는 것이다. 이를 도표로 제시하면 다음과 같다.

	일원론적 세계인식	이원론적 세계인식
주창자	아리스토텔레스	플라톤
가상세계 (허구·모방) 의 역할	가상세계(허구·모방)는 실제세계를 반영함.	가상세계(허구·모방)는 실제세계를 불완전하게 재현함.
가상세계 의 진리성	가상세계는 실제세계의 본질을 표현한 것으로 진리성이 인정됨.	가상세계는 실제세계를 불완전하게 재현한 것이므로 진리가 될 수 없음.
앎의 방법	감관을 통해 사물의 본질을 마음 속의 관념과 일치시켜 알게 됨	사물의 진리는 본유되어 있는 관념을 통해 알게 됨
인식대상과 인식주체와 의 관계	인식대상과 인식주체안의 관념은 일치함.	인식대상인 사물과 인식주체인 관념은 가상세계와 진리의 세계로 분리됨
교육연극과의 관계	모방은 현실의 본질을 반영하므로 교육연극은 진리인식의 방법이 됨	모방은 가상에 지나지 않으므로 교육연극은 진리인식의 방법이 될 수 없음

〈 표 II - 1 - 1)-① 〉 드라마의 일원론적 세계인식과 이원론적 세계인식의 비교

한편 전통적으로 인식론을 지배한 근본문제는 "우리를 둘러싼 세계에 대해 우리가 어떻게 아는가?" 라는 문제에 있었다. 우리가 일상적으로 알고 있다고 생각하는 대부분의 것들이 감각 경험에 기초해 있음은 분명하다. 그러나 문제는 세계가 우리에게 지각된 것과는 별개일 수 있다는, 즉 일치하지 않을 수 있다는 데 있다. 그러므로 인식론이 책임 있는 철학적 존립근거를 확보하기 위해선 세계 자체와 우리의 앎과의 불일치를 차단해야 했다.

이에 대해 전통적으로 규범성을 근간으로 하는 인식적 합리성은 선험적인 방식을 통해서만 세계 자체와 우리의 앎과의 불일치를 차단할 수 있다고 생각했다. 반면에 교육연극의 드라마적 인식론에선 일원론적 세계인식에 입각한 신체화 된 인식을 통해 세계자체와 앎과의 문제를 일치시키고 있다. 먼저

전자의 경우에 대하여 살펴보면, 그러한 견해는 고대 그리이스의 관념론적 인식에서부터 시작된다. 고대 그리이스의 관념론적 인식은 인식의 대상, 즉 사물의 세계를 한갓 가상에 지나지 않는 것이라고 부정한다. 그리고 사물의 진리는 사물의 개념, 곧 관념(idea)이고 이 관념이야말로 진정으로 불멸하는 존재로서 진리이며, 이 진리는 인간의 영혼 속에 본유되어 있다고 보았다. 따라서 진리를 찾기 위해선 자연의 사물 속에서가 아니라 인식 주체인 자기 자신의 내부에서 찾아야 한다고 했다. 그래서 소크라테스는 "너 자신을 알라"는 충고를 했던 것이다. 이러한 관념론적 인식은 소크라테스와 플라톤의 인식론적 입장이었으며, 이런 관념론적 인식은 서구철학의 인식론적 주조를 이루며 데카르트에게로 이어진다. 확실하고 의심할 수 없는 지식을 확보하려는 데카르트의 방법은 "그처럼 단순히 그럴듯한 지식을 거부하고 완전히 알려지고 의심할 수 없는 것만을 믿는다는 것을 규칙으로 삼는 것"(Descartes, [1628], 1970:3)이었다. 그의 주장에 따르면 그의 방법은 효과가 있었다. "차츰차츰 나는 우리의 자연적 시각을 가리고 이성에 따르는 우리의 능력을 감소시킬 수도 있는 많은 오류들로부터 벗어나게 되었다."(Descartes, [1637], 1970:87) 다른 방법들은 그렇지 않았다. "이러한 종류의 제어되지 않은 탐구들과 혼동된 반성들은 단지 자연적 빛을 혼란스럽게 만들고 우리의 정신적 능력을 가릴 뿐이다."(Descartes, [1628], 1970:9) 효과가 있는 유일한 방법은 이성의 자연적 빛의 장점을 취하고 탐구의 엄밀한 규칙을 따르는 것이었다.

데카르트는, 마음을 데네트(D. Dennett, 1991)가 '데카르트적 극장'(Cartesian Theater)이라고 부르는 어떤 것, 즉 은유적 대상들(관념들)이 내적 빛(자연적인 이성의 빛)에 의해 비추어지며, 은유적 관객(오성이라는 우리의 능력)이 바라보는 내적인 정신적 단계로 생각했다. 데카르트는 그러한 정신적 시각에 직관(intuition)이라는 이름을 부여하였는데, 그것은 관념 - 대상을 명석하게 보았으며, 또 서로를 구별할 수 있게 해 주었다.

이러한 관념론적 인식과 더불어 상반된 경험론적 인식론 또한 고대 그리스에서 시작되었는데, 이러한 경험론적 인식도 세계자체와 앎과의 관계를 일치시키지 못했던 것이 사실이다. 경험론적 인식은 인식의 대상, 즉 사물의 세계를 인식주체 안에서 인식된 표상과 독립되어 있는 존재로서 부정하거나 긍정하지도 않았다. 다만 그 대상에 의한 표상이 존재의 이쪽, 즉 인식 주관 안에서 감각되고 인식된다고 보았다. 그리고 그렇게 인식된 대상 세계야말로 경험적 세계이며 진리라고 보았다. 그렇기 때문에 그 진리는 절대적 진리가 아닌 상대적이며 개연적인 진리였다. 그것은 인식된 세계가 사물의 세계인 대상 자체가 아니라 인식 주관 안에서 대상에 의해 표상된 것이기 때문이다. 그래서 경험론적 인식론자들은 대상 자체의 존재와 본질에 대한 불가지론[12]에 귀착하게 되었던 것이다.

지금까지 언급한 것처럼, 관념론적 인식과 경험론적 인식은 인식대상인 대상물과 인식된 표상과의 연결고리가 불확실하다. 앞의 관념론적 인식론은 인식 대상인 사물의 세계와 사물의 개념, 곧 관념(idea)을 각각 별개의 세계로 분리하였다. 그래서 인식 대상인 사물의 세계는 한갓 가상에 지나지 않는다고 보았고 관념(idea)의 세계는 진리의 세계이며 인식주체 안에서 본유 된다고 보았다. 따라서 인식 대상인 사물과 인식주체 안에서 본유 되는 사물의 개념, 즉 관념(idea)은 각각 가상과 진리라는 서로 다른 세계일뿐이었다. 반면에 뒤의 경험론적 인식론은 대상에 의해 표상된 표상으로서의 대상세계를 인식하는 것이 경험이라고 하면서도 인식 주관과 독립된 대상 그 자체의 실재성을 긍정할 수 없는 것으로 보고 있다. 결국 인식 대상과 인식 결과가 일치하는지 일치하지 않는지 알 수 없으므로 인식대상의 존재에 대한 회의에

---

12) 인식은 자신 밖으로 나가서 대상 그 자체에 도달할 수가 없다고 믿기 때문에 경험론적 인식론자들은 대상의 독립적 존재, 즉 대상 그 자체를 알 수 없다고 주장한다. 고대 그리이스의 소피스트들이 취한 입장이었다. 이영호, 『인식과 실천』, 아카넷, 2004, pp.14-15.

빠지게 된다.

이렇게 위의 두 인식론에서는 인식 대상인 물(物)의 세계와 인식결과로서 인식 주체 안에 구성된 지식이 서로 일치하는지 그렇지 않은지 알 수도 없을 뿐더러 또 엄연히 가시적으로 존재하는 인식대상인 물(物)의 세계는 그 실존성이 인정되지도 않는다고 보았다. 이러한 인식론상의 문제들을 해결하고자 했던 사람이 칸트다. 그래서 그는 관념론적 입장인 본유관념설을 받아들이면서도 경험주의적 인식론에 대한 반성을 토대로 보완하고자 하였다.

그는 인식 대상인 물(物)의 세계를 실존적으로 인정하며, 물(物)의 세계는 인식주체 안의 표상을 촉발한다고 하여 인식대상인 물(物)의 세계와 인식 결과인 표상을 인과적으로 분명하게 인정하였다. 또한 그는 대상을 인식하는 기본 틀인 제 범주들이 인간의 오성(分別知) 속에 본유되어 있다고 하여 대상에 대한 모든 인식은 사물의 존재 자체에 관한 것이 아니라 인식 주관 자신이 구성해 낸 것만을 인식할 수 있을 뿐이라는 본유관념의 입장을 취한다. 그러나 인식은 인식주체의 한계를 벗어나지 못하기 때문에 결코 사물 대상 그 자체에 도달할 수 없다고 하였다. 결국 칸트의 인식론도 인식대상과 인식결과를 연결하는 연결고리가 없어 인식결과인 구성물이 인식 대상과 일치하는지 그렇지 않은지 알 수 없다는 점에 있어선 경험론적 인식론과 다를 바 없었다.

이와 같은 인식대상과 인식결과를 연결하는 연결고리의 부재에 대한 인식론적 반성은 인식적 합리성의 문제를 불러일으켰는데, 1969년 콰인(Quine)은「자연화된 인식론」이라는 논문(Quine, 1969)을 통해 전통적인 인식론과의 단절을 표방하면서, "우리는 어떠한 믿음을 가져야 하는가?"라는 물음은 '물음 그 자체'가 잘못되었기 때문에 한 믿음의 정당화를 근간으로 하는 전통적 인식론을 포기하고, "우리는 실제로 어떠한 믿음을 갖게 되는가?"라는 서술적 물음으로 바뀌어야 한다고 주장하였다. 말하자면, 인식적 규범을 근간으로 하는 전통적 인식론이 근본적으로 잘못되었기 때문에, 서술적 인식론으로 대체되어야 한다는 요구이다.13) 이러한 콰인의 지적으로부터 촉발된 자연주의 인식론의 대두와 함께, 인식적 합리성의 새로운 가능성에 대한 모색이 본격적으로 이루어지게 되는데, 그 핵심은 인식론과 자연과학 이 양자의 벽을 허물자는 것이었고 그래서 인식론을 과학화하자는 것이었다. 말하자면, 인식론이 이른바 선험적 방식을 통해 지식에 대한 규범적 지침을 제공해 준다는데 대해 강한 불신을 나타내고, 인식론을 자연과학과의 연장선상에서 이해하자는 것이었다. 이런 견해는 인지과학의 발달과 함께 전통적인 영미철학 대부분의 근본원리를 가정하는 제1세대 인지과학14)으로부터 경험적 근거에서 그 원리들의 대부분을 의문시하는 제2세대 인지과학15)으로의 전환과 함께 영미중심의 분석철학과 포스트모더니즘 철학에 대한 철저한 재고를 요구하게 되었다.

이런 요구는 2천년이 넘도록 인간을 정의하는 특성으로 간주되어 왔던 이성에 대한 새로운 이해를 가져오게 하였다. 즉, 마음이 몸에서 분리되고 독립

---

13) 콰인의 의도 및 그 비판적 관점에 대한 선명한 논의는 Kim(1988) 3절 참조. Kim Jaegwon(1988), "What is Naturalized Epistemology"(*Philosophical Perspectives 2*: Atascadero, CA: Ridgeview Press.

14) 제1세대 인지과학은 전통적인 영미철학의 가정들에 의해 정의된 문맥 속에서 출발했으며 1950년대와 1960년대에 발전하였다. 상징적 계산에 관한 아이디어들에 집중했으며, 형식논리나 기호 체계의 조작에서처럼 이성은 탈신체적이고 문자적이라는 주류적 견해를 의심 없이 받아들였다. 그 당시 영미 철학은 초기 인공지능, 정보처리 심리학, 형식논리, 생성언어학, 초기 인지인류학과 같은 그 시대의 패러다임에 아주 잘 들어맞았다. 따라서 인지기능들이 몸과 두뇌에서 유래한다는 방식들을 무시한 채, 마음은 은유적으로 어떤 적절한 하드웨어에 의해서도 운영될 수 있는 일종의 추상적인 컴퓨터 프로그램으로 간주되었다. 그 은유의 한 결과는 하드웨어, 오히려 웨트웨어(wetware: 인간의 두뇌)가 그 프로그램의 본성에 관해 어떤 것도 결정하지 않는다고 간주되었다는 점이다. 즉, 몸과 두뇌의 특이성은 인간개념들과 이성의 본성에 관해 아무런 기여도 하지 않았다. 이것은 살이 없는 철학(philosophy without flesh)으로 지칭되었으며 이러한 마음 개념에 몸은 없었다. G. 레이코프, M. 존슨, 『PHILOSOPHY IN THE FLISH』, 임지룡 외 옮김, 2005, PP.126-127.

15) 레이코프와 존슨은 '선험적 사변'으로 특징지어지는 전통적인 철학적 방법을 넘어서서 오늘날 우리에게 주어지는 최선의 경험적 증거를 수용함으로써 '경험적으로 책임 있는 철학'(empirically responsible philosophy)으로 나아갈 것을 제안하고 있다. G. 레이코프, M. 존슨, 앞의 책, P.10.

된, 그리고 다른 모든 사람들과 정확하게 동일하며 탈신체적이고 초월적이었던 이원론적 인간의 이성관이 설득력을 잃게 되었으며, 이성은 우리의 두뇌, 몸, 그리고 신체적 경험의 본성에서 유래한다는 신체화된 일원론적 이성관이 설득력을 얻게 되었다. 이러한 신체화된 이성관에 입각한 인식론이 바로 교육연극의 드라마적 인식론의 입장이다. 따라서 교육연극의 드라마적 인식론에선 일원론적 세계인식에 입각한 신체화 된 인식을 통해 세계자체와 앎과의 문제를 일치시킨다.

그렇기 때문에 교육연극은 초등학생들의 몸과 두뇌 즉, 신체화된 인지활동을 중시하며 이와 관련된 모든 기제들을 어린이들의 교육에 동원한다. 이에 대하여 레이코프와 존슨의 철학적 입장에 대한 그들의 주장을 빌리면 '체험주의'(experientialism)라고 할 수 있는데, 이는 '몸의 중심성'에 바탕을 둔 전반적인 인식활동으로 우리의 상상력, 의미, 그리고 이성과 같은 정신 능력들은 모두 유기체인 우리의 몸에 그 근거를 두고 있으며, 또한 몸에 의해 적절하게 제약되고 있다고 보는 일원론적 시각의 인식론이다. 이러한 시각은 일찍이 듀이(J. Dewey, 1992), 메를로 퐁티(M. Merleau-Ponty, 1962), 비트겐슈타인(L. Wittgenstein, 1953)등을 통해서 제시되기도 하였는데, 이들은 모두 교육연극에서 중시하는 신체화로서의 경험을 인식의 근원요소로 삼고 있다. 이를 표로 제시하면 다음과 같다.

	경험론적 인식론	관념론적 인식론	칸트의 인식론	교육연극의 드라마적 인식론
주창자	소피스트	소크라테스 플라톤	데카르트	칸트	메를로 퐁티 비트겐슈타인 듀이
인식의 방법	인식 주체가 대상 사물에 대하여 인식주체 속에 반영된 표상을 인식하고 이것이 경험이 됨	인식 주체 속의 본유관념이 사물을 해석함	마음은 정신적 실체로 탈신체적이며 스스로의 관념들을 확실하게 알 수 있다.	인식 주체 속에 본유되어 있는 대상을 인식하는 기본 틀이 인식 주체 속에 반영된 표상을 인식	인식 주체가 직접 대상 사물을 오감을 통해 인식함. 이때 근원영역인 운동기능영역이나 감각운동영역의 요소들이 목표영역에 사상되어 추론화 과정을 거침
대상 사물에 대한 관점	대상 사물의 실존을 긍정하지도 부정하지도 않음	대상 사물을 가상의 것으로 치부함.	'외적' 세계에 존재하는 대상들을 '내적'영역에서 표상	대상 사물은 인식을 촉발하며 실존하는 존재로 인정	직접적인 인식의 대상물
진리 형태	상대적	절대적	이성에 따르는 내적 빛에의해 명석하게 드러난 것 만이 진리	자연대상에 대한 종합적 판단은 상대적, 동일성 원리에 기초한 분석적 판단은 절대적	상대적
대상적 진리 인식의 검증	인식은 인식 주체의 한계를 벗어날 수 없어 인식주체 밖에 있는 대상과 같은지 알 수 없으므로 진리검증 불가함 대상자체의 존재와 본질에 대한 불가지론에 귀착	인식주체 밖의 대상과 인식주체 안에 본유된 관념은 별개의 세계로 검증이 필요 없음	모든 관념 대상은 시각을 통해 접근 가능하며 이성에 의해 알려질 수 있다. 마음에 관한 확실한 지식을 구성하는 데에는 어떤 경험적 탐구도 필요치 않음	인식은 인식주체의 한계를 벗어날 수 없어 인식주체 밖에 있는 대상과의 같은지 알 수 없으므로 진리검증 불가함	실천적 교섭을 통해 인식 밖의 대상이 독립적으로 존재하고 있음을 확고히 인식하고 진리검증이 가능함 즉 실천(연행)을 통해서 진리를 인식하며 검증도 가능함
인식 대상물과 인식주체 안의 표상과의 관계	규범성을 근간으로 하는 선험적 방식 (불가지론)	규범성을 근간으로 하는 선험적 방식 (가상과 진리)	규범성을 근간으로 하는 선험적 방식 (직관)	규범성을 근간으로 하는 선험적 방식 (불가지론)	몸의 중심성에 바탕을 둔 신체화된 인지 방식

〈 표: II - 1 - 1) - ② 〉 교육연극의 드라마적 인식론과 여타 인식론과의 비교

2) 구성주의 관점의 전인적 인간관

교육연극을 경험함으로써 얻게 되는 가장 중요한 종류의 학습은 인간 행동, 자신, 자신이 살고 있는 세계에 대한 그들의 이해가 성장한다는 것이다. 다시 말해서, 교육연극의 주된 목적인 '이해의 성장'16)(Growth of understanding) 은 학생이 지니고 있는 전통적이고 관습적인 사고와 감정에 교육적으로 바람 직한 변화가 일어나게 한다는 것을 의미한다. 이렇게 볼 때 "교육연극에 참여 하는 학생 즉, 한 인간으로서의 본질적 존재는 무엇인가?" 하는 철학적 질문 은 교육연극에 참여하는 학생의 본질적 속성을 이해함으로써 교육연극의 학 습자관이나 교육연극 활동에 참여하는 참여자로서의 학생관을 확립하는데 초석이 된다.

이러한 교육연극에서 드라마의 전인적 인간관도 궁극적으로는 인식의 문 제이며 이는 현대 인식론적 동향이기도한 "어떻게 아는가"라는 질문의 주체 적 존재에 대한 정의이기도 하다. 즉, 교육연극에서 드라마의 전인적 인간 관은 구성주의적 인식의 인간을 뜻하기도 한다. 구성주의는 "지식이란 가변 적·발전적·비객관적·내부적으로 구성되는 것이며, 또한 사회적·문화적으 로 조정된 것"(Ernst von Glasersfeld, 1996:9)이란 관점을 제시한다. 이로 인해 구성주의적 인식론은 인간의 외부에 객관적으로 존재하는 대상에 대 한 반영이라는 세계 중심(world centerd)의 외인적(exogenic) 사유방식에 서 벗어나, 우리가 이 세상에서 사는 동안 우리의 삶을 통해서 감지하고, 인식하고, 또 체험한 것을 통해서 겪었던 것만을 인식할 수 있다는 주체 중심(mind centered)의 내인적(endogenic)관점(Kenneth J. Gergen, 1995:18-19)

---

16) 교육드라마를 통하여 학습자는 실제적이고 가상적인 상황과 역할에 접합으로써 다양 한 경험을 하게 되고, 그로 인해 자신의 삶의 경계가 확장된다. 이러한 경험은 삶을 새로운 관점에서 조망하게 하는 단서가 된다. 이해의 성장이란 이처럼 삶에 대한 새로 운 조망이 확대되는 것을 의미한다. 정성희,『교육연극의 이해』, 도서출판 연극과 인간, 2006, P. 40.

을 제시한다.

따라서 이러한 인간은 우리가 인식할 수 있는 것만을 인식할 수 있다는 의미구성의 주체의존성을 강조함으로써 진리 혹은 지식이란 객관적으로 인간의 외부에 존재한다는 사고방식을 부정한다. 이는 전통적 영·미철학인 분석철학17)이 갖고 있던 탈신체화 된 의미, 지칭(reference), 진리 조건, 그리고 명제들로 구성된 지식에 대한 불신이기도 하였다. 이를 도표화하면 다음과 같다.

	객관주의적 인식의 인간관	구성주의적 인식의 인간관
사유 방식	세계 중심의 외인적 사유방식 인간의 외부에 객관적으로 존재하는 대상에 대한 반영	주체 중심의 내인적 사유방식 이 세상에서 사는 동안 우리의 삶을 통해서 감지하고, 인식하고, 또 체험한 것을 통해서 겪었던 것만을 인식
지식 획득	고정적이고 확인할 수 있는 대상의 지식을 습득	개인의 사회적 경험을 바탕으로 하여 개인의 인지적 작용에 의해 지속적으로 구성, 재구성 하여 지식을 형성
지식 의 특징	초역사적, 초공간적, 범주주의인 성격의 절대성을 특징으로 함	특정 사회, 문화, 역사, 상황적 성격의 반영과 구현으로 상대성을 특징으로 함.
현실	규칙으로 규명이 가능하며 통제와 예측이 가능한 현실에서의 인간.	불확실하며, 복잡하고, 독특함을 지니고 있어 예측이 불가능한 현실에서의 인간.
최종 목표	모든 상황적, 역사적, 문화적인 것을 초월해 적용할 수 있는 절대적 진리와 지식(Truth)을 추구함	개인에게 의미있고 타당하고 적합한 것이면 모두 진리이며 이런 지식(Viability)을 추구함

---

17) 분석철학(analytic philosophy)은 20세기 영미철학의 지배적 경향을 말하는데, 이는 기본적으로 언어에 대한 집중적 관심에 의해 규정된다. 분석철학을 특징짓는 소위 언어적 전환(linguistic turn)은 우리가 언어에 대한 분석을 통해서 개념, 의미, 지칭(reference), 지식, 진리, 이성, 가치 등 철학에서 문제시 되는 것으로 가정되는 모든 것에 대한 이해에 이를 수 있다는 믿음에 근거하고 있다. G. 레이코프, M. 존슨, 앞의 책, 임지룡 외 옮김, 2005, P. 641.

지식의 주체	발견(discovery, find)에 의한 정보이송자 일치(correspondence)에 의한 정보 확인자	창조(creation)에 의한 지식구성(construction)자
교육연극과의 관계	탈신체화된 의미가 중심이되어 교육연극을 통한 지식의 획득이 비능률적임	신체화된 의미가 중시되어 교육연극을 통한 지식의 구성에 적합함

〈 표 II - 1 - 2) - ①〉 객관주의적 인식의 인간관과 구성주의적 인식의 인간관 비교

구성주의는 지식 구성에 있어서 개인의 심리적 인식과정에 대한 피아제의 관점과 사회문화적인 관점에서의 비고츠키의 견해는 오늘날 구성주의를 형성하는 근본적인 두 축이 된다.

또한 이러한 구성주의적 인식의 인간은 자신이 지각하고 자신이 대면하는 그 세계 안에서 사는 것이 아니라, 이 세계를 살며 이 세계와 더불어 생존한다. 다시 말하면 세계라는 성질을 가진 것을 구축함으로써 살고 생존하는 것이다. 따라서 인간이 세계를 체험한다는 것은, 생명체계의 조직과 적응성을 유지하기 위한 자기생산 과정 속에서 그 도구적인 기능을 충족한다.

한편 구성주의적 인식의 인간은 또 인지과학의 산물이기도하다. 인지과학은 제1세대와 제2세대 인지과학으로 나누어 볼 수 있는데, 먼저 제1세대 인지과학에 대하여 언급하면 제1세대 인지과학은 1950년대와 1960년대에 발전했으며, 상징적 계산에 관한 아이디어들에 집중했다(Gardner H. 1985) 제1세대 인지과학은 형식논리나 기호 체계의 조작에서처럼 이성은 탈신체적이고 문자적이라는 주류적 견해를 의심 없이 받아들였다. 그 당시에 영미철학은 다음과 같이 그 시대의 몇몇 지배적인 패러다임에 아주 잘 들어맞았다. 즉, 초기인공지능, 정보처리 심리학, 형식논리, 생성언어학, 그리고 초기 인지인류학 등이 그것인데, 그것들은 모두 제1세대 인지과학에서 하나의 역할을 수행했다.

인지적 기능들이 몸과 두뇌에서 유래하는 방식들을 무시한 채, 마음은 인지적 기능들에 의해 연구될 수 있다는 가정이 당연하게 보였다. 이 '기능주의적'시각에서 볼 때, 마음은 은유적으로 어떤 적절한 하드웨어에 의해서도 운영될 수 있는 일종의 추상적인 컴퓨터 프로그램으로 간주되었다. 그 은유의 한 결과는 하드웨어, 오히려 웨트웨어(wetware, 인간의 두뇌)가 그 프로그램의 본성에 관해 어떤 것도 결정하지 않았다고 간주되었다는 점이다. 즉, 몸과 두뇌의 특이성은 인간 개념들과 이성의 본성에 관해 아무런 기여도 하지 않았다. 이것은 살이 없는 철학(philosophy without flesh)으로 이러한 마음 개념에 몸은 없었다.(G. 레이코프·M. 존슨, 임지룡 외 옮김, 2002:127)

따라서 초기 인지과학은 마음이 몸과 무관하게 그 형식적 기능들에 의해 특징지어진다는 엄격한 이원론을 가정했다.(Haugeland J. 1985) 인공지능, 형식논리, 그리고 생성언어학으로부터 첨가된 내용은 사고가 형식적인 상징체계들을 사용해서 표상될 수 있다는 것이었다. 컴퓨터 언어학처럼, 이 상징들은 그 자체로 의미가 없으며, 사고는 상징에 부과될지도 모를 어떤 의미도 고려하지 않는 형식적 규칙들에 따라 그런 상징을 조작하는 것으로 간주되었다.

그리고 의미에 관해선 두 가지 태도가 있었다. 첫째, 의미는 상징이 계산하는 것이며 의미는 전적으로 상징들 간의 내적 관계에 의해 정의된다. 둘째, 사고를 특징짓는 상징들은 외적 실체의 내적 표상들로 간주되었다. 바꾸어 말하면, 상징들은 외적 실재, 즉 대상들, 그것들의 속성들, 그것들 간의 관계, 그리고 대상들의 고전적 범주들과 같은 이 세상에 있는 사물들을 지시함으로써 의미를 부여받을 수 있었다.

따라서 정신적 표상(mental representation)은 이 두 가지 전통에서 두 가지 다른 의미를 지니고 있었다. 첫째, 표상(representation)은 개념(concept)의 표상으로 간주되었으며, 표상은 다시 형식 체계 안에서 다른 개념들과의 관계에 의해서만 정의되는 것으로 간주되었다. 따라서 이 설명에 따르면, 표상은 주어진 형식체계에 대해 순전히 내적인 상징적 표현이다. 둘째, 표상은 형식체계 밖에 있는 어떤 것의 상징 표상으로 간주되었다.

위의 두 개념에서 소프트웨어는 운영할 하드웨어를 필요로 한다는 평범한 의미로, 마음은 두뇌 속에서 우연히도 신체화 되었다. 즉, 두뇌는 마음의 소프트웨어가 우연히 그 위에서 작동하는 하드웨어지만, 두뇌하드웨어는 적절한 어떤 소프트웨어도 운영할 수 있다고 간주되었으며, 그래서 두뇌 하드웨어는 마음 소프트웨어를 특징짓는 데 필수적인 역할을 하지 않으며, 심지어 중요한 역할도 하지 않는다고 가정되었다. 기능적으로 볼 때, 마음은 탈신체화 되어 있다. 더욱이, 사고는 문자적인 것으로 간주되었으며, 상상능력은 그 구도 안에 전혀 들어가지 않았다. 이것은 이성이 선험적이며, 보편적이며, 탈신체적이며, 문자적이라는 데카르트적 견해의 현대판이나 다름없었다. 마음에 관한 이 견해는 때때로 철학적 인지주의(philosophical cognitivism)라고 불린다.

제2세대 인지과학은 이러한 제1세대 인지과학의 모든 가정들이 다음과 같은 두 가지 경험적 증거에 직면해서 포기되어야 했다. 첫째, 제2세대 인지과학은 개념 및 이성의 몸에 대한 강한 의존성을 갖고 있다는 것이다. 둘째, 제2세대 인지과학은 개념화와 이성에 있어서 특히 은유, 심상, 환유, 원형, 틀, 정신 공간 및 방사상 범주와 같은 상상적 과정들의 중심성을 갖고 있다는 것이다. 이런 경험적 결과들은 영미철학의 가정들을 직접적으로 반박한다. 이런 제2세대 인지과학의 신체화된 마음 견해의 요점을 살펴보면 다음과 같다. 이는 교육연극의 구성주의 관점의 전인적 인간관이 갖는 속성이기도 한 것이다.

— 개념적 구조는 우리의 감각운동 경험, 그리고 그 경험을 낳는 신경
  구조로부터 발생한다. 우리의 개념체계에서 '구조'라는 바로 그 개념
  은 영상도식이나 근육운동 도식과 같은 것들에 의해 특징지어진다.

- 정신적 구조들은 본질적으로 우리 몸과 신체화된 경험과의 연결에 의해 유의미한 것이된다. 그들은 무의미한 상징들에 의해 적절하게 특징지어질 수 없다.
- 부분적으로 우리의 근육운동 도식, 게슈탈트 지각 능력[18], 영상 형성 능력에서 발생하는 개념들의 '기본층위'가 있다.
- 우리의 두뇌는 활성화 패턴들을 감각운동 부위에서 더 높은 피질부로 투사하도록 구조 화되어 있다. 이것들이 이른바 일차적 은유(primary metaphors)를 구성한다. 몸에 직접적으로 연결된 감각운동 과정에서 사용되는 추론 패턴들에 근거해, 이런 종류의 투사는 우리에게 추상적 개념들을 개념화하도록 해 준다.
- 개념들의 구조는 전형적인 경우, 이상적인 경우, 사회적 스테레오타입, 현저한 보기, 인지적 참조점, 등급매겨진 척도의 끝점, 악몽의 경우 등 다양한 종류의 원형들을 포함한다.[19] 각 유형의 원형은 구분되는 유형의 사유작용을 사용한다. 대부분 개념들은 필요충분조건에 의해 특징지어지지 않는다.

---

18) 인지과학에서 신경의 형상들이 어떻게 학습되는지를 연구하는 신경 모형화에 의하면 모든 생물은 대상을 범주화한다. 동물의 범주화는 자신들의 감각기관과 이동능력 및 대상 조작 능력에 의존하는데, 범주화는 몸과 두뇌가 결정하며 경험에 의해 무의식적으로 형성된다. 그리고 범주들은 전형적으로 이른바 원형(prototypes)에 의해 한 가지 이상의 방식으로 개념화 한다. 그리고 이러한 개념은 기본층위를 형성하는데, 게슈탈트 지각은 이 과정에서 전체적 형태로 지각하는 것을 말한다. 즉, 단일한 심상이 전체 범주를 표상할 수 있는 지각이 게슈탈트 지각이다. 예를 들면, 범주의 위계에서 기본층위 범주에 해당하는 의자, 탁자, 침대는 하나의 단일 심상으로 표상되는데 기본층위의 상위 범주에 해당하는 가구는 하나의 심상으로 표상되지 않는다. 따라서 기본층위 범주인 의자와 같이 단일 심상으로 전체 범주를 표상하는 지각이 게슈탈트 지각이다. G. 레이코프, M. 존슨, 앞의 책, 임지룡 외 옮김, 2005, PP. 50-62.참조.

19) 이는 Lokoff의 개념적 원형의 종류에 관한 연구에서 제시되고 있는 개념적 원형들로 범주 구성원들에 관해 추론할 때 사용된다. 즉, 전형적인 경우의 원형은 정보 구성원들에 관해 추론할 때 사용되며, 이상적인 경우의 원형은 우리에게 어떤 개념적 기준에 관해 범주 구성원들을 평가하도록 한다. 그리고 사회적 스테레오 타입의 원형은 흔히 사람들에 관해 즉각적인 판단을 하는데, 현저한 보기들은 범주 구성원들의 개연성을 판단하는 데와 같이 각각의 용도에 따라 다르게 사용된다. Lakoff, G. 1987. *Women, and Dangerous things: What Categories Reveal About the Mind.* Chicago and London: University of Chicago perss.

- 우리의 근본적인 형태의 추론이 감각운동 및 몸에 근거한 다른 형태의 추론으로부터 발생하므로 이성은 신체화되어 있다.
- 신체적 추론 형태는 은유에 의해 추상적 추론 방식에 사상되므로 이성은 상상적이다.
- 개념체계는 일원적이 아니라 다원적이다. 전형적으로, 추상적 개념들은 종종 서로 일치하지 않는 다중적인 개념적 은유들에 의해 정의된다.(G. 레이코프·M. 존슨, 임지룡 외 옮김, 2002:129)

즉, 간단히 말해서 제2세대 인지과학은 모든 면에 있어서 신체화된 마음의 인지과학이다.(Varela et al, 1991) 그 발견들은 의미의 모든 양상에 있어서, 그리고 우리의 사고 구조와 내용에 있어서 우리의 신체화된 이해의 중심적 역할을 밝혀 준다. 의미는 우리가 이 세상에서 의미 있게 활동하고 신체적·상상적 구조에 의해 그 의미를 이해하는 방식들과 관계가 있다. 즉 제 2세대 인지과학의 신체화된 이성은 교육연극의 모방과 허구를 통한 이해 방식과 상동성을 가지며, 이는 제2세대 인지과학의 신체화된 마음 견해가 교육연극의 구성주의 관점의 전인적 인간이 갖고 있는 인지방식과 같은 방식을 취하고 있음을 의미한다.

결론적으로 교육연극에서 바라보는 인간은 마음이 신체화되어 있는 인간이며 그로인해 개념 구조를 형성하는 인간인 것이다. 따라서 교육연극에서는 학습자가 지식을 구성하는데 감각운동이나 근육운동과 같은 몸의 활동이 중시되며, 이런 활동들은 신체적 추론을 형성하고 이는 또 은유에 의해 추상적 추론 방식으로 사상되어 추상적 개념을 형성하게 되고 지식을 구성하게 되는 것이다. 이를 도표로 제시하면 다음과 같다.

	제 2 세대 인지과학	제 1 세대 인지과학
발전시기	1970년대 중·후반기 이후 발전	1950년대와 1960년대에 발전
출 발	영미 '인지주의'의 근본 원리들 각각을 의문시하는 경험적 연구의 등장으로부터 출발	영미철학의 가정들에 의해 정의된 문맥속에서 출발
이 성	이성은 신체화되어 있으며 근본적인 형태의 추론이 감각운동 및 몸에 근거한 다른 형태의 추론으로부터 발생함	탈신체적이고 문자적이라는 주류적 견해를 의심없이 받아들임
인지적 기 능	정신적 구조들은 반드시 우리의 몸과 신체화된 경험과의 연결에 의해 의미를 구성함.	정신적 구조들은 몸과 두뇌에서 유래하는 방식들을 도외시한채 무의미한 상징들에 의해 적절하게 특징지어지는 것으로 인식
마 음	신체화되어 있어 인간 개념들과 이성의 본성에 기여함.	어떤 적절한 하드웨어에 의해서도 운영될 수 있다고 봄, 일종의 추상적인 컴퓨터 프로그램으로 간주, 탈신체화 되어 있음
사 고	몸에 직접적으로 연결된 감각운동 과정에서 사용되는 추론패턴에 근거해 추상적 개념들을 개념화함	형식적인 상징체계들을 사용해서 표상될 수 있다고 봄, 따라서 사고는 문자적임 상상능력은 사고에서 제외됨
상 징	신체적·상상적 구조에 의해 의미를 이해하며, 신체적 추론 형태는 은유에 의해 추상적 추론 방식에 사상되어 추상적 개념을 형성하고, 상징은 다중적인 개념적 은유들로 정의됨	외적 실재의 내적 표상들로 간주, 즉 상징들은 외적 실재인 대상 사물들을 지시함으로써 의미를 부여 받음
몸과 두뇌	두뇌는 활성화 패턴들을 감각운동 부위에서 더 높은 피질부로 투사하도록 구조화 되어있어 이것들이 일차적 은유를 구성함	인간의 개념들과 이성의 본성에 관해 아무런 기여도 하지 않음, 두뇌는 마음의 소프트웨어가 우연히 그 위에 작동하는 하드웨어로 간주
지배적 패러다임	경험 심리학, 신경과학, 생리학, 신체화된 인지과학	초기 인공지능, 정보처리 심리학, 형식 논리, 생성언어학, 초기 인지심리학
교육연극과의 관계	지식의 구성에 신체적 추론방식을 적극활용하며 은유에 의해 추상적 개념을 형성하고 의미를 구성함, 교육연극은 이런 활동들을 촉진시킬 수 있음	지식의 구성에 몸의 역할이 제외되고 있으며 외적 실재와 내적 표상의 일치에 의해 의미를 구성함

< 표: II - 1 - 2)-②)> 교육연극 인지방식으로서의 제2세대 인지과학과 제1세대 인지과학의 비교

2. 교육연극의 교육학적 함의

전통적 교육 방식은 가르칠 내용과 주제에 중점을 두며, 교실에서의 질서와 규칙을 요구하는 교육 방식을 바탕으로 하고 있다. 이는 다분히 대량 지식 전달적 내지 획일적인 경향을 보인다. 교육적 사안에 따라 개별적이거나, 인간 중심적, 혹은 피교육자 중심의 특별프로그램이 요구될 때가 있다. 교육연극이 그러한 측면에서 매우 높은 교육적 효과를 보여 왔음은 1900년대 초부터의 일이다. 한 세기를 거치면서 교육연극의 교육적 활용은 지속적으로 시도되고, 검토되고, 개선되어 왔다. 1960년대 이후에는 진보주의 교육과 열린 교육의 모범적인 실행자 역할을 충실히 해냈음이 사실이다. 전통적 교육 방법이 한계를 보일 때 그를 극복할 대안으로 교육연극의 활용이 강력히 추천되고 있다.(조병진, 2005:18) 여기서는 교육연극이 교육과 어떤 관련이 있으며 교육학적 함의는 무엇인지 살펴, 교육연극을 기반으로 하는 문학교육 이론체계수립의 초석으로 삼고자 한다.

1) 교육연극의 정의와 목적

1900연대 교육연극(Drama in Education, Educational Theatre)이라는 새로운 개념이 영국과 미국을 중심으로 영어권 나라에서 처음 소개되었다. 그 이후, 교육자들은 연극 공연(Theatre Production) 자체를 통해서 심미적이고 예술적인 교육을 함양시키고, 나아가서 연극을 교육적 매개체 즉, 교육적 수단으로 활용하여 교과를 가르치는 데 관심을 갖게 되었다. 따라서 기존의 교육적 방법에서 제공하는 것과는 다른, 유용한 교육적 결과를 달성할 수 있을 것이라는 사실을 발견하였다.(McCaslin N. 2000:259) 바로 이러한 발견에서 교육연극이 발달하기 시작하였다.

교육연극에서 주된 지향점은 '교육'이고, 연극은 그 목적 달성을 위한 수단

·방법으로서 작용하게 된다. 다시 말해서. 교육연극은 전인교육이라는 궁극적인 목적 달성을 위하여, 보다 효과적인 매개체로써 연극을 교육 현장에 활용하는 것이라고 할 수 있다. 구체적으로 살펴보면, 교육의 다양한 목표에 따라서 어떤 경우는 연극이라는 수단으로, 또 다른 상황에서는 드라마, 연극적 놀이, 혹은 연극적 게임 등과 같은 다양한 방법을 적절히 활용하여 교육목표를 달성할 수 있다. 그렇다면, 교육적 수단으로서 놀이, 드라마, 연극을 어떻게 활용할 것인지 그리고 이들을 통해서 어떤 교육적 목표를 달성할 수 있는지에 대한 논의를 전개해보면 다음과 같다.

놀이(play)는 코포/뒬랭(Jacques Copeau / Charles Dullin)의 시대까지만 해도 인간이 경험하는 것 가운데 놀이적인(ludique)영역은 역사학이나 사회학 인류학 등의 학문적인 관심을 받지 못하고 있었다.[20] 철학에서도 상황은 마찬가지였다. 특히 기능, 구조, 제도 등을 다루는데 주력하는 금세기의 서구 인문과학은 놀이적인 것을 피해갔다. 담론의 제도 속에서 놀이가 소외된 데에는 앞장의 '교육연극의 철학적 함의'에서 살펴보았듯이 오랫동안 지배해온 서구의 이성주의적인 편견이 작용하고 있었다. 문화/놀이 관계를 대립구도로 파악하는 이원론적인(dualisme) 태도가 오랫동안 서구의 문화관에 침윤되어 있었던 것이다. 인간을 이성적 존재로 파악하는 이성주의는 문화를 인류의 특권으로 간주하였다. 문화는 인간의 이성을 발전시키고, 관념을 다루며 놀이는 인간을 자연의 상태로 환원시켜 본능과 감각적 세계의 노예로 전

---

20) 1920년대 연극의 교육현장에 몸담고 있던 코포(Jacques Copeau)와 뒬랭(Charles Dullin)은 연극 예술의 개념 자체를 쇄신한다는 궁극적인 목표아래 실천적 지침으로서 "Jeu Dramatique"라는 '능동적 교수법'을 제시하였는데, 이는 종래의 스승의 모델을 답습하는 모방식 교육 대신에 즉흥성을, 그리고 텍스트 중심주의 대신 신체의 움직임을 연극 교육 과정의 본질적인 요소로서 설정한 것이었다. 즉 즉흥은 자유로운 놀이로써 모방과 답습을 교육과 동일시하던 당시의 관행에 대한 하나의 대안 교육의 개념이었던 바, 코포 - 뒬랭은 타성에 빠져 있는 예술에 창의성, 즉 예술성을 회복시킬 수 있는 길이 놀이의 원리를 수용하는 데 있다고 보고 제시하였던 것인데, 그 이후 놀이는 새로운 교육운동의 패러다임으로 받아들여지기 시작하였다. 김효,「연극과 교육의 접경지대(놀이에 관한 인문학적 고찰)」, 교육연극학 창간호(1집), 2005, PP.63-64.

락시키는 것으로 간주하여, 놀이와 문화는 서로 대립되었다. 놀이는 감각적인 것과 지성적인 것의 플라톤적인 대립구도 속에서 평가절하 되었던 것이다.(김효, 2005:65; Oberlé Dominique, 1989:79)

이러한 관점과 변별되는 획기적인 이론을 내놓은 사람이 호이징가(Huizinga)였다. 그에 따르면, 놀이는 일상(la vie courante)의 바깥에 위치한다. 먹고 살기 위해 노동을 하고 종족을 존속시키기 위해 성행위를 하는 일상의 생활이 생물학적이고 심리학적인 욕망을 충족시키는 행위로 이루어진다면 그 너머에 위치하는 것이 놀이이다. 인간의 행위가 생물학적인 혹은 심리학적인 욕구의 충족 원리에 의해 지배된다고 '믿는'결정론적인 입장에서 보면놀이는 '잉여(superflu)의 행동이다. 놀이 속에는 생리 - 심리적인 '본능'(instinct)으로 환원되지 않는 과잉의 요소, 즉 '의미'의 행위가 이루어지고 있는 것이다. 요컨대 '놀이는 물질이 아니라'정신으로 보고 있는 것이다.(김효, 2005:66)

호이징가의 어법에서 정신(esprit)은 이성의 등가물이 아니다. 이성은 우주의 논리(logique)를 다루는 만큼 기계적인 것이라면 놀이는 우주라는 기계(méchanisme)를 벗어나 있는 일종의 초논리(supralogique)이다. 노는 것을 진실(vrai)이나 오류로 규정지어 말할 수 없다. 그런 만큼 놀이는 선과 악의 범주 속에 편입될 수도 없다.

이처럼 생물학, 합리적 이성, 윤리 그 어떤 것으로도 정의내릴 수 없는 놀이, 그것은 모든 결정론적인 세계를 벗어나 있는 '자유'와 동의어이다. 요컨대 결정되어진 것들로부터 일탈하고자 하는 본성, 이것이 놀이의 본성이고 이것이야말로 다른 피조물과 변별되는 인간만의 특성인 것이다. 그래서 인간의 특성을 한마디로 정의하고자 할 때, 그것은 '호모 사피엔스'이기에 앞서 '호모 루덴스' 즉 놀이적 존재로 볼 수 있는 것이다. 이렇듯 결정론적인 원리에 따라 운행되는 자연을 벗어나고자 하는 행위가 놀이이며 놀이의 부산물의 총체가 문화를 형성한다.(권영빈 역, 1989)

놀이는 자유스러운 것이면서, 일상적인 삶의 시간과 공간으로부터 분리되어 있는 활동이다. 또한 게임의 전개와 결과가 결정되어 있지 않은 비확정적인 활동이면서, 그 놀이를 통해서 어떠한 재화나 부도 산출하지 않는 비생산적인 활동이다. 그러면서도 반드시 일상의 법규와는 분리된 그 놀이 고유의 규칙이 일시적으로 통용되고 있다. 이러한 놀이는 현실적이지 않은 허구적인 활동이다.(이상률 역, 2003:34) 이처럼 놀이는 '재미'(fun)라는 본질적인 요소에 의해서 행해지며, 물리적인 요구나 필요에 의해서 강요된 것이 아니라 자발적으로 생성된 것이다. 즉 모든 놀이는 자발적인 행위이며, 명령이나 강요에 의한 것은 이미 놀이가 아니다. 따라서 놀이는 다른 어떤 사람을 위한 것이 아니라, 놀이를 하는 그 사람인 우리를 위한 것이고 오직 주된 관심의 대상은 우리에게 한정된다. 그 놀이 안에서 우리는 다른 사람이 되기도 하며, 다른 사람으로 행동하기도 한다.(Huizinga J. 1950:12)

한편 드라마와 연극의 특성을 살펴보면 다음과 같다. 이 분야의 실무가들에게 드라마는 비형식적이고, 즉흥적이고, 과정지향적인 활동을 의미한다. 다시 말해서, 드라마는 직접 참여하여 행위하는 사람과 그 행위하는 과정이 중요하게 강조되는 개념이다. 이 때, 연극에서처럼 지켜보는 관객의 개념은 제외되고, 오로지 행하는 자의 감정과 변화의 과정에 초점을 둔다. 이에 반해, 연극은 대본화된 자료에 근거하며 행동하는 공연기술을 의미하고, 최종 산출물이나 표현물이 궁극적인 목적이 되는 행위를 의미한다. 즉 연극은 결과적 산출물을 중요하게 고려하며, 배우와 관객이 명확히 구분되는 개념이다.(정성희, 2006:35; St Clair J. P. 1991:28-29) 결과적으로, 드라마는 과정(process)과 연관되고, 연극은 결과물(product)과 관련된다고 할 수 있다.

이러한 차이점에서 볼 때, 드라마와 연극은 스펙트럼의 양극단에 있는 것처럼 큰 차이가 있어 보인다. 그러나 드라마든 연극이든 하나를 진정으로 이해하기 위해서는 다른 하나의 이해가 절대적으로 필요하다. 드라마와 연극은 결코 독립적으로 분리되어 있는 개별적인 개념이 아니다. 교육연극 사상가인 볼튼(Bolton)은 드라마와 연극에 대한 다양한 관점이 가능하다는 것을 수용하면서 과정과 결과, 놀이와 드라마, 드라마와 연극의 잘못된 이분법을 지적하고 있다. 그는 이들에 대해 분리가 아닌 차이를 구별하고자 하였다. 즉 볼튼은 드라마와 연극은 동일한 맥락에 있으면서 이들의 차이를 '만드는 것'(making)과 '보여지는 것'(presenting)의 차이로서 구분하기를 제안하고 있다. 요컨대, 연극은 놀이와 드라마의 요소뿐만 아니라 그 작업과정을 포함하고 있으며, 이러한 연유로 인하여 교육 수단으로서 연극의 사용을 도입하는 것은 포괄적인 연극이라는 예술 매체에서 고찰되어져야 할 것이다.(정성희, 2006:35; 조병진, 2002:358; St. Clair, 1991:29)

지금까지 1900년대 영국과 미국을 중심으로 영어권 나라에서 새로운 개념으로 처음 소개되기 시작한 교육연극에 대한 정의를 살펴보고 이를 좀더 세분화하여 놀이, 드라마, 연극의 측면에서 구체적으로 살펴보았다. 그렇다면 이런 "교육연극의 목적은 무엇이며 교육의 목적과 어떤 함의가 있는가?"에 대하여 살펴보면 다음과 같다.

대중적인 의미에서 많은 사람들이 동의하는 교육의 목적이 있다면, 학습자를 한 인간으로서 그리고 사회의 구성원으로서 최대한 성장하게 하는 것이라고 할 수 있다. 이처럼 일반적이고 다소 추상적인 위의 목적은 교육이라는 이름으로 이루어지는 모든 활동에 적용될 수 있을 것이다. 그러나 이러한 일반성과 추상성의 수준을 보다 구체화하는 작업을 통해서 교육자들은 교육을 보다 조작 가능한 활동으로 만들 수 있다. 그 결과 교육활동의 객관성을 보장받게 되고, 교육의 질을 제고시킬 수 있는 실증적인 근거를 확보하게 된다. 그러한 과정의 첫 단계로서, 위에서 언급한 일반적인 교육의 목적을 구체화하면 다음과 같은 상위 수준의 목표들이 도출될 수 있다.(정성희, 2006:39; Fleming R. S. 1963:10)

- 읽기, 쓰기, 셈, 과학, 사회학, 예술을 강조하는 기본적 기술을 발달시킨다.
- 훌륭한 육체적·정신적 건강을 발달시키고 유지한다.
- 사고하는 능력을 성장시킨다.
- 가치를 명료화하고 신념과 희망을 언어화 한다.
- 단어, 색깔, 소리, 움직임을 포함하는 많은 매체를 사용하여 미에 대한 이해를 발달시킨다.
- 창의적으로 성장하게 하고 따라서 자신의 창의적인 역량을 경험하게 한다.

물론 위에서 언급한 목적 외에도 많은 것들을 생각해 볼 수 있다. 그러나 위의 목적들은 교육이라는 활동이 이루어지는 상황에서 자주 언급되는 것이다. 그런데 이 목표들은 교육연극에서 강조하고 있는 목표들과 상당히 유사하다. 즉, 학생들이 교육연극을 경험함으로써 얻게 되는 가장 중요한 종류의 학습은 인간 행동, 자신, 자신이 살고 있는 세계에 대한 그들의 이해가 성장한다는 것이다. 다시 말해서, 교육연극의 주된 목적인 '이해의 성장'(growth of understanding)(정성희, 2006:40; Jackson T. 1993)은 학생이 지니고 있는 전통적이고 관습적인 사고와 감정에 교육적으로 바람직한 변화가 일어나게 한다는 것을 의미한다. 이 목적은 거시적인 관점에서 교육연극의 목적을 기술한 것이라고 할 수 있다.

연극 상황에 몰입하고 있는 학습자는 자신의 역할을 통해서 수행한 많은 행동과 언어를 스스로 성찰해 봄으로써 성장하게 된다. 이러한 과정을 통해서 참여자들은 통찰력과 이해에 있어 성장을 보장받을 수 있고, 자신의 태도와 그 태도가 내포하고 있는 진정한 함의를 발견할 것이고, 인간 행동과 그것의 결과에 관한 진리를 획득하게 될 것이다. 즉 드라마 과정을 통해서 그들은 실제 상황에서 이미 경험한 것과 장차 경험하게 될 것을 이해하게 되고, 그 경험을 통일성 있고, 유의미하고, 정합성 있는 논리로 조직하는 것이 가능해진다.(정성희, 2006:41; O'Neil C. & Lambert A. 1994:15)

그러나 이해에 있어 성장과 변화라는 교육연극의 최상의 목적은 그 진술의 추상성으로 인해 교육 현장에서 시연하고 평가하기가 어렵다. 따라서 이 목적을 다음과 같은 중간 수준의 하위 목표들로 분석해 볼 수 있다.(정성희, 2006:41; McCaslin N. 2000:6) 이 목표들은 또한 그 명세성의 수준에서 구체적인 교육적 처방을 직접적으로 도출해 줄 수 있는 수준은 아니지만, 어느 정도의 객관성을 보장하는 수준에서 그 의미를 찾을 수 있겠다.

- 창의성과 심미적 발달
- 비판적 사고 능력
- 사회적 성장과 타인과의 협동 능력
- 의사소통 기술의 증진
- 도덕적 가치와 정신적 가치의 발달
- 자아인식
- 문화적 배경과 타인의 가치에 대한 이해와 평가

교육연극은 위에서 열거한 중간 수준의 일반성, 추상성 그리고 명세성을 지닌 목표들뿐만 아니라. 한 학급 혹은 더 나아가서는 한 학생의 요구를 충족시키기 위한 구체적이고 명세적인 목표 또한 고려해야 한다. 예를 들어, '사회적 성장을 제고한다'라는 중간 수준의 목표는 보다 구체적인 하위 목표로 세분될 수 있다. 즉, 사회적 경쟁력의 심화에 따른 자신감의 변화 설명, 특별한 목적을 위하여 타인과 공동 작업하는 능력, 타인의 아이디어를 기꺼이 채택하고 존중하는 태도 형성, 타인의 입장을 이해하는 것 등을 설정할 수 있다. 의사소통기술의 증진과 관련된 하위 목표로는 언어사용기술 능력의 증진, 행동의 자신감, 다양한 역할을 성공적으로 수행하는 능력, 공연을 위한 자료를 구성하고 선택하는 능력 등을 지적할 수 있다. 이러한 명세적인 교육목표들은 어느 정도까지는 시연가능하고 측정 가능한 것이라고 할 수 있다. 이런 수준으로 목표를 명세화하게 되면 학생들의 성장을 관찰하고 평가하는 것이 가능해 진다.

교육연극을 통해 학생들에게 길러주고자 하는 하위 수준의 명세적 목표에는 다음과 같은 것들이 지적되고 있다.(정성희, 2006:40; O'Neil C. & Lambert A. 1994:146)

- 또래 학생 그룹들과 협동하려는 자발성
- 드라마를 통한 창조된 것에 대한 지각성과 민감성
- 적합한 역할을 채택, 유지, 발전시키는 능력
- 새로운 아이디어를 창시하는 능력
- 타인의 아이디어에 반응하고 발전시키려는 자발성
- 드라마적 상황을 이해하고 탐구하려는 능력
- 언어적으로 비언어적으로 적절하게 반응하는 능력
- 예상치 않은 것에 대한 자발적인 모험 감수 의지
- 의미를 창조하고 탐구하기 위해 다양한 드라마 형식을 사용하는 자신
  감과 능력
- 자신의 작업을 스스로 반성하고 평가하는 능력

이상의 목표들로부터 교육연극이 지향하는 목표는 흔히 교육에서 지상목표로 내세우고 있는 전인교육[21])과 그 맥을 같이 하고 있음을 짐작할 수 있다. 교육은 교과 내용을 가르치기에 앞서 인간을 가르친다는 목적의식을 확고히

---

21) 교육의 목적론에 대한 가장 대표적인 논의는 블룸 등(Bloom B. S. et al, 1956)의 목표 분류학에서 최초로 그리고 가장 명세적으로 전개되었다. 오늘날까지도 이 목표분류학은 교육실제에서 가장 일반적으로 활용되고 있으며 블룸 등에 의하면 교육의 목적은 크게 3개의 영역으로 구성되어 있다. 인지적 영역, 정의적 영역, 운동기능적 영역이 그 것이다. 정성희, 앞의 책, 2006, p.21.

해야 할 것이다. 지성과 감성의 균형 있는 계발을 지향하고 있는 교육연극을 통해서 삶의 경험을 공유하고 체험하는 방법은 분명 기존의 주지주의 교육관의 문제점들을 극복하는 보다 총체적인 교육방법이라 할 수 있다. 즉 교육이 궁극적으로 추구하는 전인교육은 교육연극이 실현하고자 하는 목적과 동일하다고 할 수 있으며 이는 교육연극이 교육의 목적을 달성할 수 있는 새로운 방법적 수단이 될 수 있음을 시사하고 있다.

2) 문학교육으로서의 교육연극

문학과 연극은 그 기원으로 거슬러 올라가면 한 몸으로부터 출발하였다. 문학은 음악, 무용, 문학이 미분화된 원시 종합 예술에서 분화, 발생하였다고 보는 제의적 기원설이 그것이다. 문학과 예술의 기원을 고대의 종교적인 제의에서 찾을 수 있다는 입장이다. 고대 종교적 제의에서는 시와 춤과 노래가 한데 어우러진 원시적인 가무가 행해졌는데 그 원시적인 가무에서 문학과 예술이 발생했다는 이론이다. 고대 제의에서 행해진 원시적인 가무를 발라드 댄스(Ballad Dance)라고 하는데, 발라드 댄스는 원래 미분화된 원시종합예술 형태였지만 시간이 지남에 따라, 이 원시적인 가무 속에 들어 있던 언어는 문학으로 소리는 음악으로 몸짓은 무용과 연극으로 분화되었다고 보고 있다.

즉, 문학과 연극은 종합예술의 형태 속에서 함께 존재했으며 인류는 세계의 모습을 모방이라는 감각운동이나 근육운동과 같은 신체적 추론과정을 거쳐 은유를 통해 추상적 추론으로 개념화하였고 이를 언어적 기호로 표현함으로써 문학을 탄생시켰던 것이다. 예를 들어 '애정은 따뜻함(Affection is Warmth)'이라는 문학적 의미의 언어는 인간의 감각운동 영역에서 추론화된 개념인 것이다. 이는 온도라는 물리적 영역을 인간이 신체적 접촉을 통해 경험한 감각을 가지고 은유화함으로써 '애정은 따뜻함(Affection is Warmth)'이라는 추상적 개념을 구성하였고 이를 언어로 '그들은 나를 따뜻하게 맞이했다.(They greeted me warmly.)'와 같이 표현했던 것이다.

한편, 문학은 언어를 매체로 하는 예술이다. 문학 이외의 다른 예술들은 감각 기관에 직접적으로 호소하는 매체들이 동원된다. 예를 들면, 음악은 소리라는 청각매체를 사용하며, 회화는 시각적 매체를 쓰고, 조각·건축 등은 부피를 지닌 공감각적 지각매체를 이용한다. 반면에 문학은 감각기관에 직접적으로 영향을 미칠 수 없으며 언어라는 기호의 해독을 전제로 우리의 감각 기관과 만난다. 이로써, 문학은 언어를 매개로 하는 예술이라는 점에서 사고의 산물이며, 언어가 필연적으로 가지고 있는 사회적 가치를 반영한다. 언어가 그 언어를 사용하는 사회의 역사를 지니고 있기에 문학은 또 가치의 교육과도 무관하지 않으며 문학이 언어의 예술이라는 것은 또한 언어교육과도 무관하지 않음을 말해준다.

이렇게 볼 때 문학교육은 문학텍스트를 통해 일차적으로 추상적 기호인 언어를 해독하는 일에서부터 시작된다고 보아도 과언이 아닌 것이다. 그런데 언어가 개념으로 구성되기까지의 과정을 제2세대 인지과학자인 나라야난(S. Narayanan)의 신경은유이론(neural theory of metaphor)(S. Narayanan, 1997)을 통해 살펴보면 그는 근원영역(source domain)인 감각운동 영역에서 목표영역(target domain)인 주관적 경험 영역으로 추론화 과정을 거치며 일차적 은유를 형성하고 개념화한다고 설명하고 있다. 또 이렇게 구성된 일차적 은유들은 연합해서 주관적 경험에 매우 풍부한 추론구조, 영상, 질적인 '느낌'을 제공하는데, 이 때 주관적 경험의 망들과 그것들에 신경적으로 연결된 감각운동 망들은 동시에 활성화된다고 하였다. 또한 그것들은 감각운동 경험에 대한 매우 많은 낱말들이 은유적으로 개념화 된 주관적 경험의 양상들을 명명하는 데 사용될 수 있게 해 준다고 보고 있다.

이렇게 나라야난(S. Narayanan)의 신경은유이론(neural theory of metaphor)은 일차적 은유가 학습되는 방식, 우리가 현재와 같이 일차적 은유를 갖고 있는 이유, 그리고 은유적 추론에 대한 신경적 기제를 잘 설명해준다. 그는 친밀성은 근접성, 애정은 따뜻함, 목적 성취는 목적지의 도착과 상관관계를 맺으며 우리에게 은유들의 체계를 지니게 하는데, 이런 은유들의 체계 속에 있는 일차적 은유는 감각운동 추론구조를 증가시킨다는 것이다. 예컨대, "These colors are similar"(이 색채들은 유사하다.)는 문자적인 반면, "These colors are close"(이 색채들은 가깝다.)는 유사성은 근접성이라는 은유를 사용한다. "He achieved his purpose"(그는 자신의 목표를 성취했다.)는 문자적인 반면, "He got what he wanted most"(그는 가장 원하던 것을 얻었다)는 은유적이다. 언어나 문학에서 이런 은유가 없으면, 그런 개념들은 비교적 빈약하게 되어 최소의 '골격적' 구조만 갖게 되는 것이다.

또, 그에 의하면 우리가 일차적 은유들의 체계를 지니는 이유는 단지 우리가 현재와 같은 몸과 두뇌를 소유하고 있으며, 바로 지금 살고 있는 세계에서 살고 있기 때문이라고 보고 있는데, 이는 은유가 신체화되어 있다는 것을 의미한다. 즉, 인간은 지속적인 이동과 지각을 이 세계 안에서 활동함으로써 필연적으로 방대한 범위의 일차적 은유들을 습득한다는 것이다. 그리고 주관적 경험이나 판단의 영역이 감각운동 영역과 정기적으로 동시 활성화될 때마다, 시냅스의 무게 변화에 의하여 영구적인 신경 연결체들이 확립된다. 또 무의식적으로 수천 개씩 형성한 그러한 연결체들은 그 연결체가 관련된 주관적 영역에 감각운동 체계에서 활성화된 추론구조와 질적 경험을 제공한다는 것이다. 이는 구성주의적 입장의 의미구성이 인간의 몸과 별개로 두뇌에 의해서만 이루어지는 것이 아니라 인지적으로 인간의 신체와 긴밀한 유기적 관련이 있음을 말해준다. 그런 만큼 교육연극은 학생들의 모든 신체적 활동과 감각운동체계의 활성화된 추론구조를 극대화할 수 있다는 점에서 문학교육의 방법론으로써 의미가 매우 크다고 볼 수 있다.

이처럼 교육연극은 학습자가 문학 텍스트를 통해 그의 내부에 의미를 구성해 나갈 때, 의미구성에 인지적으로 유기적 관련이 있는 신체적 활동과 감각운동체계를 활성화함으로써 학습자로 하여금 문학적 의미를 얻게 한다. 따라서 문학교육에서 학습자로 하여금 신체적이고 감각운동적인 경험을 하게 하는 것은 매우 중요하다. 그런데 교육연극은 그 과정을 허구라는 가설을 통해 학습자로 하여금 재현해 보게 함으로써 이를 가능하게 하며, 학습자는 또 그러한 직접적인 경험을 통해 문학적 의미를 구성하고 그 의미를 통해 새로운 세계와 인간 삶의 본질들을 깨닫게 됨으로, 교육연극은 문학교육의 방법론으로써 도구적 수단들을 제공할 수 있으며 합당한 이론체계를 갖고 있다고 볼 수 있는 것이다.

Ⅲ. 교육연극을 기반으로 한 문학교육의 이론적 배경

Ⅱ장에서는 "교육연극이 문학교육의 효과적인 방법적 수단을 제공하고, 문학교육의 합당한 이론체계를 갖고 있는가?"라는 질문에 "그렇다"라는 가설에서 출발하여 드라마의 일원론적 인식론과 드라마의 전인적 인간관의 측면에서 철학적 함의를 살펴보았고, 교육연극의 정의 및 목적과 문학교육의 입장에서 교육적 함의는 무엇인가를 살펴보았다. 이를 간략히 정리해 보면 다음과 같다.

〈철학적 함의〉

첫째, 교육연극의 드라마적 인식론은 인간 자신, 인간을 둘러싼 세계 그리고 진리와 실재에 대한 변화를 인간의 관점에서 통합적이며 일원론적으로 바라보는 세계인식을 하고 있다.

둘째, 교육연극에서 드라마의 일원론적 인식론은 '몸의 중심성'에 바탕을 둔 인식론으로 상상력, 의미, 그리고 이성과 같은 정신능력들은 모두 유기체인 인간의 몸에 근거를 두고 있으며 몸에 의해 적절하게 제약되고 있다는 신체화된 인지활동을 중시하고 있다.

셋째, 교육연극에서 드라마의 전인적 인간은 마음이 신체화되어 있는 인간이며 그로인해 개념 구조를 형성하는 인간이다. 따라서 교육연극 활동에서는 학습자가 지식을 구성하는데 감각운동이나 근육운동과 같은 몸의 활동이 중시되며, 이런 활동들은 신체적 추론을 형성하고 이는 또 은유에 의해 추상적 추론 방식으로 사상되어 추상적 개념을 형성하게 되고 지식을 구성하게 된다.

〈교육학적 함의〉

첫째, 교육을 통한 변화는 인지적 영역뿐만 아니라, 정의적 영역, 그리고

운동기능적 영역에 이르기까지 모두를 포함하여 균형과 조화를 이루는 것이 가장 바람직한 변화이며 이를 통해 지·덕·체(智德體)를 겸비한 전인으로 교육하는 일이 교육의 일반적인 목표인데 이는 바로 교육연극이 추구하는 목표이기도 하다.

둘째, 교육연극의 주된 목적은 '이해의 성장'(growth of understanding)이며 이는 학생이 지니고 있는 전통적이고 관습적인 사고와 감정에 교육적으로 바람직한 변화가 일어나게 한다는 것을 의미한다. 따라서 지성과 감성의 균형 있는 계발을 지향하며 삶의 경험을 공유하고 체험하는 교육연극의 교육방법은 기존의 주지주의 교육관의 문제점들을 극복할 수 있는 보다 총체적인 교육방법이라 할 수 있다.

셋째, 문학교육적 측면에서 교육연극은 학습자가 문학 텍스트를 통해 그의 내부에 의미를 구성해 나갈 때, 의미구성에 인지적으로 유기적 관련이 있는 신체적 활동과 감각운동체계를 활성화함으로써 학습자로 하여금 문학적 의미를 얻게 한다. 이는 문학교육의 방법론으로써 도구적 수단들을 제공할 수 있으며 합당한 이론체계를 갖고 있다고 볼 수 있다.

본 장에서는 이상과 같은 교육연극의 철학적·교육학적 함의를 바탕으로 초등 문학교육의 이론으로서 인지과학적 관점의 의미구성 이론과 교육연극의 드라마적 인지과정을 중심으로 구성주의 측면에서 어떻게 문학교육 이론으로 수용될 수 있는지를 살펴보고 교육연극을 기반으로 하는문학교육의 요소들을 통해 초등 문학교육의 이론체계를 수립하고자 한다.

1. 교육연극과 구성주의 문예학

앞의 Ⅰ장에서 연구사를 통해 살펴본 바에 의하면 문학교육은 현대교육이 요구하는 패러다임의 변화 동향에 따라 오늘날에 있어서는 구성주의적 관점의 문학교육 방법이 주류를 이루며 문학교육의 바탕이론으로 자리 잡아 가고 있음을 알 수 있었다. 구성주의 관점의 문학교육은 구성주의 문예학[22]에서 기본적인 방법론들을 시사 받고 있는데, 그것은 독서과정에서 개인의 인지적 과정을 중시한다는 것과 개별 독자간의 상호작용을 통하여 단일한 의미를 구성해 내는 개인간의 의미구성 행위를 동시에 중요시 한다는 것이다. 이는 텍스트에 대한 독서 방법에 있어서 텍스트의 인지, 처리, 의미 구성 등과 같은 개념을 통하여 독자의 텍스트 처리과정으로 제시함으로 문학 작품에 대한 의미 구성의 주체 의존성을 높여 학습자 중심 문학교육의 관점을 제공하고 있다. 본장에서는 먼저 이렇게 현대 문학교육의 바탕이론으로 시사 받고 있는 기존의 구성주의 문예학이 안고 있는 보완되어야 할 문제들을 살펴본 후 구성주의의 본질적 문제들에 대한 고찰을 통해 그 해결책을 찾아 교육연극이 지향하는 신체화된 인지적 구성주의 이론을 도출하여 볼 것이다.

구성주의는 한 마디로 앎의 이론(theory of knowing)이며 '의미 만들기'(how to make meaning) 혹은 '알아가기'(how to come to know) 이론이라고도 부르는데,(강인애, 1997:16) 이들 용어가 공통적으로 지니고 있는 의미는 knowing, meaning과 같이 '진행형'으로서 어떤 완결된 형태와 구분하려는 의도를 지니고 있다. 즉 지식은 고정적이고 완결된 절대성에 입각한 진리로서의 존재로 보기 보다는 개인의 사회적 경험을 바탕으로하여 개인의 인지적 작용에 의해 지속적으로 재구성되어지는 것으로서 개인에게 의미있고 타당하며 적합한 것이면 모두 진리이며 지식이라고 보고 있는 것이다. 이렇게

---

22) 구성주의 문예학은 80년대 후반 구성주의 문예학자인 S. J.슈미트가, 빌레펠트 및 지겐 대학의 비보수적 문예학(NIKOL:Nicht-Konservative Literaturewissenschaft)그룹을 중심으로 결성한 문예학을 말하는데, 이는 독일에서 구성주의적 학문이라는 거시적 패러다임을 설정하고, 그에 대한 분과 학문적 하위 실천을 목표로 출발하였다.
이상구, 학습자 중심 문학교육 방안연구, 한국교원대학교 대학원, 박사학위 논문, 1996, p,54.

구성주의에서는 절대적 진리나 지식이 존재하지 않는다고 보기 때문에 현실 역시 어떤 규칙이나 법칙으로 규명할 수 없으며 통제와 예측이 불가능하다고 보았다. 따라서 구성주의는 개인이 처해있는 현실을 살아가며 이해하기 위해서는 본인에게 의미가 있고 적합하며 타당한 지식과 진리가 필요하다고 보고, 이러한 지식과 진리를 구성해 나가는 것과 그 과정이 구성주의의 최종목표가 된다.

그런데 교육연극은 주지하다시피 허구로 이루어진 가상세계이며 학습독자는 그 허구속 가상세계에서 현실에 직면하여 삶을 겪게 된다. 또 허구 속 인물이 된 학습독자는 그 자신이 처한 현실 속에서 자신에게 적합하며 타당한 지식을 찾아 의미를 구성하고 자아성찰적 실천(reflective practice)[23]을 통해 삶의 본질을 깨닫게 된다. 그런 의미에서 교육연극은 구성주의적 인식과 맥을 같이한다.

이렇게 앞에서 제기한 몇 가지 구성주의의 인식론적 전제들은 공통적인 속성들을 공유하며 멀리는 18세기의 칸트로부터 가까이는 피아제와 비고츠키로 이어지는 계보를 이루며 나아가서는 교육연극에 이르기까지 구성주의의 패러다임에 대한 분명한 이해들로 어느 정도 확실한 틀 안에서 정립되어 왔다. 그러던 것이 구성주의 자체의 내부로 관심이 옮겨지면서 구성주의 학자들마다 각기 독특한 시각차에서 오는 다양한 구성주의적 이론과 실천안이 소개되기 시작했는데 그 대표적인 것이 인지적 구성주의(cognitive constructivism)와 사회문화적 구성주의(sociocultural constructivism)이다. 이 책에서는 여기에 제2세대 인지과학의 이론에 충실한 신체화된 인지적 구성주의[24]를 추가하여 세 가지로 나누어 고찰해 보고자 한다.

---

23) 자아성찰적 실천(reflective practice)이란 자신의 모든 개인적 경험이나 일상적인 현상에 대하여 무심코 지나쳐 버리는 것이 아니고, 그 의미와 중요성에 항상 의문을 가져 보고 분석하는 인지적 습관을 일컫는다. 강인애, 『왜 구성주의인가 ?』, 문음사, 2005, p.21.
24) 본 연구자는 인지과정이 인식주체 밖의 인식대상에서 인식주체 내부의 인지적 구성물

먼저 이들을 나누는 준거들은 지식을 구성하는 주요 요인을 무엇으로 보느냐에 따라 달라진다. 인지적 구성주의는 개인의 인지적 작용에서, 사회문화적 구성주의는 개인이 소속되어 참여하는 사회, 문화, 역사적 상황속에서, 신체화된 인지적 구성주의는 '몸의 중심성'을 바탕으로 하는 신체화된 인지활동에서 각각 지식을 구성하는 주요 요인들을 찾고 있다. 먼저 구성주의 문예학에서 보완되어야 할 문제들을 살펴보면 다음과 같다.

1) 구성주의 문예학의 문제

구성주의 문예학은 구성주의적 사고로부터 성립되었다. 이에 대하여 S. J. 슈미트(차봉희 옮김, 1995)의 이론에 따라 좀더 구체적으로 풀어보면, 구성주의 문예학은 문학작품의 해석 과정에 있어서, 텍스트, 커뮤니카트(Kommunikat, 疏通素)[25] 형성, 커뮤니케이션을 통한 의미구축 과정을 분리함으로써, 개별 독자의 텍스트 처리과정을 통한 커뮤니카트 형성 과정과, 언어적 커뮤니케이션이라는 협응을 통한 공인된 의미 도출이라는 과정을 상정하고 있는데, 이는 곧, 의미구성의 자극체로 보는 텍스트관과, 커뮤니카트(疏

로 의미구성이 이루어지기 까지의 과정에서 인지적 전도체로서 인지구성의 동인으로 역할을 하고 있는 신체화된 인지활동(몸의 운동영역이나 감성영역)을 소홀히하고, 진리대응설에 입각해 인지활동이 인식주체 밖의 인식대상과 그에 대응하는 인식주최 내부의 인지구조와의 일치에 의해 의미구성이 두뇌에서 이루어지는 정신작용으로만 보고있는 기존의 구성주의적 견해와 구분하여 신체화된 인지적 구성주의로 지칭하였다. 이는 교육연극의 측면에서 볼 때 지식을 구성하는 주된 요인을 '몸의 중심성'을 바탕으로하는 신체화된 인지활동으로 보고 있다는 점에서 인지적 구성주의나 사회문화적 구성주의와 구별되는 점이라 할 수 있다.

25) 독자의 인지체계가 텍스트에 할당하는 것은 '인지적 구성체'인바, 이 '커뮤니케이션 수단'으로서의 '텍스트'와 독자의 인지체계가 이 텍스트에 할당하는 '인지적 구성체'를 구분함으로써 문학 작품의 인지 및 해석과정을 좀더 구체적으로 설명할 수 있는데, 이 과정에서 '커뮤니카트'는 정서적으로 장전된 그리고 삶의 실제적 효용에 비추어 할당되는 인지적 구성체 총체를 일컫는다. 즉, 문학 소통체계 내에서 매개자의 전제체계들, 한 제도 기관의 관습, 기대, 정관 규약들, 관심사들 등에 의해 결정되는 문학 텍스트 이해에 관한 배경 지식들을 '커뮤니카트 재질'이라 하며, 이를 거쳐 구성하는 결과를 '커뮤니카트'라 칭한다. 이상구, 앞의 논문, p.58.

通素)형성으로서의 인지과정, 그리고 커뮤니케이션을 통한 의미구성의 사회적 상호 작용, 이 세 개의 분리된 과정들이 통합 연결됨으로써 구성주의적 관점에서의 문학 작품의 '의미'가 탄생한다고 보고 있는 것이다. 즉, 구성주의 문예학은 언어자료인 텍스트를 시각적 신경체계를 통해 '지각'하고, 뇌세포의 신경조직망을 통해 거기에 담긴 메시지를 독자 자신의 배경지식을 바탕으로 '인지'함으로써 '커뮤니카트'를 형성한다. 그렇게 형성된 커뮤니카트를 바탕으로 사회구성원들과 커뮤니케이션이라는 소통체계를 통해 사회문화적 맥락 속에서 타당한 의미를 산출해 낸다는 것이 곧 구성주의 문예학에서의 텍스트 이해관이다.

여기서 교육연극을 기반으로 하는 문학교육과 관련하여 비교해 보기위해서는 커뮤니카트(疏通素)형성으로서의 인지과정에 좀더 주목해 볼 필요가 있다. 이 과정을 살펴보면, 텍스트는 질료적 소여로서의 텍스트 1과 의식적으로 지각된 텍스트 2로 구분되는데 이를 용어상으로 구분하면 '텍스트'와 '커뮤니카트 재질'로 구분한다. 그런데 독자가 그의 인지구조(schema)상의 어떤 속성으로 할당하는 것은 커뮤니카트 재질이다. 이렇게 커뮤니카트 재질이 독자의 인지구조(schema)의 어떤 속성에 할당되었을 때 커뮤니카트(疏通素)가 형성된다. 이렇게 볼 때 독자의 인지구조(schema)와 커뮤니카트 재질은 일치(correspondence)에 의한 대응관계가 성립된다. 따라서 커뮤니카트 재질이 독자의 인지구조(schema)와 대응될 만한 조건이 되지 못할 때, 즉 독자의 배경지식이 없을 때는 커뮤니카트(疏通素)형성이 어려워지며 동시에 의미를 구성할 수도 없게 된다고 볼 수 있다. 이를 구성주의 문예학과 마찬가지로 구성주의적 입장을 취하고 있는 교육연극을 통한 인지과정과 비교해 보면 많은 차이가 있음을 알 수 있다.

교육연극을 통한 인지과정은 '몸의 중심성'에 바탕을 두고 감각운동이나 근육운동과 같은 몸의 신체화된 인지활동으로부터 신체적 추론을 형성하며,

또, 이런 신체적 추론은 은유에 의해 추상적 추론 방식으로 사상되어 추상적 개념을 형성하고 지식을 구성한다. 따라서 교육연극을 통한 인지과정은, 이성은 우리의 두뇌, 몸, 그리고 신체적 경험의 본성에서 유래한다는 신체화된 일원론적 이성관을 갖고 있는 제2세대 인지과학의 논리에 충실하다.

반면에 구성주의 문예학은 제1세대 인지과학의 인지적 기능으로 제한되고 있지 않나 하는 의혹을 갖게 한다. 제1세대 인지과학은 II장의 '교육연극의 철학적 함의'에서 언급하였듯이 형식논리나 기호 체계의 조작에서처럼 이성은 탈신체적이고 문자적이라는 주류적 견해를 의심 없이 받아들였다. 인지적 기능들이 두뇌와 함께 몸에서 유래하는 방식들을 무시한 채, 마음은 인지적 기능들에 의해 연구될 수 있다는 가정이 당연하게 보였던 것이다. 즉, 구성주의 문예학의 커뮤니카트(疏通素) 형성으로서의 인지과정을 살펴 볼 때, 텍스트로부터 인지된 커뮤니카트 재질과 독자의 두뇌 속에 있는 인지구조(schema)와의 연결과정이 신체화된 감각영역으로부터 만들어가는 의미(how to make meaning)로써의 의미구성 과정이 아니라 독자의 두뇌 속에 있는 과거의 경험에 의해 배경지식으로 구축된 인지구조(schema)와 일치(correspondence)하는 커뮤니카트 재질의 발견(discovery/find)에 의해 의미를 구성하는 과정으로 볼 수 있다. 이는 칸트의 구성주의적 견해와 일치하는 것으로 인지활동을 진리대응설에 입각하여 보고있는 입장이다.

이에 대하여 II장의 '교육연극의 철학적 함의'에서 언급했던 것을 다시 살펴보면, 그는 관념론적 입장인 본유관념설을 받아들이면서도 경험주의적 인식론에 대한 반성을 토대로 보완하고자 하였다. 그는 인식 대상인 물(物)의 세계를 실존적으로 인정하며, 물(物)의 세계는 인식주체 안의 표상을 촉발한다고 하여 인식대상인 물(物)의 세계와 인식 결과인 표상을 인과적으로 분명하게 인정하였다. 또한 그는 대상을 인식하는 기본 틀인 제 범주들이 인간의 오성(分別知) 속에 본유되어 있다고 하여 대상에 대한 모든 인식은 사물의 존재 자체에 관한 것이 아니라 인식 주관 자신이 구성해 낸 것만을 인식할 수 있을 뿐이라는 본유관념의 입장을 취한다. 그러나 인식은 인식주체의 한계를 벗어나지 못하기 때문에 결코 사물 대상 그 자체에 도달할 수 없다고 하였다. 그가 이런 결론을 내리게 된 것은 인식 대상으로써의 물(物)의 세계와 본유관념이라는 이분법적인 관념론적 입장을 취하면서도 인식대상인 물(物)의 세계와 인식 결과인 표상을 인과적으로 분명하게 인정하며 일원화 시키고자했던 데서 오는 딜레마였다. 즉, 그는 인식주체가 사물 대상과 직접 조우할 수 있는 인식의 신체화에 대하여 간과하고 인식을 진리대응설에 입각한 정신작용으로만 보았던 것이다.

여기서 다시 구성주의 문예학에 대한 논의로 돌아가 보면, 문학 텍스트는 칸트가 실존적으로 인정하는 물(物)의 세계에 비유될 수 있으며, 독자의 두뇌 속에 있는 과거의 경험에 의해 배경지식으로 구축된 인지구조(schema)는 칸트의 본유관념에 비유될 수 있다. 그리고 대상에 대한 모든 인식은 사물의 존재 자체에 관한 것이 아니라 인식 주관 자신이 구성해 낸 것만을 인식할 수 있을 뿐이라는 칸트의 생각은, 구성주의 문예학에서 실존적 존재인 텍스트보다는 그 텍스트로부터 인지된 커뮤니카트 재질만이 인식주관 자신이 구성해 낸 것으로 인식할 수 있는 대상이며, 이는 독자의 인지구조(schema)에 의해 커뮤니카트를 형성할 수 있다는 견해에 비유될 수 있는 것이다.

이상과 같이 오늘날의 문학교육에서 주류적 배경이론이 되고 있는 구성주의 문학교육론인 구성주의 문예학이 문학 작품에 대한 의미 구성의 주체 의존성을 높여 학습자 중심의 문학교육의 관점을 제공하고 있음에는 틀림없다. 그러나 학습 독자가 문학텍스트를 인지하는 과정에 있어서 '몸의 중심성'에 바탕을 둔 전반적인 인식활동으로 상상력, 의미, 그리고 이성과 같은 정신능력들은 모두 유기체인 인간의 몸에 근거를 두고 있으며 몸에 의해 적절하게 제약되고 있다는 신체화된 인지활동에 대한 이해가 전적으로 부족하였다. 그로인하여 문학텍스트와 직접적인 조우를 통한 학습독자의 감성영역이 소홀히 되었으며, 감성영역의 본체인 '몸의 중심성'의 결여로 인해 문학텍스트의 인지과정을 커뮤니카트 재질과 학습독자의 배경지식에 의한 커뮤니카트 형성이라는 대응관계적인 정신작용에 의해서만 유의미적 의미를 구성하는 것으로 보고 있어 칸트의 구성주의의 견해와 유사성을 갖고 있다고 볼 수 있다. 또한 의미구성에 있어서 이러한 방법론적 차이들은 구성주의 문예학이 인지적 전도체로서의 몸과 그에 의한 감각영역의 역할과 무의식적 은유에 의한 의미구성이라는 절차적 과정 면에서 좀더 보완되어야할 필요성이 있음을 보여주고 있다.

2) 인지적 구성주의

인지적 구성주의는 지식의 형성과정에서 인간의 개별적인 인지적 작용을 가장 주요한 요인으로 보면서, 상대적으로 사회문화적 측면과 역할은 거의 도외시한다. 이같이 인지적 구성주의를 대표하는 학자들로는 Piaget(1977), von Glasersfeld(1989), Fosnot(1992), Cobb(1994) 그리고 대부분의 구성주의적 수업설계자들(Duffy, Jonassen, Bransford, Spiro, Brown, Collins et al.)이 있다.(강인애, 1997:68) 인지적 구성주의는 주로 피아제의 발달심리에 그 이론적 근거를 두고 있는데 이에 의하면, 지식이란 생물학적으로 이미 결정지워진 발달과정의 틀 안에서 동화(assimilation)와 조절(accommodation)이라는 인지적 과정을 통해 구성된다고 보고 있다.(Russell, 1993:173-197) 따라서 그 주요 관심은 자연 개개인의 인지적 구조변화와 활동에 있으며, 상대적으로 사회적, 문화적 요인은 크게 고려되지 않는다. 단지 그에게 있어서 사회적 상호작용이란 '인간들'간의 상호작용보다는 오히려 '물체(objects)'와의 상호작용을 일컫는다고 볼 수 있는데, 이점에 대해 Russell은 다음과 같은 해석을 내린다. 즉 Piaget에게 있어서 인지적 발달은 "인간 공동체를 통해서가 아니고 자신의 신체를 통해" 이루어지며 "인지적 기능은 조직(organization)과 적응(adaptation)이라는 생물학적 기능으로부터 비롯된다."(Russell, 1993b:283)는 것이다.

이와 유사하게, Fosnot(1992) 역시 지식의 구성을 정신적 활동(즉 동화와 조절이라는 인지적 기능)에 기인한다고 한다. 이와 같이 정신적 활동을 통하여 개개인은 자신의 경험에 대한 개인적 해석을 내리고 결과적으로 인지구조의 변화를 가져온다는 것이다. 즉 "학습은 항상 동화(assimilation)의 단계에서 시작된다. 그러다가 동화적 구조(assimilation structure)에 부적합한 자극이 왔을 때는 깊은 사고를 통해 조절(accommodation)과 사고의 추상화(abstraction)라는 단계로 가는데, 이 과정을 일컬어 학습"(Fosnot, 1992:167-176)이라고 말하는 것이다. 결국 피아제에게 있어서 사회적 상호관계란 단지 생물학적으로 이미 결정지어져 있는 인지적 발달단계 중에서 성인이 되었을 경우 필연적으로 따라오는 '부가적 요소'(Russell, 1993c:173-197)로 본 것이다.

구성주의적 입장에서 볼 때 학습은 인지적 평형상태(equilibrium)가 깨어지면서 인지적 혼란(congnitive disturbance or perturbation)이 생기는 과정을 통해 이루어진다. 이때 인지적 혼란은 대개의 경우 다른 사람(혹은 사물)과의 사회적 상호작용에 참여하면서 발생하는데 이럴 경우 피아제 중심의 인지적 구성주의자들은 인지적 평형상태를 방해하는 그 원인을 규명하기 보다는 깨어진 인지적 평형상태를 복귀시키는 데 더욱 관심을 두고 있다. 따라서, 인지적 혼란상태에 있는 학습자로 하여금 학습할 영역의 전문적 지식과 기술을 지닌 사람의 인지적 구조를 모방하여 인지적 평형상태로 회복될 수 있는 환경을 제공하게 된다. 이처럼 인지적 혼란상태에서 다시 인지적 평형상태로 복귀하는 과정을 "탈중심화(decentering)의 과정"(Piaget, 1970)이라고 하는데, 이는 인지적 주체가 자기중심적 사고관에서 점차 탈피해 다른 사물이나 사람들의 관점을 취하므로 인지적 평형상태를 유지하는 과정인 것이다.

3) 사회문화적 구성주의

사회문화적 구성주의는 사회적 상호관계를 개인의 인지적 발달뿐만 아니라 지식을 구성하는 데 가장 중요한 요소로 보고 있다. 이는 비고츠키의 발달심리 이론에 근거를 두고 있는 이론으로 인간의 인지적 발달과 기능은 "사회적 상호작용이 내면화되어 이루어지는 것" (internalization of social interaction)으로 본다. 이같은 사회문화적 구성주의를 대표하는 학자들로는 Vygotsky(1978), Rorty(1991), Rogoff(1990), Bruffee(1986), Lave(1988), Cole(1992), Cunningham(1992), 그리고 Wertsch(1991) 등이 있다(강인애, 1997:69). 이러한 사회문화적 구성주의자들에 따르면, 인간이 동물과 구분되는 것은 사회라는 세계가 존재한다는 것이며, 인간은 어느 특정 사회에서 태어나 자라면서 그들 사회만이 지니고 있는 독특한 문화적, 행동양식을 습득한다고 한다. 따라서 한 개인이 성장한다는 것은 그가 속한 사회와 그 구성원과의 상호작용을 반드시 전제로 하는 것이다. Russell의 말을 인용하면, "사회적 환경이라는 것은 단지 이미 태어날 때부터 인간 내면에 존재하고 있는 생물학적 기능을 작동시키고 발전시키는 자극으로서 뿐만 아니라 인간을 인간답게 만드는 수단이기도 하다."(Russell, 1993d:282)라고 한다. 다시 말해, 사회문화적 구성주의자들은 인지적 구성주의와 마찬가지로 객관주의적 인식론을 부정할 뿐만 아니라 더 나아가서 피아제의 인지적 발달이론을 결정론적 인지발달이론(모든 사람은 생물학적으로 이미 결정되어져 있는 인지적 발전단계를 거친다.)이라 비판하면서 다음과 같이 주장한다.

인간은 그들의 요구를 충족시키고, 그들 환경을 변화 혹은 환경에 적응하기 위하여 의식적으로 습관을 재형성하고 새로운 사회활동이나 전통을 전개시켜 나가면서, 계속적으로 '믿음의 망'(web of belief)(Rorty), '의미의 망'(web of meaning)(Vygotsky)을 구성해 가며, '경험의 재구성'(reconstruction of experience)(Dewey), 그리고 역동적 해석과 지속적인 재해석의(dynamic hermeneutics, a constant reinterpretation) 과정을 되풀이해 나간다.(Russell, 1993:173-197)는 것이다.

이러한 재해석의 과정에는 인지적 구성주의에서처럼 인지적 혼란을 평정하려는 방법보다는 인지적혼란을 일으키는 원인인 사회적 상호작용에 더욱 관심을 기울인다. 따라서 이견들간의 '갈등'과 '차이'에 오히려 더욱 가치를 두고 그런 견해차에 노출됨으로 인해 오히려 "자신의 견해와 관점에 대한 자아성찰"(Cole, 1992:27-35)과 좀더 깊이 있는 비판적인 사고력을 경험하게 된다고 한다.(Holt, 1994:73-92)

Vygotsky(1978)의 "근접발달영역"(zone of proximal development)은 후발달자가 선발달자로부터 인지적 혼란의 원인인 차이를 통해 자신의 견해와 관점에 대한 성찰을 하게 됨으로 잠재적 발달 수준에 이를 수 있게 하는 영역으로 학습자의 학습이 가능한 영역이라 할 수 있는데, 이는 지식이 사회적 참여를 통하여 구성된다는 원칙을 가장 잘 설명해 준다.

4) 교육연극의 신체화된 인지 구성주의

구성주의의 가장 큰 포괄적 원리는 앎의 대상인 지식이 인식주체인 인간의 외부에 존재하는 것이 아니라 인간의 내부에서 구성된다는 것이다. 그리고 앎이라는 것은 인간의 외부에 존재하는 대상을 인식주체인 인간의 내부에 인지적 구성물로 받아들이는 것이라고 할 수 있다. 그런 의미에서 인간의 내부에 구성된 지식은 인간의 외부에 존재하는 대상을 인식주체인 인간이 내부로 받아들인 인지적 구성물이라 할 수 있다.

그런데 인지적 구성주의가 지식을 구성하는 요인으로 개인의 인지활동인 동화와 조절에 의미를 두고 있으며, 사회문화적 구성주의는 개인이 속해 있는 사회의 상호적 작용인 갈등과 차이에 대한 자아성찰에 의미를 두고 있는데 이는 인식주체인 인간의 외부에 있는 대상과 인간의 내부에 구성된 인지적 구성물간의 대응에 의한 의미구성 방법이라 할 수 있다. 즉 인지적 구성주의에서 동화와 조절은 인식주최 밖의 대상(환경)에 맞춰가기 위해 인식주최 안의 인지적 구성물을 일치시키거나 바꾸기 위한 대응관계이며, 사회문화적 구성주의에서 자아성찰은 인식주최 안의 인지적 구성물을 인식주최 밖의 사회적 상호작용인 갈등과 차이에 대응시킴으로써 의미를 구성하는 방법이라 할 수 있는 것이다. 다시 말해서 인지적 구성주의나 사회문화적 구성주의는 인식대상과 인식주최 안의 인지적 구성물을 대응시킴으로써 의미를 구성하기 때문에 인식주최 밖의 인식대상은 인식주최 안의 인지적 구성물에 이르는 어떠한 단계나 절차도 필요없다. 따라서 그런 단계나 절차를 거치게 하는 전도체도 없으며 단지 대응에 의한 일치여부에 따라 인지적으로 평형을 이루게 되는 것이다. 이는 마치 외부 대상의 실체를 렌즈를 통해 내부의 필름에 영상으로 포착하는 카메라와 같이 인식주체인 인간은 인식주체 밖의 대상(인지적 구성주의에서 말하는 환경이나, 사회문화적 구성주의에서 말하는 사회적 상호작용에 의한 갈등과 차이)을 인지라는 렌즈를 통해 포착함으로 두뇌에 인지적 구성물인 유의미한 지식을 구성한다고 비유적으로 말할 수 있는 것이다. 여기서 인지 대상인 실물대상과 인지적 구성물인 필름의 영상사이에는 이들 사이를 연결해주는 어떤 전도체도 없으며 단지 렌즈와 같은 인지작용만을 거쳐 인지적 구성을 가능하게 하는 정신작용으로 볼 수 있다. 이때 인지적 구성주의의 동화와 조절이나 사회문화적 구성주의의 사회적 상호작용에 의한 갈등과 차이는 인식주체 내부에 있는 필름에 인지적 구성체인 영상(지식 구성)을 포착하기 위해 인지작용의 렌즈를 초점에 맞추는 일이라 할 수 있다.

반면에 교육연극의 신체화된 인지 구성주의는 인지적 구성주의나 사회문화적 구성주의와 판이하게 다르다. 우선 인식주최 밖의 인식대상이 인식주최 안의 인지적 구성물에 이르는 과정이 신체적 처리 단계를 거치게 되며 이는 또 일정한 절차에 따라 추상화과정을 거쳐 인지적 구성물에 이르러 의미를 구성하게 되는 데 이 때 신체적 처리 단계나 절차를 거치게 하는 전도체는 우리의 몸이며 신체화된 인지작용인 것이다. 이를 도식화하면 다음과 같다.

	인식주체 밖	의미구성 과정	인식주체 내부
인지적 구성주의	인지적 대상물(환경)	─── 인지(정신작용) ───	인지적 구성물 (지식구성)
사회 문화적 구성주의	사회적 상호작용	─── 인지(정신작용) ───	인지적 구성물 (지식구성)
신체화된 인지적 구성주의	인지적 대상물(환경) 사회적 상호작용	─── 몸 (인지적 전도체) ───	인지적 구성물 (지식구성)

〈 표:Ⅲ - 1 - 4)-① 〉 인지적·사회 문화적·신체화된 인지적 구성주의의 의미구성 과정 비교

이와 같은 의미구성 과정의 차이는 인지적 구성주의나 사회문화적 구성주의나 신체화된 인지적 구성주의가 모두 다 인식주체의 내부에서 지식을 구성한다는 구성주의의 가장 근본적인 원리는 같이하고 있으나 그 방법적 측면에서 보는 관점에 따라 조금씩 달리하고 있기 때문임을 알 수 있다. 이에 대하여 그 특징들을 좀더 자세하게 표로 정리해 보면 다음과 같다.

	인지적 구성주의	사회적 문화적 구성주의	신체화된 인지 구성주의
이론적 근거	Piaget의 발달심리 이론	Vygotsky의 발달심리 이론	제2세대 인지과학 이론
인지적 발달 기원	머리 속에	사회관계에 참여하는 개인	교육연극의 실연에 참여하는 개인
지식을 구성하는 요인	개인의 인지활동인 동화와 조절	개인이 속해 있는 사회의 상호적 작용인 갈등과 차이에 대한 자아성찰	'몸의 중심성'을 바탕으로 하는 신체화된 인지활동
최종목표	개인 경험의 사회 - 문화적 타당성검증	개인들간의 활발한 상호작용에 의한 사회 - 문화적 관습 습득	허구적 가상세계의 동일시와 소원화를 통한 감성적 공감과 인지적 자각
이론적 관심	개인의 인지적 발달과정	사회 - 문화적 동화과정	몸의 중심성에 입각한 신체화된 인지과정
분석 내용	사회적 상황에 의거한 인지적 재구성	관련 공동체의 참여를 통한 사회 - 문화적 행동양식 습득 및 동화과정	허구적 가상세계의 체현에의한 새로운 사실의 발견과 인지적 재구성
수업환경	교사와 학생간의 문화조사	공동체의 문화를 반영하는 학습과 교육의 실태조사	문제상황에 직면한 창의적 가정으로의 진입
그룹간의 환경	상이성 강조 (각 개인의 개별성 강조)	동질성 강조 (사회 구성원들의 공유성 강조)	은유에 의한 신체화된 인지의 개념화 강조 (공동참여에 의한 공유성 강조)
의미구성 방식	조절과 동화에 의한 인지대상과 구성물의 대응	사회적 상호작용의 차이와 갈등에 의한 인지대상과 구성물의 대응	몸을 인지적 전도체로 하는 은유적 개념 형성
의미구성의 매개물	없음 (인지대상과 구성물의 직접 대응)	없음 (인지대상과 구성물의 직접대응)	몸의 감각영역, 운동기능 영역

〈 표:Ⅲ - 1 - 4) - ②〉 인지적·사회 문화적·교육연극의 신체화된 인지 구성주의의 특징 비교

2. 교육연극의 문학교육적 수용

이상과 같이 구성주의 문예학이나 인지적 구성주의 및 사회문화적 구성주의는 의미구성의 방법적 측면에서 진리대응설에 입각하여 인식대상을 인식주체 내부의 인지적 구성물과 대응시킴으로 의미를 구성하는 정신작용으로 보고 있다. 따라서 몸의 감각영역이나 운동기능영역에 의해 감성적 측면으로부터 의미를 구성해가는 정서적 측면의 문학적 의미들이 소홀히 되어왔다.

이를 극복하기 위하여 본 장에서는 신체화된 인지적 구성주의의 견해와 일치하는 인지과학적 관점의 의미구성 이론을 도입하고자 하며, 이 인지과학적 관점의 의미구성 이론은 학습자가 문학 텍스트를 통해 그의 내부에 의미를 구성해 나갈 때, 의미구성에 인지적으로 유기적 관련이 있는 신체적 활동과 감각운동체계를 어떻게 활성화함으로써 학습자로 하여금 문학적 의미를 얻게 하는지 고찰하고자 한다. 또한, 인지과학적 관점의 의미구성 이론은 드라마적 인지과정과 관련하여 어떻게 적용되며 학습독자가 문학지식을 구성하는 학습이론으로 어떻게 연계되는지도 알아볼 것이다. 그래서 문학교육이 교육연극을 수용하는 과정에서 이러한 일련의 이론들이 어떤 의미가 있는지 제시하고자 한다.

1) 인지과학적 관점의 의미구성

인지과학의 두 가지 개념에 관해선 II장의 '교육연극의 철학과 교육학적 함의'에서 '구성주의적 관점의 전인적 인간관'을 다루면서 언급한바 있다. 그것이 제1세대 인지과학과 제2세대 인지과학이다. 제1세대 인지과학은 전통적인 영미철학 대부분의 근본 원리들을 가정하는 이론으로 마음이 몸과 무관하게 그 형식적 기능들에 의해 특징지어진다는 엄격한 이원론을 가정하고 있는데, 이는 교육연극의 신체화된 인지적 구성주의 견해와 배치되는 이론으로 본 연구에서 다루고자하는 주된 쟁점이 아니다. 다만 제1세대 인지과학은 제2세대 인지과학의 발생 배경과 관련하여 이해를 돕기 위해 언급하였고, 본 연구에서는 교육연극의 신체화된 인지적 구성주의 견해와 일치되기 때문에 교육연극의 주된 배경이론으로 삼고자 하는 제2세대 인지과학에 대하여 구체 적으로 살펴보고자 한다. 제2세대 인지과학은 다음의 세 가지 주요한 발견에 서부터 출발한다.

> 첫째, 마음은 본유적으로 신체화되어 있다.
> 둘째, 사고는 대부분 무의식적이다.
> 셋째, 추상적 개념들은 대체로 은유적이다.(G. 레이코프·M. 존슨, 임지
>   룡 외 옮김, 2002:25)

먼저 '마음은 본유적으로 신체화되어 있다.'는 발견은 경험적 연구에 기초 해서, 인간의 합리성은 서구의 철학적 전통이 주장해 온 그런 것이 전혀 아니 라는 사실을 알게 됨으로 얻게 된 우리 자신의 이해에 대한 근본적 변화인 것이다. 이러한 이성에 대한 변화를 몇 가지로 정리해 보면 다음과 같이 정리 해 볼 수 있다.

> — 이성은 탈신체화된 것이 아니라, 우리의 두뇌, 몸, 그리고 신체적 경험
>   의 본성에서 유래한다. 이것은 전통이 대체로 주장해 왔듯이 우리가
>   사유하기 위해서 몸을 필요로 한다는 그저 무관하지만 숙명적 관계일
>   뿐이라는 주장이 아니다. 오히려 이성 그 자체의 고유한 구조가 우리
>   신체화의 세부사항에서 유래한다는 인상적인 주장이다. 우리에게 지
>   각과 운동을 가능하게 해주는 동일한 신경적, 인지적 기제도 우리의
>   개념체계와 이성의 방식을 만들어 낸다. 따라서 이성을 이해하기 위
>   해서 우리는 우리의 시각 체계, 근육운동 체계의 세부 내용과 신경
>   결속의 일반적 기제를 이해해야 한다. 요약하면, 이성은 결코 우주적

인, 또는 몸과 분리된 마음의 초월적인 특성이 아니라는 것이다. 그 대신에 이성은 우리 인간 몸의 특이성에 의해서, 그리고 이 세상에서 우리의 일상적 기능의 세부 사항에 의해서 결정적으로 형성된다고 보고 있는 것이다.

— 추상적 이성은 '하등'동물에 존재하는 형태의 지각적·근육 운동적 추론에 근거하고 그 추론을 이용하므로 이성은 진화한다. 그 결과는 이성의 다원주의, 즉 이성적 다원주의 이다. 말하자면 매우 추상적인 형태에서 조차도 이성은 우리의 동물적 본성을 초월하기 보다는 이용한다. 이성이 진화적이라는 발견은 다른 동물에 대한 우리의 관계를 완전히 변화시키고 유일하게 이성적인 인간에 대한 우리의 개념을 변화시킨다. 따라서 이성은 우리와 다른 동물들을 분리시키는 실재가 아니라, 오히려 우리를 그들과의 연속선상에 배치한다.

— 이성은 초월적 의미로 '보편적'이지 않다. 즉 이성은 우주 구조의 일부가 아니다. 그러나 이성은 모든 인간들이 보편적으로 공유하는 능력이라는 점에서 보편적이다. 이성을 공유할 수 있도록 해 주는 것은 우리의 마음이 신체화되는 방식 안에 존재하는 공통성들이다.

— 이성은 완전히 의식적인 것이 아니라, 대체로 무의식적이다.

— 이성은 순수하게 문자적인 것이 아니라, 대개 은유적이고 상상적이다.

— 이성은 냉정하지 않으며, 감정적으로 활동한다.

이상과 같은 이성의 이해에 있어서 이 변화는 방대하며, 그것은 인간으로서 우리의 존재에 대한 이해에 있어서 그에 상응하는 변화를 수반한다.(G. 레이코프·M. 존슨, 임지룡 외 옮김, 2002:26-27) 문학교육과 관련하여서도 본유적으로 신체화되어 있는 이성론은 문학텍스트를 대상으로 문학능력을 길러야 하는 학습독자들이 문학적 의미구성을 위해 문학텍스트를 어떻게 인지하고 수용하여야 하는지를 암시해 준다. 즉, 본유적으로 신체화된 이성론에 의하면 문학 텍스트는 학습독자가 직접 신체화된 이성을 통해 경험하고 만나야 할 세계이다. 그렇다면 문학텍스트는 언어를 매체로 표상되어 있지만 언어로 표상된 대상으로서의 텍스트이기 보다는 학습독자가 직접 몸으로 부딪치며 경험해야 할 세계로서의 텍스트로 인식해야 하는 것이다. 그런데 문학텍스트는 언어로 표상되어 있기 때문에 학습독자가 먼저 해야 할 것은 언어로 표상된 문학텍스트를 경험해야 할 세계로 재구하는 일이다. 그러기 위해선 먼저 시각을 통해 만나게 되는 언어텍스트를 학습독자는 오감이라는 감성의 문을 통해 현재화하고 공간화 하여야 한다.

한편 제2세대 인지과학의 논리에서는 마음이 몸에서 분리되고 독립된, 그리고 다른 모든 사람들과 정확하게 동일하며 탈신체적이고 초월적인 이성을 공유하며, 단순히 자기반성에 의해 자신의 마음에 관해 모든 것을 알 수 있는, 데카르트 철학의 이원론적 인간은 없다. 오히려 마음은 본유적으로 신체화되어 있고, 이성은 몸에 의해 형성된다. 그리고 대부분의 사고는 무의식적이므로 마음은 단순히 자기반성에 의해 알 수 없다. 그렇기 때문에 경험적 연구가 필요하다.

또한, 절대 자유를 가지며, 도덕적인 것과 그렇지 않은 것을 정확하게 명령하는 초월적 이성을 가진, 근본적으로 자율적인 칸트적 인간은 존재하지 않는다. 몸에서 유래한 이성은 몸을 초월하지 않는다. 존재하는 이성의 보편적인 양상들은 우리의 몸과 두뇌, 우리가 거주하고 있는 환경들의 공통성에 기인한다. 이성은 근본적으로 자유롭지 않은데, 그것은 인간의 가능한 개념체계들과 가능한 이성 형태들은 몸에 의해 형성되기 때문이다. 나아가 일단 우리가 하나의 개념체계를 학습하면, 그 체계는 우리의 두뇌 속에서 신경적으로 구체화되어 우리로 하여금 그저 아무렇게나 생각하도록 허용하지 않는다. 따라서 우리에게 칸트적 의미에서의 자유, 즉 완전한 자율성은 없다. 도덕성의 보편적 개념에 대한 선험적이고 순수하게 철학적인 기초는 없으며, 보편적인 도덕률을 만들 수 있는 초월적이고 보편적인 순수 이성은 없다.

문학교육과 관련하여 이에 대한 예를 들어보면, '우리들의 일그러진 영웅'

이라는 소설 텍스트를 학습독자가 수용한다고 할 때 만약에 학습독자가 탈신체적인 초월적이고 보편적인 순수 이성을 가졌으며, 도덕적으로 자율적인 칸트적 인성의 소유자라면 무소불위의 권력을 휘두르는 엄석대의 행위나 그로 인해 구속당하고 있는 학급친구들의 굴종적인 행위는 초월적 이성인 절대진리에 의해 간단하게 해석될 수 있다. 왜냐하면 그 절대 진리는 모든 사람들에게 정확하고 동일하게 적용되기 때문이다. 그러나 인간 삶의 모습 자체가 그렇게 기계적으로 단순하며 절대적 진리라는 잣대로 측정할 수 없는 것이 사실이다. 또 그런 잣대가 있어 해석된다고 할지라도 그 해석의 결과가 모든 학습독자에게 동일하게 느껴지는 것도 아니다. 그것은 학급 친구들의 굴종적인 행위나 엄석대의 폭력적인 권력은 직접 피부 감각적으로 겪어 본 사람만큼 알 수 없기 때문이다. 즉, 피부감각으로 겪어본다는 것은 본유적으로 신체화되어 있는 이성을 자극하는 일이며 이는 신체적 감각과 감성으로 인지한 신체적 추론을 통해 '권력의 폭력과 굴종의 비굴함'이라는 추상적 개념에 은유적으로 사상하는 일인 것이다. 따라서 본유적으로 신체화된 이성론에 입각하여 문학텍스트를 수용한다는 것은 신체적 감각과 감성으로 문학텍스트를 인지하는 일이 중요하며 또한 이를 통해 신체적 추론과정이 이루어져야 한다. 이는 지금까지 문학텍스트의 수용과정에서 소홀히 되었던 학습독자의 몸에 의한 감각활동이 문학텍스트의 의미구성에 중요시 되어야하는 이유인 것이다.

둘째, '사고는 대부분 무의식적이다.' 라는 발견이다. 인지과학은 대부분 우리의 사고가 무의식적이라는 사실을 발견했는데, 이 경우 무의식이란 억압되어 있음이라는 프로이트적 의미가 아니라. 의식이 접근할 수 없으며, 또 너무 빨리 작용하기 때문에 집중할 수 없는 방식으로 인지적 의식층위 아래에서 작용한다는 의미이다.

예컨대, 우리가 대화할 때 의식적 인식의 층위 밑에서 진행하고 있는 모든 것을 생각해 보면 매 순간 우리가 행하는 것의 단편들이 있다. 이들을 대강 모아보면 다음과 같은 것들을 들 수 있다.

- 말하고 있는 것에 관련된 기억에 접근하기
- 일련의 연속된 음을 언어로 이해하고, 그것을 변별적 음성 자질들과 분절들로 나누고, 음소들을 확인하고, 그들을 형태소로 무리짓기
- 우리의 모국어에 있는 방대한 수의 문법 구조에 따라 문장에 구조를 부여하기
- 낱말들을 골라서 문맥에 적절한 의미들을 낱말들에 부여하기
- 문장들을 하나의 전체로서 의미론적·화용론적으로 이해하기
- 논의에 관련된 용어들로 말하는 것의 틀짜기
- 논의하고 있는 것에 관련된 추론하기
- 관련된 경우 심상을 구성하고 검사하기
- 담화속의 공백 메우기
- 대화자 상대방의 신체 언어를 보고 해석하기
- 대화가 진행되고 있는 곳을 예상하기
- 무슨 응답을 할 것인가 계획하기

인지과학자들은 심지어 가장 단순한 발화를 이해하기 위해서도 우리는 위의 단편들 및 매우 다른 복잡한 형태의 사고를 자동적으로, 그리고 의식층위 밑에서 현저한 노력 없이 수행해야 한다는 것을 실험적으로 보여 주고 있다. 이는 단순히 우리가 이따금씩 이 과정들을 알아차리지 못한다는 것이 아니라. 오히려 그 과정들은 의식적 인식과 통제로도 접근할 수 없다는 것이다.

이렇게 우리는 인지적 무의식(cognitive unconscious)[26]의 작용에 직접적

---

26) 인지적 의미는 진리 조건적 의미, 즉 마음이나 몸 안에서 내적으로 정의되는 것이 아니라 외부 세계의 사물들을 지칭함으로써 정의되는 의미로 간주된다. 또 인지과학의 관례처럼, 언어, 의미, 지각, 개념체계들 및 이성에 관련된 모든 정신적 작용들과 구조들을 기술하기 위해 될 수 있는 한 가장 풍부한 의미로 인지적이라는 용어를 사용한다. 개념체계들과 이성은 우리의 몸에서 유래하기 때문에, 인지적이라는 용어를 개념화 능력과 추리 능력에 기여하는 감각운동계의 양상들에 대해서도 사용한다. 한편 인지적

으로 접근할 수 없다. 따라서 우리 사고의 대부분에 직접 의식적으로 접근하지 못한다. 그렇기 때문에 순수한 철학적 성찰이 인간 이해의 깊이를 잴 수 있다는 생각은 어쩌면 환상일지도 모른다. 철학적 분석의 전통적 방법들만으로, 심지어 현상학적 내성으로도 우리는 우리 자신의 마음을 자세히 알 수 없다. 현상학적 반성은 경험 구조를 드러내는 데 귀중하지만, 인지적 무의식에 대한 경험적 연구에 의해 보충되어야 할 필요가 있는 것이다.

왜냐하면 의식적 사고는 거대한 빙산의 일각에 불과하기 때문이다. 무의식적 사고가 모든 사고의 95퍼센트라는 것이 인지과학자들 사이에서는 경험상의 일반원리로 통하는데, 그것은 심각할 정도로 과소평가한 것일지 모른다. 더욱이, 의식적 인식의 표면 아래에 있는 95퍼센트가 모든 의식적 사고를 형성하고 구조화하는데, 만약 인지적 무의식이 거기서 이런 형성을 하지 않는다면, 어떤 의식적 사고도 불가능할 것이다.

즉, 인지적 무의식은 거대하고 복합적인 구조를 이루고 있으며, 우리의 모든 자동적인 인지적 작용뿐만 아니라 우리의 모든 묵시적인 지식도 포함한다. 우리의 모든 지식과 신념은 대개 인지적 무의식 속에 내재하는 개념체계에 의해 형성된다. 우리의 무의식적 개념체계는 '숨겨진 손'과 같은 기능을 하는데, 이 손은 우리 경험의 모든 양상에 대한 개념화 방식을 형성해 준다. 이 숨겨진 손은 우리의 일상적인 무의식적 추리에서 우리가 사용하는 우정, 흥정, 실패, 거짓말과 같은 추상적 개체들을 만들어 낸다. 따라서 이 손은 우리가 경험하는 것을 자동적·무의식적으로 이해하는 방식을 형성하며, 비성찰적인 상식을 형성한다고 볼 수 있는 것이다.(G. 레이코프·M. 존슨, 임지룡 외 옮김, 2002:39-40)

그러므로 우리가 인지적 무의식을 구성하는 모든 것을 이해할 때, 의식의

작용은 대개 무의식적이므로 인지적 무의식이라는 용어는 개념체계들, 의미, 추론, 그리고 언어에 관련된 모든 무의식의 정신적 작용을 일컫는다.
G. 레이코프, M. 존슨, 앞의 책, 임지룡 외 옮김, 2005, P. 39.

실체에 관한 우리의 이해는 매우 크게 확장된다고 볼 수 있다. 의식은 어떤 것에 대한 단순한 자각(예컨대, 고통이나 색채의 질적 감각에 대한 단순한 경험)을, 또한 우리가 의식하고 있는 자각을, 그리고 두뇌의 다양한 중추에 의해 제공된 직접적인 경험의 다양성을 훨씬 초월한다. 의식은 확실히 위의 모든 것, 그리고 인지적 무의식에 의해 제공되는 측정할 수 없을 정도로 더 방대한 구성적 틀을 포함하는데, 이것은 우리가 어떤 것을 알아차리도록 작용하고 있음에 틀림없는 것이다.

이에 대하여 문학교육적 측면에서 생각해보면, 학습독자가 문학텍스트를 통해 구성하는 모든 지식과 신념은, 언어로 표상된 문학텍스트를 학습독자가 경험해야 할 세계텍스트로 재구한 다음 그것으로부터 95퍼센트에 해당하는 인지적이며 무의식적으로 이루어지는 사고과정으로서 '숨겨진 손'에 의해 만들어진 것이라고 볼 수 있다. 그런데 그 과정은 근원영역인 감성이나 감각영역으로부터 목표영역인 개념이나 신념과 같은 영역으로 추론과정을 거치며 은유화하여 형성된다고 볼 수 있는 것이다.

따라서 이러한 과정에 적합한 학습활동의 예를 교육연극 속에서 찾아본다면, 즉흥(improvisation)과 같은 방법을 찾아 적용해 볼 수 있다. 즉흥은 교육연극학자 스폴린(Viola Spolin, 1983)이 의식적인 노력 없이도 아이들이 자연스럽게 표현력을 습득할 수 있도록 고안한 연극게임[27]에서 적용하였는데, 이 연극 게임에서는 아이들의 자발성에서 비롯되는 직관적 체험(Viola Spolin, 1986)을 중시하였다. 이 직관적 체험을 통해 아이들은 새로운 세계를 발견하며, 나아가 모든 감성적 표현을 고양시킬 수 있다고 보았던 것이다.

즉흥에 대해서 좀더 풀어보면, 아이들이 연극적인 상황에 자발적으로 복

---

27) 스폴린(Viola Spolin)은 수년간 어린이와 아마추어 배우들과 작업하면서 그들로 하여금 기계적이고 과장된 무대행동으로부터 자유롭게 만드는 방법들을 고안하였다. 그 속에는 그룹이라는 환경 속에서의 행위, 관계맺기, 자발성, 창의성을 자극하기 위한 수많은 놀이와 연습 과정 등이 포함된다. Viola Spolin, 「Theatre Games for The Classroom」, Evanstone : Northwestern University press.

종[28])하면서 체현하는 것과 배우가 연기하는 것은 본질적으로 다르다. 예컨대 우주 비행사가 된 아이가 타고 있는 비행선은 아이가 직접 만들어낸 것이다. 즉 아이의 체현에는 탐구적 요소가 있어 자기가 타고 가는 비행선의 크기와 속도 및 비행 상황을 내면화한다. 즉 그 아이는 외면상 어떻게 보일까 의식하기에 앞서, 그 상황을 '겪으며 살면서(living through)' 자신의 상징적 행위가 의미하는 것을 탐구하고 즐긴다. 또한 그 소재에 대한 자신의 태도, 생각, 느낌을 표현하기위하여 몸짓과 언어를 찾는다. 그렇기 때문에 우주비행을 상상하는 아이는 굉음소리를 내며 우주비행사의 행동을 즉흥적이고 자발적인 행동으로 표현하는 것이다. 그런데 이런 일련의 과정들이 인지적 무의식으로 이루어진다고 볼 수 있다.

예를 들어 이런 즉흥의 방법을 앞에서 언급했던 '우리들의 일그러진 영웅'이란 소설 텍스트의 수용시 적용해 본다면 "나는 엄석대 보다 힘도 세고 덩치도 큰 친구입니다."라고 생각하고 엄석대의 부당한 요구에 즉흥으로 그 반응을 연행해보고, "나는 이 소설속의 친구들과 같이 엄석대에게 꼼짝 못합니다." 라고 생각하고 엄석대의 여러 가지 부당한 요구에 즉흥으로 그 반응을 연행해 볼 수 있을 것이다. 이때 부당한 요구는 소설속의 이야기에 국한하지 않고 있을 수 있는 좀더 다양하면서도 황당한 요구들을 제시할 수 있고, 역할에 참여하는 아이는 예기치 않았던 요구에 즉흥으로 반응하도록 하며 연행이 끝난 후에는 그 느낌을 가지고 서로 토론할 수 있는 것이다. 이때 학습독자는 돌발적인 황당함에 직면하며, 인지적 무의식에 의해 연행한 행동감각을 통해 그 인물의 입장이 되어보고, 이를 통해 신체적 추론과정을 거치게 된다. 또

---

28) 어린이는 자신이 고안한 허구 세계에 수동적으로 복종하면서 '나에게 그것이 일어나고 있음'을 느낀다. 이러한 복종은 완전히 자발적인 것으로 규칙에 복종할 때 더한 즐거움과 해방감을 느끼게 되는데 비고츠키(Vygotsky)는 규칙에 대한 복종과 충동적 행동에 대한 자발적 포기는 놀이에서 최대 쾌락에 이르는 길이므로 아동은 규칙을 따르고 자신이 원하는 것을 포기하게 된다고 지적하고 있다. 이은혜 편역,「놀이 이론」서울: 창지사, 1993, p. 277.

이런 신체적 추론은 지금까지 경험하지 못했던 '비굴함'이나 '굴종'과 같은 추상적 개념에 사상됨으로써 새로운 문학텍스트 의미를 구성하게 되는 것이다.

셋째, "추상적 개념들은 대체로 은유적이다."라는 발견이다. 인간의 주관적 정신생활은 그 범위와 풍부함에 있어 방대하다. 우리는 중요성, 유사성, 어려움, 그리고 도덕성과 같은 추상적인 것에 관해 주관적 판단을 하며, 또한 욕망, 애정, 친밀감 및 성취와 같은 주관적 경험을 한다. 그러나, 이 경험들은 풍부하지만, 우리가 그 경험들을 개념화하고, 그 경험들에 관해 사유하고, 그 경험들을 시각화하는 방식의 많은 부분은 경험의 다른 영역들에서 비롯된다. 우리가 아이디어를 이해하는 것(주관적 경험)을 어떤 대상을 쥐는 것(감각운동 경험)의 관점에서 개념화하고, 어떤 아이디어를 이해하지 못하는 것을 우리 옆으로 또는 머리위로 지나가는 것으로 개념화할 때처럼, 이 다른 영역들은 대부분 감각운동 영역들이다.(Lakoff & Johnson, 1981) 그런 개념화에 대한 인지적 기제가 개념적 은유인데, 이에 대한 예를 들면 우리에게 쥐는 것의 물리적 논리를 사용해서 이해에 관해 사유할 수 있게 해 주는 것과 같은 것들이다.

은유는 감각운동 영역에서 나오는 관습적 심상을 주관적 경험의 영역에 대해 사용할 수 있게 해 준다. 예컨대, 이해하는 데 실패할 때(주관적 경험), 우리는 무언가가 우리 옆으로나 머리위로 지나가는 도식을 형성할지도 모른다. 우리 옆으로나 머리위로 지나가는 어떤 것의 경로를 추적하는 제스처는 이해의 실패를 생생하게 나타낼 수 있다. 이렇게 개념적 은유는 사고와 언어에 널리 퍼져 있다. 그래서 은유에 의해 관습적으로 개념화되지 않은 일상의 주관적 경험을 떠올리기는 어렵다.(G. 레이코프·M. 존슨, 임지룡 외 옮김, 2002:85-86)

이와 같이 은유에 의해 개념화되기까지의 과정을 좀 더 살펴보면, 다음과 같다. 우리는 감각기관을 통해서 대상을 만나면 먼저 대상을 범주화[29]한다.

이 범주화는 우리가 신체화되어 있는 방식의 한 결과이며, 우리는 범주화 하도록 진화되어 왔다. 이런 범주화에 따른 범주는 세계 안에서 기능화의 결과로서 자동적·무의식적으로 형성된다. 이렇게 형성된 범주들은 색채개념, 기본층위 개념, 공간관계 개념 등으로 개념화한다. 이른바 개념(concepts)은 우리 인간으로 하여금 우리의 범주들을 정신적으로 특징짓고, 그것들에 대해 사유할 수 있도록 해 주는 신경구조이다. 그런데 이런 개념화의 과정에는 영상도식(image schema), 윤곽(profile), 탄도체 - 지표 구조(trajector-landmark structure)30)와 같은 한층 더 심화된 내부구조를 가진 공간관계에 의해 은유화 되는데, 이렇게 해서 형성된 은유가 일차적 은유이다. 이러한 일차적 은유는 또 통합과정을 거쳐 복합적 은유를 형성한다. 복합은유는 개념체계의 매우 큰 부분을 형성하며, 우리의 사고방식에, 그리고 깨어있는 매순간 우리가 관심을 기울이는 것에 영향을 미친다. 게다가 그것들은 우리의 꿈을 구성하며(Lakoff, G. 1997), 시적이고 평범한 새로운 은유적 결합의 기초를 형성한다.(Lakoff, G. and M. Turner. 1989)

---

29) 범주화는 대상을 분류 인식하는 능력이다. 모든 생물은 대상을 범주화한다. 심지어 아메바도 자기와 마주치는 것들을 먹을 수 있는 것과 먹을 수 없는 것으로, 또는 다가가야 할 대상과 멀어져야 할 대상으로 범주화한다. 아메바는 범주화의 여부를 선택할 수 없으며, 다만 범주화할 뿐이다. 이것은 동물계의 모든 층위에 적용된다. 동물들은 음식, 약탈자, 가능한 짝, 자신들의 종에 소속된 동물 등을 범주화한다. 동물들이 범주화하는 방식은 자신들의 감각기관과 이동능력 및 대상 조작 능력에 의존한다. G. 레이코프, M. 존슨, 앞의 책, 임지룡 외 옮김, 2005, pp. 47-48.

30) 이는 근원영역인 감각기관을 통해 받아들인 감각정보들을 추상적으로 개념화하는 과정에서 활용되는 개념화 기제들로 공간개념을 형성하는 도식들이다. 예컨대, 나비 한 마리가 정원 안에 있는 것으로 보기 위해서 우리는 한 장면위에 상당한 크기의 영상적 구조를 투사해야 한다. 우리는 정원의 경계를 공중으로 확장하며 내부를 가진 3차원의 그릇으로 개념화할 수 있다. 이때 투사되는 영상이 영상도식(image schema)이며 3차원의 그릇으로 개념화한 그릇의 경계가 윤곽(profile)이다. 또한 여기서 내부의 배경(ground)역할을 하는 정원의 안쪽은 그릇도식(container schema)의 내부윤곽으로 경계 지표(landmark)가 된다. 또 나비는 지표안에서 운동성을 갖고 있는 형태(figure)로서 탄도체(trajector)가 된다. G. 레이코프, M. 존슨, 앞의 책, 임지룡 외 옮김, 2005, pp. 66-73. 참조.

이에 대하여 문학 교육적 측면에서 생각해 보면, 문학이 인간 '삶'을 형상화한 예술이라고 할 때 문학작품 속에는 인간적 사건이 일어나고 인간의 고뇌와 행복이 교차하며, 다양한 인간 군상들의 삶의 파노라마가 있다. 그래서 문학은 인간 체험의 기록이라고도 하며, 문학 텍스트는 복잡 미묘한 인간 행위의 방식과 심리를 그린다. 그런 만큼 문학 텍스트는 단순한 기록물이 아니며 은유적이다. 그것도 원자적 성분의 일차적 은유이기 보다는 일차적 은유의 융합에 의한 분자적 성분인 복합적 은유의 언어적 표상이 많은 기록물이라고 할 수 있다.

그런데 제2세대 인지과학의 원리에 의하면 이러한 은유는 이동이나 지각과 같은 감각운동 영역이 근원영역이 되고, 주관적 경험이나 판단과 같은 주관적 경험영역이 목표영역이 되어, 추론과정을 거치며 개념적 은유를 형성하고 이렇게 형성된 일차적 은유의 통합에 의해 복합적 은유를 구성하게 됨을 경험상의 일반원리로 받아들이고 있으며, 또 컴퓨터 과학의 발달과 자기공명영상 장치와 같은 두뇌구조를 알 수 있는 의료기기의 발명은 이와 같은 인지과학의 실증적 증거들을 제시하기도 한다.

따라서 학습 독자의 문학텍스트 수용에 따른 문학교육에 있어서 학습독자의 신체화된 마음은 문학교육의 중요한 전제가 된다. 또 문학적 의미 구성의 근원영역이 되고 있는 학습독자의 몸과 관련된 감각운동과 감성영역의 활성화는, 구성주의적 의미구성의 추진체로써 새롭게 부각되어야 할 문학교육의 중요한 방법변인이라 할 수 있는 것이다. 그리고 교육연극은 바로 그 방법변인의 요소인 학습독자의 몸을 활성화함으로써, 즉 감각운동과 감성영역의 활성화로 학습 독자의 내부에 문학적으로 유의미한 의미구성이 용이해 진다고 볼 수 있는 것이다.

지금까지 교육연극의 배경이론으로 삼고자 하는 인지과학의 세 가지 주요 발견을 중심으로 인지과학의 중심적 문제가 문학 교육의 측면에서 어떤 의미와 적용성이 있는지를 살펴보았다. 다음에는 이를 바탕으로 교육연극의 주된 활동 원리인 드라마적 인지과정이 어떻게 전개되고 이는 학습과 어떤 관계가 있는가를 살펴보고자 한다.

2) 드라마적 인지과정과 문학교육

드라마적 인지과정에 관한 이론은 황정현의 이론[31]에서 도입할 수 있다. 그의 이론에 의하면 일반적으로 학습 활동이란 지식을 구성해 나가는 과정으로 보고 있는데, 그 과정은 구체에서 추상으로 나가는 것으로 '감각인식', '사실인식', '관계인식', '본질인식'의 네 과정을 거치며 순환적으로 일어난다고 보고 있다. 이는 드라마의 본질을 구현하는 두 요소 허구(fiction)와 모방(mimesis)이 실재(reality)의 이데아를 인식하는데 중요한 역할을 하며 그 전제는 실제(actuality)와 실재(reality) 세계가 이원화되어 있는 별개의 세계가 아니라 일원론적으로 통합되어 있다는 아리스토텔레스의 사유를 바탕으로 하고 있다. 즉 이런 일원화된 세계 속에서 이데아의 실재(reality) 세계와 경험의 실제(actuality) 세계가 허구(fiction)와 모방(mimesis)에 의해 매개되며 결국 실제(actuality)에서 실재(reality)로 나가는 통로를 마련한다고 하였던 것이다. 그는 또 드라마의 인지적 특성은 실제(actuality)를 가상의 공간으로 가공하는데, 이것은 마치 과학적 탐구에서 가설을 설정하는 것과 같다고 하였다. 실제의 가상적 가공의 언표는 '마치 ~인 것처럼'이나 '만일 내가 ~라면'으로 표현되는데, 이런 가공의 언표는 드라마의 상상적 - 재현적 표현으로 인지과정에서 다음과 같은 두 가지의 형태의 전환을 이룬다고 하였다. 그 첫째가 실제(actuality)에서 가정으로의 전환이며, 둘째가 기존 지식에서 새로운

---

31) 황정현 외, 국어교육과 교육연극의 방법과 실제, 도서출판 박이정, 2004. 황정현은 이 책에서 드라마적 인지과정을 감각인식, 사실인식, 관계인식, 본질인식의 네 단계로 보고 있는데, 이는 구체에서 추상으로, 특수에서 보편으로 나아가는 지식구성의 과정이며 계층적이기 보다는 순환적으로 일어난다고 보았다.

지식에로의 전환이라고 하였다. 그는 이렇게 드라마적 인지과정을 학습과 연계시키며 극적인 경험의 과정에서 일어나는 인지단계는 실제(actuality) 세계의 감각적 경험으로부터 사실적이고 관계적인 인식을 통해 개념화하고 이 개념의 상위인지 단계인 본질에 대한 이해를 하게 된다고 하였던 것이다.

즉 인간의 인지과정을 드라마적 인지과정을 통해 살펴보면 인간은 환경 속에서 삶을 영위하며 환경과의 접촉을 통해 민감한 감수성을 확보하고, 확보된 지각을 정신적 이미지로 전환하며, 사고패턴을 창조하기 위해 이미지를 다양한 방법으로 결합하고 관계를 파악하며 사고 패턴의 요소를 행위로 선택하고 변형한다고 하였다. 그리고 피드백으로써 우리의 행위를 인식하게 되는데, 이러한 과정을 거치면서 본질인식으로 나가게 되어 드라마는 삶의 본질을 이해하게 하는 중요한 매개체 역할을 한다고 보았던 것이다. 그런데 여기서 '환경과의 접촉을 통해 민감한 감수성을 확보하는 것'은 인지과학의 범주화 과정이며, '확보된 지각을 정신적 이미지로 전환하며, 사고패턴을 창조하기 위해 이미지를 다양한 방법으로 결합하고 관계를 파악하는 것'은 인지과학에서 개념적 은유인 일차적 은유와 복합적 은유의 형성과정과 상통한다. 한편 궁극적으로 도달하게 되는 '본질인식'은 인지과학에서 인간의 내부에 구성하게 되는 '신체화된 마음'과 같다고 볼 수 있는 것이다.

이를 도식화하여 좀더 구체적으로 살펴보면 다음과 같다.

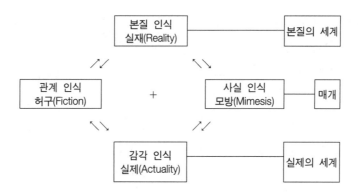

〈 표:Ⅲ - 2 - 2)〉 드라마적 인지과정(황정현 외, 2004:17)

　첫째, 감각 인식의 과정이다. 이 과정은 드라마 연행자가 지식을 획득하기 위해 일차적으로 세계와 소통하는 과정이다. 이 과정은 드라마 연행자의 청각, 시각, 촉각, 후각, 미각, 근감각 등을 통해서 세계와 소통을 한다. 이는 인지과학의 원리로 말하면 범주화가 이루어짐을 말한다. 우리는 신경을 가진 존재이기 때문에 우리의 범주들은 우리의 신체화를 통해 형성된다. 그것이 의미하는 바는 우리가 형성하는 범주들이 우리 경험의 일부라는 것이다. 범주들은 우리 경험의 양상들을 식별 가능한 종류들로 구별해 주는 구조들이다. 범주의 형성과 사용은 경험의 문제이며, 우리는 우리의 범주들을 '넘어갈' 수 없으며, 전혀 범주화되지 않고 개념화되는 경험을 하기는 매우 어렵다. 이처럼 우리는 감각인식을 통해 세계와 만나고 이를 범주화하며 범주화된 세계의 구체적 경험은 실재(reality)의 본질을 내면화하는데 중요한 역할을 한다.

　둘째, 사실 인식의 과정이다. 사실 인식은 개인의 특수한 경험을 모방(mimesis)을 통해 언어나 기호로 객관화하는 것이다. 모방(mimesis)은 다양한 현상 세계의 특수한 모습들에 내재하는 속성을 기호화한다. 기호로 대상의 객관성을 확보한다는 것은 결국 개념화 내지는 관념화하지 않을 수 없는 것이다. 이를 인지과학의 원리로 말하면 기본층위 범주(basic-level categories)가 형성되고 개념화에 대한 인지적 기제가 작동하며 일차적 은유가 형성되는 과정이라 할 수 있다. 그런데 개념화에 대한 인지적 기제는 드라마 연행자의 주관적 경험에 공간관계 개념 및 근육운동 개념과 같은 감각영역의 추론 구조가 사상되어 은유화되고 개념이 형성되는 과정이라 할 수 있다.

  여기서 기본층위 범주는 우리의 감각인식이 세계와 만나 범주화한 범주 중에서 인지적으로 기본이 되는 범주를 말한다. 기본층위 범주들은 심상, 게슈탈트 지각, 근육운동 프로그램, 지식 구조와 같은 우리의 몸, 두뇌, 그리고 마음의 양상들에 의해 상위범주들과 구분된다. 예를 들면, 가구(furniture)-의자(chair)-안락의자(rocking chair)와 탈것(vehicle)-자동차(car)-스포츠카(sport car)와 같은 3단계 층위의 범주 위계가 있을 때, 중간층위 범주인 의자나 자동차는 상위범주에 해당하는 가구나 탈것이라든가 하위범주에 해당하는 안락의자나 스포츠카보다 인지적으로 우월성을 갖는다.(Berlin, B. , D. Breedlove and P. Raven. 1974) 벌린과 로쉬는 이러한 기본층위 범주의 특징을 다음 네 가지로 들고 있다.(Mervis, C. and E. Rosh, 1981:89-115)

  - 조건 1 : 기본층위는 단일한 심상이 전체 범주를 표상할 수 있는 가장 높은 층위이다. 예를 들면 우리는 자동차에 대한 심상을 가질 수 있다. 또한 우리는 기차, 배, 또는 비행기와 같이 이 층위에 대립되는 범주들의 심상을 가질 수 있다. 그러나 우리는 상위범주에 속하는 일반화된 탈것, 즉 자동차도 기차도 배도 비행기도 아닌, 일반적인 탈것의 심상을 가질 수 없다. 여기서 기본층위는 우리가 전체 범주를 가리키는 심상을 갖는 가장 높은 층위가 자동차가 되는데 이것이 기본층위이다.
  - 조건 2 : 기본층위는 범주 구성원들이 유사하게 지각되는 전체적 형태들을 갖는 가장 높은 층위이다. 우리는 의자나 차를 그것의 전체적인 형태에 의해 인식할 수 있다. 우리가 그 형태로부터 그 범주를 인식할 수 있도록하기 위해서 일반화된 가구나 탈것에 부여할 수 있는 전체

적인 형태는 없다. 이와같이 기본층위는 범주 구성원들이 게슈탈트지
각에 의해 인식되는 가장 높은 층위이다.

- 조건 3 : 기본층위는 한 사람이 범주 구성원들과 상호작용하기 위해
  유사한 근육운동행위를 사용하는 가장 높은 층위이다. 우리는 기본층
  위에 있는 대상들, 즉 의자, 탁자, 또는 침대와 상호작용하기 위한 근
  육운동 프로그램을 지니고 있다. 그러나 우리는 일반화된 가구와 상
  호작용할 근육운동 프로그램을 지니고 있지는 않다.
- 조건 4 : 기본층위는 우리의 지식의 대부분이 조직화되는 층위이다.
  우리는 기본층위에 관해 많은 지식을 갖고 있다. 자동차에 관해 알고
  있는 것과 탈것에 관해 알고 있는 것을 잠시 견주어 생각해 보면 우리
  는 일반적인 상위층위에 해당하는 탈것에 관해선 약간 알고 있는 반
  면에 기본층위인 자동차에 관해서는 매우 많이 알고 있다. 또 우리가
  전문가가 아니라면, 더 낮은 층위 범주들에 관해서는 상위층위 범주
  와 마찬가지로 훨씬 더 적게 알고 있다.

이런 특성들로 미루어 볼 때, 기본층위는 상위층위나 하위층위에 비해서
우월성을 갖는다. 즉, 기본층위 범주들은 초등학생들이 더 일찍 명명하고 이
해하며, 어휘 목록에 더 일찍 들어오고, 가장 짧은 일차 어휘소를 가지며,
그들에 의해 더 빨리 식별된다. 또한 기본층위는 중립적 문맥, 즉 어느 층위
가 가장 적절한지에 관해 분명한 표시가 없는 문맥에서 사용되는 경향이 있
다. 인지과학의 인간 마음에 관한 총체적 이론의 관점에서 볼 때, 이와 같은
기본층위 범주들은 개념들의 특성이며 드라마적 인지과정에서 무시할 수 없
는 것이다.

한편 개념형성에 추론구조로 작용하는 공간 개념들을 살펴보면, 공간관계
개념들은 우리의 개념체계의 핵심에 있다는 것을 알 수 있다. 우리는 멀고
가까움을 보지 않는다. 우리는 대상을 있는 그대로 보며, 어떤 지표로부터의
멀고 가까움을 그 대상에 부여한다. in front of (~의 앞에)와 in back of

(~의 뒤에)의 관계는 복합적인 방식으로 공간상에 부과된다. 어떤 교회 앞으로 갈 때, 우리는 자신이 교회 뒤에 있음을 알게 된다. 혹은 개념 accross(~를 가로질러)의 경우 우리가 둥근 연못을 가로질러 노를 저어간다고 가정해 볼 때, accross로 간주되는 것은 가로지를 수역의 모양과 가로지를 각도에 따라 다양하며, 또한 그것은 정도의 문제이다. 공간관계 개념들은 단순하거나 명확하지 않고 언어에 따라 많은 차이가 있다.

우리는 공간관계 개념들을 무의식적으로 사용하며, 우리의 지각체계와 개념체계를 통해 그 개념들을 부과한다. 우리는 단지 자동적·무의식적으로 한 개체가 다른 개체 안에, 위에 또는 맞은편에 있다고 '지각한다'. 그러나 그런 지각은 우리 쪽에서의 방대한 크기의 자동적·무의식적인 정신활동에 의존한다. 예컨대, 나비 한 마리가 정원 안에 있는 것으로 보기 위해서 우리는 한 장면 위에 상당한 크기의 영상적 구조를 투사해야 한다. 우리는 정원의 경계를 공중으로 확장하며 내부를 가진 3차원의 그릇으로 개념화할 수 있다. 즉, 이런 공간적 관계를 우리는 그릇 도식으로 인식한다. 또한 우리는 배경(ground)(또는 지표:landmark)역할을 하는 그 개념적 그릇과 관련해서 형태(figure)(또는 탄도체:trajector)로서 그 나비의 위치를 찾아야 한다. 이와 같이 운동에 관한 우리의 가장 근본적인 지식은 근원-경로-목표 도식으로 인식한다. 비록 세속적이지만 그런 복합적인 상상적 지각행동을 우리는 깨어나 살아가는 순간순간마다 수행한다.

이와 같이 개념화 내지 관념화의 과정에는 다양한 현상 세계의 특수한 모습들에 내재하는 속성을 모방(mimesis)을 통해 기호화한다. 기본층위 범주의 형성은 게슈탈트 지각에 의해 범주 구성원들이 유사하게 지각되는 전체적 형태들을 모방하여 그 심상을 기호화한 것이며, 그릇 도식이나 근원-경로-목표도식에 의한 개념 구성은 공간 구조를 모방한 것이라 할 수 있다.

인지과학 원리의 개념형성에서 다시 교육연극 활동인 드라마적 인지에 의한 개념형성으로 다시 환언하여 말하면 드라마에서의 기호화는 등장인물에 대한 연행자들의 의식 속에 반영된 이미지들이다. 연행자들은 이런 이미지를 쫓아 행위를 하게 된다. 이때의 행위는 단순한 동작의 연속이 아니라 의미 있는 기호로서의 행위가 된다. 이와 같이 의미 있는 기호로서의 행위가 표상 되기까지 드라마의 연행자들은 많은 사고를 하게 된다. 이때의 사고 행위는 관찰, 분류, 구분, 비교, 대조, 추론, 비판 등으로 복합적이고 유기적이다. 예를 들어 연행자는 등장인물을 모방하면서 연행을 하는데 등장인물의 분석에 서 위와 같은 사고의 과정을 거치게 된다. 등장인물의 성격분석에 있어 성격은 한 인물과 다른 인물을 구별하는 수단이고 연행자의 행위는 그런 구별을 통해 전형적 성격을 반영한다. 이때 반영된 전형적 성격은 하나의 인물 기호 이며 개념인 것이다. 우리가 (Hamlet)을 통해 보는 것은 (Hamlet)이란 개인을 보는 것이 아니라 우리의 의식 속에 내재된 인간의 보편적 속성을 보는 것이다.(황정현 외, 2004:18) 이처럼 인지과학에서 말하는 의미구성이나 교육 연극의 드라마적 인지과정을 통해 구성되는 의미는 모두 감각 인식에서 얻은 정보를 주관적 경험에 사상함으로 얻게 되는 개념32)들이며, 이는 모방 (mimesis)을 매개로 한 사실 인식이라고 볼 수 있는 것이다.

셋째, 관계 인식은 논리적인 체계의 인식이다. 복잡한 사상의 관계를 체계 적으로 인식한다는 것은 지식 형성에 중요한 역할을 한다. 개별 대상을 통합 하고 그 통합관계를 통해 대상의 본질을 이해할 수 있기 때문이다.(황정현 외, 2004:18)

---

32) 주관적 경험과 판단은 감각운동 경험과 짝짓게 되는데 이것이 존슨(C. Johnson)의 융합이론(theory of conflation)이며, 이는 일차적 은유에 의한 개념화과정을 의미한다. Johnson, C. 1997, Metaphor vs. Conflation in the Acquisition of Polysemy: The Case of SEE. In M. K. Hiraga, C. Sinha, and S. Wilcox, eds., *Cultural, Typological and psychological Issues in Cognitive Linguistics*, Current Issues in Linguistic Theory 152. Amsterdam: John Benjamins. G. 레이코프, M. 존슨, 앞의 책, 임지룡 외 옮김, 2005, pp. 85-90. 참조.

이를 인지과학의 원리로 말하면, '복잡한 사상의 관계를 체계적으로 인식'한다고 할 때 복잡한 사상은 복합적 은유의 형성에 의해 구성되는 사상이다. 복합은유는 일차적 은유들이 결합하여 형성된다. 일차적 은유가 원자적 개념의 의미라면 복합적 은유는 그런 원자적 개념의 은유가 결합하여 분자적 구조의 복잡한 사상을 갖게 되는 은유라 할 수 있다. 그런데 각각의 일차적 은유는 하나의 최소구조를 가지며, 융합에 의해 일상 경험을 통해 자연적으로, 자동적으로, 그리고 무의식적으로 발생한다고 보고 있는데, 이것이 그래디의 일차적 은유 이론(theory of primary metaphor)(Grady, J. 1997)이다. 이러한 일차적 은유의 결합이 복합적 은유인데, 복합적인 은유는 개념적 혼성에 의해 형성된다. 그리고 보편적인 초기 경험들은 보편적인 융합을 일으키는데, 이 융합은 보편적으로(또는 광범위하게) 관습적인 개념적 은유로 발전한다. 또한 복합적인 은유를 형성하는 개념적 혼성(conceptual blending)(Fauconnier, G. and M. Turner, 1996)은 포코니어와 터너의 이론으로 별개의 개념 영역들이 동시에 활성화되고, 어떤 조건들에서는 영역들간의 연결체가 형성될 수 있다고 보고 있는데, 이것들이 새로운 추론을 이끌어 낸다는 이론이다.

이렇게 관계인식은 주관적 경험과 판단이 감각운동 경험과 짝짓게 되는 존슨(C. Johnson, 1997)의 융합이론(theory of conflation)과 융합에 의한 일차적 은유의 형성 그리고 그러한 일차적 은유들의 결합에 의해 복합적 은유가 발생하는데, 그 과정에서의 개념적 혼성(conceptual blending)이 새로운 추론을 이끌어내는 과정이라고 보고 있다. 또 이렇게 생성된 복합적 은유는 복잡한 사상의 관계를 체계적으로 인식한 구성물이라 할 수 있는데, 그 인식과정에서 학습자는 여러 가지의 가설을 사용하였다고 볼 수 있다. 왜냐하면 은유는 그 자체가 비유되는 두 대상간의 유사성이라든가 이질성과 같은 가설이 전제되기 때문이다. 그런 의미에서 관계인식은 문제해결의 인식과정이며 가설에 의한 허구를 매개로 한다.

우리는 가설을 추상적이고 과학적인 사고를 할 때에만 사용하는 것이 아니라 일상적인 삶 속에서도 사용한다. 실제로 우리가 사는 세상의 대부분의 움직임들은 암묵적이고 무의식적인 가설을 기반으로 하고 있다.(황정현 외, 2004:18)

논리적 과정이 가설을 증명해 나가는 과정이라면, 드라마 역시 앞에서 언급하였듯이 '마치 ~인 것처럼'이나 '만약 ~이라면'으로 시작되는 논리적 가정을 전제로 하고 있다. 그러나 시간과 의사소통이라는 두 가지 중요한 변수가 있다. 생활경험의 논리와 극적 경험의 논리 사이의 주요한 차이는 '지금 여기'에 대한 연행자들의 태도에 따라 달라진다. 일상의 생활에서 '지금 여기'에 집중하고 있지만 과거와 미래 두 가지를 고려한다. 극적 사건 속에서 연행자는 항상 의식하고 있어야 하고, 행위를 하기 위해서 노력해야 하는 것이다. 비록 '지금 여기'안에서 행위를 하고 있을지라도, 연행자는 '지금'을 예상하여 무엇이 일어날지 알고 있어야 한다. 즉 우리들은 영원히 현실 속에서 살고 있지만 그것은 과거와 미래의 일들과 관련되어 있는 것이다.(황정현, 2004:19)

이런 의미에서 실제적인 것과 허구적인 세계 사이의 비교는 단지 유사하거나 비유적인 것 이상이다. 드라마의 허구는 실제(actuality)세계와 상동관계(homology)를 지닌다. 상동관계(homology)는 실재(reality)에 반영된 실제(actuality) 세계의 등가물이며 두 세계의 생각이나 의미요소들의 구조적 대응이다. 이러한 상동관계(homology) 때문에 극적 세계와 실제 세계는 서로 평행하면서 같은 인지적 의미를 만들어 낸다. 이러한 드라마와 실제 세계의 관계인식은 가설 혹은 가정을 통하여 실재(reality) 세계의 본질을 인식하게 된다.(황정현 외, 2004:19)

이러한 드라마적 인지과정이 문학교육과 관련하여 특히 중요한 점은 앞에서 먼저 언급하였듯이, 드라마의 상상적-재현적 표현으로 다음과 같은 두 가지 형태의 전환을 이룬다는 점이다. 그 첫째가 실제(actuality)에서 가정으로의 전환이며, 둘째가 기존 지식에서 새로운 지식에로의 전환이라는 점이다. 문학텍스트는 창조적 산물이며 허구를 전제로 한다. 그렇지만 또 그 허구는 학습독자의 실제적 삶과 현실적으로 관련된다. 학습독자는 문학텍스트를 통해서 자신의 삶을 반추해보고 그 의미를 찾으며 감동을 받기 때문이다. 그런가하면 이러한 감동은 학습독자의 가치관을 변화시키기도 한다. 즉 문학교육은 그 특성상 학습독자의 허구세계와 현실세계를 넘나들며 학습독자를 변화시키는 것이다. 그런 의미에서 문학텍스트의 허구세계를 이해하는 지름길은 학습독자로 하여금 허구세계인 가상세계 속으로 진입하여 체험하도록 하는 일인 것이다. 또 그 체험은 몸과 분리된 이원론적 이성론으론 불가능하다. 그렇기 때문에 신체화된 마음이 전제되며, 신체적 감성의 추론과정을 거쳐 추상적으로 개념화되는 인지과학의 원리를 바탕으로 한 일원론적 이성론이 합당한 논리를 갖고 있다.

넷째, 본질인식의 과정이다. 이과정은 앞의 관계인식을 포함하는 드라마적 인지과정으로 학습독자가 내면의 변화를 가져오는 과정이다. 학습독자는 문학 텍스트의 개별 대상을 통합하고 그 통합관계를 통해 자신의 삶에 새로운 의미와 질서를 부여하며 궁극적으로는 대상의 본질을 이해하게 되는 것이다. 따라서 교육연극의 드라마적 인지과정은 바로 이러한 인지과학의 구성주의 원리체계가 바탕이 되고 있으며, 학습독자는 이러한 드라마적 인지과정을 통해 기존 지식을 새로운 지식으로 전환하며 '이해의 성장'(growth of understanding)을 가져오게 되는 것이다.

3) 교육연극의 소통론적 문학교육

지금까지 인지과학의 신체화된 인지이론이 학습자가 문학 텍스트를 통해 의미를 구성해 나갈 때 신체적 활동과 감각운동체계를 어떻게 활성화하고, 교육연극의 주된 활동 원리인 드라마적 인지과정에 어떻게 적용되며, 문학교육의 학습이론으로 연계될 수 있는지 고찰하였다. 여기서는 지금까지 고찰해본 신체화된 인지이론과 드라마적 인지과정에 대한 이론을 바탕으로 하여 교육연극을 기반으로 한 소통론적 문학 교육의 의미를 살펴보고자 한다.

교육연극은 발화된 텍스트에 대한 수행(performance)이다. 텍스트에 대한 수행은 먼저 학습독자의 인지심리 공간에서 이루어진다. 인지심리 공간에서 구성된 텍스트에 대한 수행이 수업의 장에서 연행되면, 학습독자들은 텍스트에 대한 인지적 수행을 공유하여 기대지평을 상승시킬 뿐만 아니라 시너지 효과를 발생시켜 수업의 역동성을 기할 수 있다.(한귀은, 2001:4)

교육연극은 창의적 가정(creative if, magic if, what if)[33]을 본질로 한다. 창의적 가정은, '나는 ~이다, 나는 ~한 상황 속에 놓여 있다'라는 가정 속에서 학습독자가 그 자신을 텍스트 속의 발화자나 인물로 동일시(identification)[34]하는 것이다. 이러한 동일시는 허구로의 진입이며 학습독자는 창의적 가정에 적응하기 위해 텍스트 속의 발화자나 인물에 대해 관찰, 분류, 구분, 비교, 대조, 추론, 비판 등과 같은 복합적이고 유기적인 사고 상황에 직면하게 된다. 이는 학습독자가 해결해야 할 문제 상황이며, 학습독자는 문제를 해결하기 위해 텍스트의 상황을 인식 공간 속에 주입하여 현실 세계를 삭제하고 그 위에 새로운 세계를 구축하게 되는 것이다. 이렇게 새로운 세계를 구축하

---

33) 이 방법은 스타니슬랍스키는 몰입에 의한 창의적 가정 혹은 마술적 가정(magic if)라고 칭한바 있다. Strasverg, Lee, 하태진 옮김, 연기방법을 찾아서, 현대미학사, 1993, p.83.
34) 동일시(identification)는 타자가 지닌 측면을 자신의 모델로 취하는 과정을 가리킨다. 이 용어의 일차적 용법은 '무엇과 동일시하기'이지만 '인식하기'라는 보다 통상적인 의미를 포함하기도 한다. 동일시의 과정에서는 무엇인지 알지 못한 채로 찾고 있었던 것을 인식했다거나 발견했다거나 하는 느낌이 들기 때문이다. 한귀은 (2001),앞의책. p.4.

는 과정에서 학습독자는 새로운 의미와 질서를 부여하고 텍스트의 관련 상황을 그대로 살(living)게 되는데, 이 과정이 바로 관계인식이 이루어지는 드라마적 인지과정이라 할 수 있다. 인지과학적으로 보면 학습독자는 이 과정에서 개념적 혼성(conceptual blending)에 의해 새로운 추론을 이끌어내며 복합적 은유를 생성한다. 또 이렇게 생성된 복합적 은유는 복잡한 사상의 관계를 체계적으로 인식한 구성물이 된다. 학습독자는 이 구성물에 의해 내면의 변화[35]를 가져오는 것이다. 이와 같이 학습독자는 텍스트 속 발화자와 동일시를 하며 이를 통해 자신이 아닌 타자의 내면을 경험하게 된다.

한편, 여기서 학습독자가 문제를 해결하기 위하여 현실 세계를 삭제하고 그 위에 새로운 세계를 구축하는 과정이 드라마적 인지과정에서 관계인식의 과정에 해당된다면, 새로운 세계를 구축하기 직전 즉, 허구로 진입한 직후에 일어나는 텍스트 속의 발화자나 인물에 대한 관찰, 분류, 구분, 비교, 대조, 추론, 비판 등과 같은 복합적이고 유기적인 사고과정은 사실인식의 과정이다. 그것은 텍스트 속의 발화자나 인물이 허구적 인물로 창조되기 위해 학습독자가 실제(actuality)인물에 대한 탐색을 하기 때문인데, 그 탐색이 이루어진 후 학습독자는 자신이 경험한 특수한 실제(actuality)인물을 모방(mimesis)함으로써 연행이라는 드라마적 행위기호로 그 실제(actuality)인물을 객관화한다. 그리고 그 객관화한 모방된 인물은 텍스트 속의 발화자나 인물을 재해석하는 메타텍스트(metatext)가 되는 것이다.

이렇게 메타텍스트를 생산하는 사실인식은 개인의 특수한 경험을 모방(mimesis)을 통해 언어나 기호로 객관화하는 드라마적 인지과정이다. 인지과학적으로는 앞서 언급했듯이 기본층위 범주(basic-level categories)가 형성되

---

35) 여기서 내면의 변화는 동일시의 결과, 학습자 자신이 동일시한 본보기에 따라 이루어지는 변화이다.
   Freud, Sigmunt, *The Interpretation of Dream*, Trans, and ed, James Strachey, Landon: Hogarth Press, 1953, 꿈의 해석, 상·하, 프로이트 전집 5·6, 김인순, 열린책들, 1997, pp. 15~21. 참조.

고 개념화에 대한 인지적 기제가 작동하며 일차적 은유가 형성되는 과정이라 할 수 있는데, 학습독자는 이 과정에서 자신의 주관적 경험에 공간 관계 개념이나 근육운동 개념과 같은 감각영역의 추론구조를 사상하여 실제(actuality)인물을 탐색하며 객관화하고 이를 통해 텍스트 속의 발화자나 인물이 되어 연행을 한다.

그런데 여기서 학습독자가 실제인물을 탐색하기 위해 벌이는 관찰, 분류, 구분, 비교, 대조, 추론, 비판 등과 같은 복합적이고 유기적인 사고과정의 전제는 감각 즉 오감이다. 학습독자는 일차적으로 감각기관을 통하여 세계와 소통을 하며, 그렇게 하여 얻은 감각정보는 대상을 범주화하고 개념화 한다. 그리고 그 범주와 개념들은 텍스트 속의 발화자나 인물의 탐색과정에서 관찰, 분류, 구분, 비교, 대조, 추론, 비판 등과 같은 복합적이고 유기적인 사고과정을 가능하게 한다.

이렇게 드라마적 인지과정은 실제(actuality)에서 가정으로의 전환이 이루어지는데, 학습독자는 텍스트의 상황을 인식 공간 속에 주입하여 현실 세계를 삭제하고 그 위에 새로운 세계를 구축함으로써 텍스트를 체화(incorporation)하는 것이다. 이러한 체화 속에서 학습독자들은 자연스럽게 텍스트의 약호화 방식을 터득하게 되기 때문에 학습은 더욱 활성화될 수 있는 것이다.

그러나 창의적 가정이라는 것은 하나의 통일된 정체성36)을 전제로 한 개념

---

36) 정체성(identity)이란 용어는 개성(personality) 혹은 주관, 주체성, 자아라는 말로 대치되어 사용될 수 있다. 한 개인을 다른 개인들에게서 구별짓는 내적 특질의 혼합이하는 이 용어는 18세기말에 문학을 문인의 사상과 감정의 표현으로 보게 된 이래 문학의 가장 중요한 요소 가운데 하나로 등장하게 되었다. 정체성이라는 개념은 주제(subject)라는 개념과도 혼용될 수 있다. 둘 다 유동적인 상태라는 자질을 공유한다. 특히 라캉 (Lacan)은 주체는 언어에 의해 언어 속에서 구성된다고 하였는데 이것도 역시 정체성이나 주체가 고정되지 않고 지속적으로 구성중이라는 운동성의 개념을 내포한 것이라고 볼 수 있다. 이러한 주체나 정체성의 유동성은 탈구심의 주체(decentered subject)나 탈중심화(decentering)라는 개념을 탄생시킨다.
   교육연극의 과정에서 학습자들은 허구적인 자아와 자신을 동일시하면서 자기자신에 대한 해석도 함께 하게 된다. 자기자신에 대한 해석은 자아서사라고 할 수 있다. 이렇

이 아니다. 창의적 가정은 운동성을 내포한 개념이다. 창의적 가정은 특수한 단일을 대상으로 가정하는 것이 아니라 대상을 바꾸어가며(전치), 혹은 둘 이상의 대상에 대하여 동시에(병치) 가정이 이루어진다. 여기서 중요한 것은 학습독자가 허구의 정체감을 갖는다는 것이며, 허구의 정체감을 조성하는 동일시의 대상으로서의 타자는 다수일 수 있다.(한귀은, 2001:5)

한편 학습독자가 타자인 텍스트 내 발화자나 인물과 동일시를 할 때, 동시에 학습독자 자신의 실제 정체성이 완전히 지워지지는 않는데, 이것이 바로 자아이중화(self duplication)[37]라고 할 수 있다. 창의적 가정은 학습독자가 한 타자에 대해서만 지속적으로 동일시를 하는 것이 아니라 여러 타자들과 역동적으로 동일시를 수행하면서 학습독자 자신의 실제적 정체감도 완전히 소멸되지는 않는다. 학습독자는 타자에서 타자로 자리바꿈하면서 다양한 정체성을 경험하게 되는 것이다.(한귀은, 2001:6)

그런데 여기서 생각할 것은 교육연극 활동의 약호들은 연행이라는 드라마적 행위기호인 메타텍스트인 반면에 그 원본 텍스트인 문학텍스트의 약호들은 문자언어라는 점이다. 즉 문학의 일차 텍스트는 문자언어로 된 텍스트이기 때문에 그 약호화 방식이 다른데 이를 어떻게 체계화하여 교육연극의 약호들과 연계시키는가의 문제가 남는다. 이 문제의 해결을 위해선 기호학을 도입할 수 있다. 기호학은 문학텍스트의 약호들을 체계화함으로써 그것이 교육연극으로 실현되는 통로를 제시할 수 있다. 왜냐하면 기호학은 텍스트의 공통적 약호들을 상정하기 때문에 텍스트의 경계를 무화시키고 기호화 가능

듯 허구적인 자아와의 동일시와 자아서사와의 대화관계는 학습자가 자신에 대한 긍정적인 정체성을 형성하게 만든다.

Childers, Joesph, Gary Hentzi, The Columbia Dictionary of Modern Literary & Cultural Criticism, 황종연 옮김,『현대 문학 · 문화 비평 용어사전』, 문학동네, 1999, p.233.
Giddens, A, 권기돈 옮김,『현대성과 자아정체성』, 새물결, 1997, p. 145.

37) 자아의 이중화란 한 주체 내에서 이루어지는 자아의 분리이다. 한 주체 내에서 이루어지는 의식의 분리현상인데 이러한 이중화는 동일한 순간에 나란히 이루어진다. De Man, P., Blindness and Insight, Univ. of Minnesota Press, 1983. p.226.

한 모든 약호들을 상호적으로 읽음으로써 문학텍스트 해독 능력을 신장시킬 수 있기 때문이다.(한귀은, 2001:6)

이를 위해 기호-소통론적 입장에서 접근해 보면 교육의 의사소통적 특성과 문학 행위의 의사소통적 특성을 생각해 볼 수 있다. 먼저 교육을 의사소통의 한 양식으로 보면, 거기에는 교사와 학습자를 양극으로 하는 소통의 장(communicative field)이 존재하게 된다. 교사는 교육과정의 의도 및 교재의 내용을 기호화하고 학습자는 그것을 해독하며, 그 관계는 다음과 같이 모형화 된다.(P. J. Hills, 장상호 역, 1987:16-21)

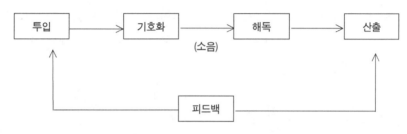

〈 표:Ⅲ-2-3)-① 〉 교육적 의사소통의 기본 구조

여기서 투입(input)은 문학 공동체가 다음 세대에 전달하고자 하는 문학행위에 관한 지식·능력·가치 및 표준이 된다. 표면상으로는 교사가 그 투입을 제공하며 관리하지만, 그 이면에는 당대의 문학 공동체의 합의, 적어도 교육적 합의가 개재해 있다. 기호화(encoding)는 교사가 문학행위와 관련된 사실·진술·관념·태도 등을 학생들이 동화하고 배울 수 있는 형태로 바꾸어 놓을 때 일어난다. 그것은 원하는 투입을 학생에게 가시화하는 과정이며, 교사는 그 기호화가 학생이 용이하게 수신하고 이해해독할 수 있도록 이루어졌는지 점검할 책임을 진다. 소통 채널은 청각적 채널과 시각적 채널로 구성되며, 소음(noise)은 그러한 채널의 투명성을 왜곡하는 제반 요인들을 의미한다. 교육적 의사소통에서 가장 큰 소음원이 교사 자신이라는 점은 문학교육에

대한 교사의 철학적·방법적 인식이 교육의 질에 큰 영향을 준다는 것을 암시한다. 해독은 기호화의 역작업으로서 그 결과가 산출(output)로 나타나는데, 산출은 항상 투입을 설계한 사람에 의도된 대로 이루어지는 것은 아니다. 수신된 것은 문학에 대한 학생의 사전 지식을 포함하여 수많은 요인에 영향을 받으며, 수업기술(teaching-learning techniques) 또한 산출에 영향을 미친다. 그리고 피드백은 일종의 자기 규제적인 체계(self-regulating system)로서 학생이 메시지를 어떻게 수신하였는지 교사에게 알리는 과정이다. 피드백이 원활하게 이루어짐으로써 교사는 학생의 반응에 따라 투입을 조정하고 체계안의 소음이나 해독상의 오류를 줄일 수 있다.

문학 텍스트 소통의 구조 역시 의사소통의 기본 모형에서 유추할 수 있다. 문학 텍스트 소통은 〈발신 …… (채널) …… 수신〉의 과정에 문학 고유의 소통주체와 소통 대상, 그리고 맥락이 개입하는 형태를 띠며, 그들은 각 층위에서 중층적으로 결합한다. 그 관계는 다음과 같이 모형화 된다.(권오현, 1992:28-32)

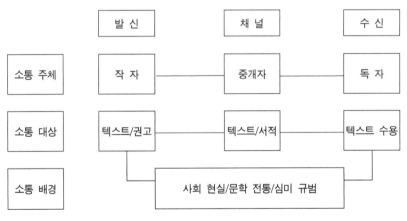

〈 표:Ⅲ-2-3)-② 〉 문학 텍스트 소통의 일반 모형

여기서 문제가 되는 것은 독자의 소통 상대가 자주 전위(轉位)한다는 것이다. 독자는 경우에 따라 작자와 소통을 하기도하고, 경우에 따라서는 텍스트, 혹은 자기 자신과 소통을 하기도 한다. 그 중에 먼저 이루어지는 것은 텍스트와의 소통이고, 그 다음에 작자와의 소통이 이루어지며, 마지막으로 독자 자신과의 소통이 이루어진다. 셋 중에 가장 미약한 것은 작자와의 소통이다. 텍스트는 작자의 의도된 반영, 혹은 담론 생산의 흔적일 뿐 작자 자신이 아니기 때문이다. 소통의 심층 구조에서 작자는 텍스트 뒤에 숨어 있고, 독자는 최종적으로 텍스트를 통해 자기 자신과 소통한다. 물론 두 번째의 독자는 텍스트의 프리즘을 통해 본 독자이며, 텍스트 의미와 상호작용을 이루는 독자이다.

따라서 문학 텍스트의 소통 구조는 표층과 심층이 다르다고 할 수 있다. 표층적으로는 작자와 독자가 의사소통을 하고 텍스트가 그것을 매개하는 형태로 나타나지만, 심층적으로는 독자가 재귀화를 통해 독자 자신과 의사소통을 하는 것이다. 독자의 세계 인식 능력은 텍스트 정보의 일방적 수신이 아니라 그러한 재귀적 의사소통을 통해 확충되게 된다. 이 둘은 다음과 같이 비교된다.

〈문학 텍스트 소통의 표층구조〉　　　〈문학 텍스트 소통의 심층구조〉

 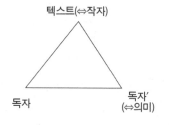

〈 표:Ⅲ-2-3)-③〉 문학 텍스트 소통의 표층구조와 심층구조(김창원, 1995:27)

이상에서 살펴보았듯이 기호-소통론적 입장에서 보면 교육의 의사소통적 특성은 투입에서 산출에 이르는 과정에서 기호화와 해독의 과정을 거친다. 기호화가 학생들이 동화하고 배울 수 있는 형태로 바꾸어서 투입을 학생들에게 가시화하는 과정이라면 해독은 가시화된 투입물을 학생들이 수신하고 수용하는 과정이다. 즉 기호화는 메타텍스트의 산출과정이며 해독은 메타텍스트를 통한 학습자의 인지적 구성물을 생성하는 과정인 것이다.

그런데 교육연극을 기반으로 한 문학교육은 기호화(encoding)과정이 교사의 일방적 제시에 의한 기호화가 아니다. 그것은 감각인식과 사실인식이란 드라마적 인지과정을 통해 실제(actuality)를 모방(mimesis)함으로써 학생들이 자발적으로 참여하는 놀이적 의미의 기호화이고, 이를 통해 학생들은 문학 텍스트를 연행이라는 메타텍스트(metatext)로 재약호화 한다. 재약호화는 창조적 허구세계로 학생들로 하여금 문제에 직면하여 창의적 가정(creative if, magic if, what if)하에서 동일시(identification)나 자아이중화(self duplication)를 겪게 한다. 또 이를 통해 학생들은 관계인식이란 드라마적 인지에 의해 새로운 의미와 질서를 세계에 부여하며 문학텍스트의 약호들을 해독(decoding)하게 되는 것이다. 궁극적으로 학생들은 문학텍스트를 통해 실재(reality)세계를 이해하게 되며 삶의 본질을 깨닫게 되는 것이다.

이는 문학 텍스트 소통구조에서 보듯이 학습독자는 문학 고유의 소통주체와 소통 대상, 그리고 맥락의 개입 속에서 작자나 텍스트와 소통하지만, 궁극적으로는 학습독자가 텍스트의 프리즘을 통해 본 독자 자신과 소통하는 것이며, 심층적으로 재귀적(再歸的) 의사소통을 통해 세계인식 능력을 확충해 가는 것이라고 할 수 있다. 이를 도식화하면 다음과 같다.

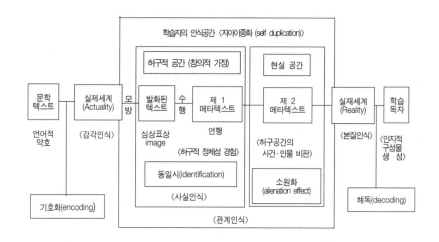

〈 표:III-2-3)-④〉 교육연극을 기반으로 한 문학교육의 소통 모형38)

위의 교육연극을 기반으로 한 문학교육의 소통 모형을 통해 좀 더 살펴보면 언어적 약호로 되어있는 문학 텍스트는 감각인식을 통해 실제세계를 모방하여 허구적 세계로 재창조된다. 이때 학습자는 텍스트내 발화자로 창의적 가정을 하며, 텍스트 내의 발화자와 동일시함으로써 학습독자는 허구적 정체 감을 갖게 된다. 앞에서 언급했듯이 여기서 학습독자는 복합적이고 유기적인 사고 상황에 직면하게 되는데 그것은 동일시(identification)와 소원화 (alienation effect)라는 두 가지 측면에서 이루어진다. 이것이 자아이중화(self duplication)인데 비고츠키는 이를 '이중정의(二重情意: dual affect)'라고 불렀다.(정성희, 2006:190; O'Toole J, 1992:81) 이중정의는 드라마 상황에서 현실 세계와 허구 세계의 간격에 의해 야기된 긴장을 통합하여, 그 간격에 대한 인식을 형성하려는 인간의 본성을 일컫는다. 그 예를 들면 학습독자는 가상

---

38) 이는 문학 텍스트에서 허구적 자아로의 동일시와 허구적 자아에 대한 소원화가 대화적 관계 속에서 텍스트에 대한 표상을 구성하게 해 준다는 볼톤의 이론과 황정현의 드라마적 인지과정을 문학텍스트 소통구조에 따라 도식화 하였다.
Bolton, Gavin. 1985, *Changes in thinking about drama in education, Theory Into Practice*, 24(3), Summer.

의 역할 속 환자로서 슬픔과 고통 속에서 울고 있지만, 다른 이면에서는 현실의 배우로서 마음껏 그 역할에 빠져있다는 것이다.(정성희, 2006:190; O'Toole J, 1992:160) 교육연극은 학습독자로 하여금 참여자와 관찰자의 이중적 입장에서 균형감을 잃지 않고, 인지적 자각과 감성적 공감 모두에서 변화를 경험하게 하는 것이다.

여기서 현실 세계와 허구 세계간의 상호작용을 'Metaxis'라고 하는데 'Metaxis'의 핵심적 요소는 현실적 맥락과 허구적 맥락 내에서의 위치와 역할을 동시적으로 다루는 것이라고 할 수 있다.(정성희, 2006:192; O'Toole J, 1992c:180-182) 'Meta'는 그리스어로서 '~을 넘어서(beyond)'를 의미한다. 즉 한 영역에서 다른 영역으로의 전이를 의미하는데(정성희, 2006:192; St Clair, J. P. 1991), 그것은 허구세계의 경험을 그 이면의 현실 세계로 전환하는 것을 말한다. 이 전환의 과정에서 이중정의를 가지고 반성적 사고를 도출하게 되는 것이다. 교육연극은 이러한 기본원리 속에서 학습이 발생되는 것이고, 이러한 학습은 교육연극을 기반으로 한 문학교육의 입장에서 생각해 보면 문학지식의 인지적·정의적 영역에서 자기화가 일어나는 것이라고 볼 수 있으며, 학습독자는 이를 통해 문학텍스트를 해독(decoding)하고 문학지식의 인지적 구성물을 생성함으로써 문학능력을 신장시킨다고 볼 수 있는 것이다.

즉 교육연극을 기반으로 한 문학교육이란 일련의 소통과정을 다시 설명하면, 학습독자는 문학 텍스트의 수용시 감각인식을 통해 실제세계를 모방하여 언어적 약호로 되어 있는 문학 텍스트를 학습독자의 인식공간으로 먼저 수용하게 된다. 이 인식공간 속에서 '제1메타텍스트'와 '제2메타텍스트'를 생산하는데 이곳에서는 '이중정의(二重情意: dual affect)'의 원리가 적용되며, 학습독자는 참여자와 관찰자의 이중적 입장 즉, 자아이중화(self duplication)의 상황에서 균형감을 잃지 않고, 인지적 자각과 감성적 공감 모두에서 변화를 경험한다. 제1메타텍스트는 학습독자가 창의적 가정 하에서 타자인 텍스트

내 발화자나 인물과 동일시함으로 발화된 텍스트의 심상표상을 연행하고 허구적 정체성을 경험하게 되는 텍스트이다. 이 허구적 정체성의 경험은 허구적 공간에서 이루어지는데 문학텍스트 속의 발화자나 인물을 허구적 인물로 창조하기 위해 학습독자는 실제(actuality)인물에 대한 탐색을 하며, 그 탐색이 이루어진 후 학습독자는 자신이 경험한 특수한 실제(actuality)인물을 모방(mimesis)함으로써 연행이라는 드라마적 행위기호로 그 실제(actuality)인물을 객관화한다. 그런데 그 객관화된 실제인물은 학습독자가 텍스트 속의 발화자나 인물을 주관화한 인물이기도하다. 이렇게 모방을 매개로 학습독자는 허구적 정체성을 경험하게 되는데 이 과정이 바로 사실인식이란 드라마적 인지과정인 것이다.

한편 학습독자가 허구적 자아로 동일시되는 것이 텍스트 해독 과정에서 지속적으로 유지되지는 않는다. 학습독자는 문학 텍스트가 자신의 기대지평39)에 어긋나는 경우, 텍스트 내 발화자와 동일시되기 보다는 그에 대해 거리를 두게 된다. 이것이 바로 소원화(alienation effect)인데 학습독자는 허구적 공간에서 현실공간으로 빠져나와 허구공간의 사건과 인물을 비판하게

---

39) '수용되어지는 것은 무엇이든지 수용자의 상태에 따라 받아들여진다.'는 해석학적 원칙은 야우스가 생각하는 문학 텍스트의 이해 과정을 설명하는 핵심이 되는 말이다. 야우스는 이 말을 근거로 '기대지평'이란 용어를 쓰기 시작하였다. 가다머는 "특수한 편리한 지점에서 보이는 모든 것을 포함하는 시각의 영역"을 가리키기 위해서 지평선이라는 용어를 사용했으며 사회 분석학자 칼 만하임이나 과학 철학자 칼 포퍼도 야우스보다 훨씬 이전에 이 용어를 사용했다.

야우스는 이 개념을 빌어서 수용자가 가지고 있는 바람, 선입견, 이해 등 작품에 관계된 모든 것을 설명하는 용어로 사용하였다. 즉 기대지평은 수용자가 지닌 작품에 대한 이해의 범주를 가리키며, 이 속에는 작품 수용시 수용자의 이해를 구성하는 모든 요소 - 본능적 요소, 선험적 요소, 경험적 요소, 교육에 의해 습득된 요소, 의식·무의식적 요소 등 - 가 복합적으로 포함되어 있다. 그러므로 문학 작품이 수용자에게 받아들여지기 위해서는 그 작품을 수용하기 위한 기대지평이 형성되어 있어야 하며, 수용자의 이해의 과정을 해명하기 위해서는 이해하는 주체의 바탕을 이루는 의식을 해명할 수 있어야 한다. 권혁준, 1997, 문학비평이론의 시교육적 적용에 관한 연구(신비평과 독자반응이론을 중심으로), 한국교원대학교 박사학위 논문, p.126.

되는데 이렇게 하여 생산된 것이 제2메타텍스트이다. 여기서 학습독자는 허구를 매개로 허구공간의 사건과 인물의 비판을 통해 복잡한 사상의 관계를 체계적으로 인식하게 되는데 이 과정이 바로 관계인식이란 드라마적 인지과정이다. 이 과정을 인지과학적으로 보면 학습독자는 개념적 혼성(conceptual blending)[40]에 의해 새로운 추론을 이끌어내며 복합적 은유를 생성한다. 또 이렇게 생성된 복합적 은유는 복잡한 사상의 관계를 체계적으로 인식한 구성물이 된다. 학습독자는 이 구성물에 의해 내면의 변화를 가져오는 것이다.

또 이 과정에서 학습독자는 개별 대상을 통합하고 그 통합관계를 통해 새로운 의미와 질서를 부여하며 궁극적으로는 대상의 본질을 이해하게 되는데 그것이 또한 본질인식이란 드라마적 인지과정인 것이다. 이상에서 살펴본 바와 같이 문학텍스트가 감각인식에서부터 본질인식에 이르기까지 학습독자에게 인식되는 드라마적 인지과정을 도식화하면 다음과 같다.

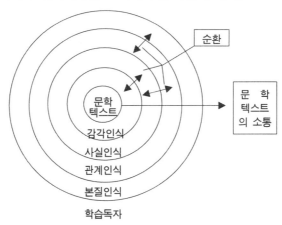

〈 표:Ⅲ-2-3)-⑤ 〉 드라마적 인지과정의 함의적·순환적 관계

---

40) 복합적인 은유를 형성하는 개념적 혼성(conceptual blending)은 포코니어와 터너의 이론으로 별개의 개념 영역들이 동시에 활성화되고, 어떤 조건들에서는 영역들 간의 연결체가 형성될 수 있다고 보고 있는데, 이것들이 새로운 추론을 이끌어 낸다는 이론이다. G. 레이코프·M. 존슨 지음, 몸의 철학 (신체화된 마음의 서구 사상에 대한 도전), 임지룡 외 옮김, 도서출판 박이정, p.87.

이렇게 교육연극을 기반으로 한 문학교육은 감각인식에서부터 본질인식에 이르는 드라마적 인지과정을 통해 문학텍스트의 소통이 이루어지는 실천이론으로서의 문학교육이론이라 할 수 있는데, 그 인지과정들은 순차적으로 일어나는 것이 아니며, 감각인식에서부터 본질인식에 이르기까지 끊임없이 확대 재생산되는 순환적인 과정이고, 본질인식은 관계인식을, 관계인식은 사실인식을, 사실인식은 감각인식을 함의하는 함의적 관계를 취하고 있는 과정이라 할 수 있다. 이는 감각인식 없이 사실인식이 불가능하며 사실인식 없이 관계인식이 불가능하고 관계인식 없이 본질인식이 불가능함을 말해주는 것이기도 하다.

3. 교육연극을 기반으로 한 문학교육의 요소

앞 장에서는 교육연극이 소통론적 입장에서 문학교육 이론으로 어떻게 적용되고 있는가를 고찰하였다. 본장에서는 이를 바탕으로 교육연극을 기반으로 한 문학교육의 주요 요소로 교사, 학습자, 교수방법의 세 가지 측면에서 주요 역할과 방법에 대하여 살펴보고자 한다. 교육연극을 기반으로 한 문학교육의 교사, 학습자, 교수방법들은 교육연극학자 헤스컷의 교사론, 학생론, 교수 방법론으로부터 원용할 수 있는데 이는 정성희가『교육연극의 이해』(정성희, 2006)에서 체계성있게 제시하고 있다. 이를 중심으로 교육연극을 기반으로 한 문학교육의 요소들를 살펴보면 다음과 같다.

1) 허구적 문제상황 조성자로서의 교사

교사의 역할과 특성을 도출하는 기준은 매우 다양하다. 예를 들어 교육철학적 관점에서 교사의 특성을 도출하는 것과 교육심리학적 관점에서 교사의 특성을 도출하는 것은 그 기준이 다를 것으로 짐작할 수 있다. 그런 의미에서 교육연극이 지향하는 교사의 특성을 도출하는 기준을 교육연극의 목적에 둔다면, 교육연극은 드라마적 인지과정을 통해 기존 지식을 새로운 지식으로 전환하며 '이해의 성장'(growth of understanding)을 가져오게 하는 실생활 맥락의 전인교육에 초점을 맞추고 있는데, 이런 교육연극의 목적을 기준으로 하여 교육연극의 교사로서 필요시 되는 교사의 특성과 역량들을 살펴보면, 조건 변인으로서 학습자의 특성을 있는 그대로 수용할 수 있는 참 인격체로서의 교사와 방법 변인으로서 학습자의 내재적 능력을 최대한 발휘할 수 있게 하는 산파로서의 교사 그리고 성과 변인으로서 학습자로 하여금 반성적 사고를 할 수 있도록 유도할 수 있는 촉매자, 조력자, 봉사자로서의 역할 속 교사가 교육연극의 교사로서 갖추어야 할 특성과 역량들로 지목될 수 있다.

교육연극은 오늘날 교육의 주된 패러다임인 구성주의적 관점과 동일한 맥락 하에 있다. 그러면서도 미세한 차이가 있는데 이러한 차이점을 살펴봄으로써, 교육연극의 교사로서 갖춰야 할 특성과 역할을 더욱 분명하게 규명할 수 있는 것이다. 이를 위해 먼저 교육을 '인간행동의 계획적인 변화'로 정의했을 때, 교육방법적인 관점에서 바람직한 변화를 야기하는 기제 즉, 계획에 대한 패러다임의 변화에 대하여 살펴보면, '자극-반응'(S-R)기제, '자극-유기체-반응'(S-O-R)기제, '자극-중재자로서 교사-유기체-반응'(S-H-O-R)[41])기제로 변화되어 왔음을 알 수 있다.

'자극-반응'(S-R)기제는 행동주의 패러다임으로 바람직한 반응을 유도하기 위해 자극을 어떻게 관리하고 계획할 것인가에 초점을 두고 있다. 즉, 특정 자극을 이용하면 원하는 반응을 유도할 수 있다는 입장인데, 이는 동일한 자극에도 불구하고 기대하는 하나의 특정 반응 이외에 다양한 반응이 나타나는 경우를 설명하지 못하였다. 이 문제는 결국 유기체(즉, 학습자)의 특성에 따

---

41) S = stimulus(자극), H = human mediator(인간 중재자), O = organism(유기체, 학습자), R = response(반응)

라 자극을 변별적으로 수용한다는 인지이론의 출현을 촉발하게 하였다.

인지이론은 동일한 자극에 대해서 학습자가 지닌 과거의 경험, 가치관, 흥미, 동기 등에 따라 반응의 양태가 매우 다양할 수 있다는 '자극-유기체-반응'(S-O-R)이라는 패러다임을 상정하고 있다. 그런데 이 두 패러다임 중 행동주의는 교육의 중요한 요소인 학생의 역할을 완전히 무시하고 있으며, 인지이론은 학생의 역할만을 강조하고 또 다른 중요한 요소인 교사의 역할을 무시하고 있는 결점을 지니고 있다. 따라서 교사와 학생이라는 두 개의 중요한 요소가 모두 고려된 패러다임의 필요성이 대두되었는데, 그것이 바로 구성주의이다.

즉, 교육을 '인간행동의 계획적인 변화'로 정의했을 때 계획적인 기제에서 교사라는 요소가 주요 역할로 부각된 것은 '자극-중재자로서 교사-유기체-반응'(S-H-O-R)이라는 구성주의로부터 라고 볼 수 있는 것이다. '자극-중재자로서 교사-유기체-반응'(S-H-O-R)기제는 또 교육연극에서도 똑같이 적용되는 패러다임이다. 다만 여기서 H(human mediator, 인간 중재자)의 역할이 구성주의와 차이를 보이고 있다는 점이 다르다.

H(human mediator, 인간 중재자)의 역할에서 대표적인 구성주의 학자인 비고츠키와 교육연극 학자인 헤스컷(Heathcote, D. 1975)의 관점을 빌리면 비고츠키는 선발달자이며 중재자이고 비계자로서의 교사역할을 강조하고 있는 반면에 헤스컷은 참 인격체이며 산파이고 역할 속의 교사로서 역할을 강조하고 있다.

여기서 비고츠키의 구성주의적 관점인 선발달자. 중재자, 비계자로서의 교사와 헤스컷의 교육연극적 관점인 참 인격체, 산파, 역할 속의 교사와는 다소의 차이가 있다. 전자가 교사의 주도성에서 출발하여 학습자의 주도성으로 학습의 책임이 이양되는 형식이라면, 후자는 시종일관 학습자의 주도성이 존중되며 교사도 학습자와 동등한 입장에서 함께 참여하는 역할로서의 참여자임을 강조한다. 또한 전자는 후발달자인 학습자에게 문제해결을 위한 도움을 제공하는 것이 허용된다면, 후자는 문제해결을 위한 직접적인 도움이 전혀 필요치 않으며 다만 문제 해결에 필요한 상황에 직면할 수 있도록 역할 속에서 함께 참여하며 학습자 자신의 사상이 교수 활동의 결과물로 도출될 수 있도록 유도하는 산파의 역할이 주어질 뿐인 것이다. 이를 정리해보면 다음과 같다.

구 분 / 항 목	사회문화적 구성주의적 관점	교육연극의 신체화된 인지적 구성주의의 관점
대표적 학자	비고츠키	헤스컷
교육방법적 기제	자극-중재자로서 교사-유기체-반응 (S-H-O-R)	자극-중재자로서 교사-유기체-반응 (S-H-O-R)
교사의 역할	선발달자, 중재자, 비계자	참 인격체, 산파, 역할 속의 교사
학습의 주도성	교사 주도에서 학습자 주도로 이양	시종일관 학습자 주도성이 존중됨
문제해결을 위한 교사의 도움허용	선발달자로서 학습자에게 도움을 제공함	스스로 문제해결할 수 있는 문제 상황에 직면하도록 유도할 뿐임

〈표:Ⅲ-3-1)〉 사회문화적 구성주의와 신체화된 인지적 구성주의 관점의 교사관 비교

이에 대하여 문학교육의 측면에서 생각해 보면 문학교육의 목표를 문학 작품의 이해감상 능력으로 설정했을 때 문학 작품의 이해감상 과정 자체가 넓게 보면 문제 해결 과정이란 점이다. 즉, 문학 감상에 대한 인지적 모델을 구축하고, 이를 획득한 원리나 법칙을 조합하거나 재구성하여 새로운 상황에 적용하여 해결 능력을 발휘하는 능력인 것이다. 따라서 문학 교사는 잘 가르쳐 주는 것이 아니라 학생 스스로가 알도록 하는 것이다. 이렇게 볼 때 교육연극의 '산파'나 '역할 속의 교사'는 문학 텍스트의 학습독자로 하여금 허구적

드라마 속에서 문제 상황에 직면하도록 함으로써 학습독자 스스로가 주의집중, 학습, 기억, 사고의 방법 등을 선택하고 조절하는 수단으로 사용할 수 있게 하고, 내적 통제과정을 통하여 학습독자의 자기주도적 학습을 가능하게 함으로써, 문학 교사로서의 역할에 충실한 교사라고 할 수 있을 것이다. 그런 의미에서 교육연극의 '산파'나 '역할 속의 교사'는 문학교육의 측면에서 보면 허구적 문제상황의 조성자로서 역할을 할 수 있는 교사가 되어야 하는 것이다.

2) 허구적 문제상황 속 자각자로서의 학습자

교육을 '인간행동의 계획적인 변화'로 정의했을 때 계획적인 기제의 변화에 따라 학습자를 바라보는 관점도 변해왔다. 교육자가 교육의 궁극적인 대상인 학습자를 어떻게 인식하는가 하는 문제는 교육행위에 크게 영향을 미치게 된다. 학생을 능동적인 문제해결자로 인식하는 교사와, 학생을 수동적인 내용수용자로 보는 교사는 분명 가르치는 방법에 있어 다를 수밖에 없는 것이다. 이처럼 학습자를 바라보는 관점에 있어 변화는 바로 교육방법에서의 변화를 야기한다고 할 수 있다.

그런데 이런 학습자에 대한 생각은 교육에 있어 책임소재의 변화와도 일치한다. 이를 살펴보면 교육의 책임소재를, 학습자로 보는 관점에서 학습자와 교사의 공동책임으로 보는 관점으로, 이는 또 교사의 전적인 책임으로 보는 관점으로 전환되어 왔다. 교육의 책임소재가 학습자에게 있다는 관점은 유전 지배적인 사고에 기반을 두고 있다.(정성희, 2006:80; 강이철, 2001) 이는 학습자를 '우수한 학습자'와 '열등한 학습자'로 나누며 학습자를 변화시키는 데 교육이 기여할 수 있는 역할은 미미하다고 보는 입장이다. 이렇게 학습의 결과를 결정짓는 중요한 요인으로 교사가 통제하기 어려운 질적인 속성인 '유전'이라는 요인에서 교사가 통제할 수 있는 '시간'이라는 양적인 속성으로 교육의 주요변인을 상정하면서 학습자는 '빨리 학습하는자'와 '느리게 학습하는자'

로 규정하게 되었다. 이는 '유전'이라는 요인에 의해 교육의 책임소재가 학습자에게 있다는 교육무용론적 입장에서 교육은 통제 가능한 '시간'이란 요인에 의해서 학습자와 교사의 공동책임하에 놓여지게 된 것이다.

여기서 '빨리 학습하는자'와 '느리게 학습하는자'의 특성을 규명하기 위해 개인차 변인에 대한 연구가 이루어졌으며, 이러한 노력의 일환으로 학습자관의 이론적 기반을 제공하는 교수-학습모형이 나왔는데, 그것이 캐롤(Carroll, J. B. 1963)의 교수-학습모형이다. 이는 학습의 결과는 시간의 함수라는 전제하에, 학습과제를 완수하는 데 필요한 시간에 비해서 실제 학습에 투자한 시간의 양에 따라 학습의 성과가 결정된다는 것이다.(정성희, 2006:82; 전성연, 2001) '필요한 시간'을 결정하는 변인에는 학습자의 적성, 수업의 질, 수업 이해력이 포함되어 있다. 그리고 '투자한 시간'을 결정하는 변인에는 학습자의 기회와 학습자의 끈기가 포함되어 있다. 이를 도식화하면 다음과 같다.

$$L(\text{학습}) = f\left(\frac{\text{필요한 시간}}{\text{투자한 시간}} \right) = \left(\frac{\text{학습의 기회, 학습자의 끈기}}{\text{학습자의 적성, 수업의 질, 수업의 이해}} \right)$$

〈 표:Ⅲ-3-2)-① 〉 캐롤의 학습모형(Model of Scool Learning)

높은 학습 성과를 보장하기 위해서는 필요한 시간은 줄이고, 투자한 시간은 늘여야 한다. 따라서 필요한 시간을 줄이기 위해서는 필요한 시간을 결정하는 변인들을 잘 알아야 한다. 즉, 학습자 개인의 적성을 잘 알수록, 수업의 질이 좋을수록, 수업 이해력이 높을수록 정해진 과제를 완수하는 데 필요한 시간은 줄어들게 된다. 또한 학습의 기회가 많이 제공되고, 학습자의 끈기가 높을수록 학습에 투자된 시간은 많아지게 된다. 이 모형에 포함된 다섯 가지 변인을 분석해 보면, 학습자에게 책임소재가 있는 변인과 교사에게 책임소재가 있는 변인으로 구분할 수 있다. 즉, 적성, 끈기, 수업 이해력은 학습자 책임이고, 기회와 수업의 질은 교사 책임 변인으로 규정할 수 있다. 이는 학습결과는 교사와 학생의 공동 책임이라는 점을 강조한 것이다.(정성희, 2006:82)

이처럼 학습 결과의 책임소재가 교사와 학생의 공동책임이라는 입장에서 전적으로 교사에게 그 책임의 소재가 귀인된다는 입장으로 교사의 역할론이 대두되면서 크론바흐와 스노우(Cronbach & Snow)의 적성-처치 상호작용모형(Cronbach, L. J. & Snow, R. E. 1977)이 등장하게 되었는데, 이 모형의 요체는 학습자의 적성을 고려한 최적의 교수·학습처치를 제공함으로써 모든 학습자가 최상의 성취를 달성하게 되는 적성-처치 변인간의 관계를 규명해 준다는 것이다. 이는 학업성취도를 높이기 위해서 다양한 교수·학습활동을 활용하는 것보다 더욱 중요하게 고려해야 하는 일이 학습자의 특성 변인을 고려하는 일임을 강조하는 것이다. 학습자마다 독특한 특성이 있기 때문에 그에 적합한 교수·학습방법을 처방할 수 있는 능력이 교사에게 절대적으로 필요하다는 점을 강조하고 있다. 이 아이디어는 제 7차 교육과정에서 강조하는 학습자 각자의 개성, 흥미, 동기를 고려한 수준별 교육을 실시하라는 주장과 동일한 맥락에 있음을 알 수 있다. 이러한 학습자관의 변천과정을 표로 정리해보면 다음과 같다.

학습 결과의 책임소재	학습자 책임의 학습자관	학습자와 교사 공동책임 의 학습자관	교사책임의 학습자관
학습자 유형	우수한 학습자와 열등 한 학습자	빨리 학습하는 자와 느리게 학습하는 자	적성을 고려하면 최상 의 성취가능한 학습자
교수·학습모형	전통적 학습모형	캐롤의 교수·학습모형	크론바흐와 스노우의 적성·처치 상호작용모형
학습의 결과를 결정짓는 요인	유전	시간	적성에 다른 처치
교수·학습활동	교육무용론적 입장	다양한 교수·학습활동	수준별 교수·학습활동

〈 표:Ⅲ-3-2)-② 〉 학습자관의 변천과정

이렇게 학습자관의 변천과정이 학습 결과에 대한 책임소재를 기준으로 학생에서 교사로 이전되어 온 과정의 흐름 속에서 오늘날의 학습자관으로 귀착되는 대표적인 학습자관을 찾는다면, 그것은 비고츠키의 사회문화적 구성주의 학습자관과 헤스컷의 신체화된 인지적 구성주의 학습자관을 또한 들 수 있다. 사회문화적 구성주의학자인 비고츠키가 인식하고 있는 학습자는 '적극적 참여자로서의 학생', '상호 협력자로서의 학생', '경험의 재구성자로서의 학생'을 강조하고 있다. 이에 대해 스스로 발전할 수 있는 학습자의 가능성을 좀 더 강조하고 있는 교육연극학자, 헤스컷의 학습자는 '참 인격체로서의 학생', '도가니로서의 학생42)', '역할 속 학생'을 강조하고 있다.

---

42) '도가니'로서 학생을 보는 학습자관에서는 학습자가 교실 상황으로 들어올 때 그들이 무의식적으로 과거 경험, 선수 지식 등등을 가지고 들어온다는 사실을 적극적으로 인정하고 수용한다. 이러한 것들을 원자료(raw data)라고 할 수 있는데, 이것은 놀이터, 거리, 가정, 공동체, 환경과 관련하여 아동이 가질 수 있는 모든 종류의 경험이다.(Hesten, 1994) 이것은 의식적인 인식을 가져오지 않고, 편집되지 않고, 성인에 의해 직접적으로 통제받지 않고, 실제적인 장소와 시간에서 구체적이다. 교사는 아동이 가져오는 이러한 경험과 자료들을 수업상황에서 인정하고 고려해야 한다. 나아가서 교사는 아동으로 하여금 원자료에 기초하여 자기-생성적 놀이(self-generated play)와

여기에는 학습자에 대하여 같은 입장을 취하면서도 미세한 차이를 보이고 있음을 알 수 있는데 전자의 학생은, 근접발달 영역 내에서 사회 문화적 환경과의 끊임없는 상호작용을 위해 적극 참여하며, 선발달자의 도움을 기반으로 이론적인 이해를 조장하기 위해 교사와 협력하고, 궁극적으로는 학습자 스스로가 경험을 재구성하는 학습자인 것이다. 따라서 조력의 대상이었던 학습자가 자력 학습자로의 정체성 변화를 가져오게 된다. 즉, 교사의 도움이 필요했던 내용을 스스로 수행할 수 있게 됨으로써 지식의 완벽한 습득이 이루어지고, 문제해결 과정을 독립적으로 수행하게 됨으로써 자기주도적인 자력자가 되는 학습자이다.

반면에 후자의 학생은, 실제 맥락의 문제 상황이 제시되는 허구적 드라마 속에서 인간 존재의 질을 향상시키고 인간 정신력을 육성[43]하기 위해 드라마 상황 속에서 자신에게 주어진 역할을 수용할 수 있는 역할 속 학생을 강조하고 있다. 즉, 학생은 드라마 수업에서 현실의 문제와 부딪치고, 자신에 대한 지식과 접한다. 이처럼 드라마 상황에서 역할 놀이나 행동은 가장(pretend)이나 모방에 그치는 것이 아니고, 거기에는 실제적인 목적의식과 사상이 녹아져 있다고 할 수 있다. 그리고 이러한 상황은 학생과 교사 간의 진정한 상호작용을 통해서 획득되고 드러날 수 있다고 볼 수 있는 것이다. 다시 말해서 헤스컷이 보는 학습자는 진정한 인간 행동의 패턴을 탐구하고 발견하기 위해서 현상을 단면으로 보는 게 아니라, 인류학적 발달 차원에서 현실을 보

일(enterprise)을 자연스럽게 구성할 수 있도록 해야 한다. 또한, 이것은 끊임없이 학습자 자신의 경험에 의미를 더하여 후속 경험을 안내하는 역할을 한다. Cremin, L, A, 1962, *The transformation of the school: Progressivism in American education, 1876-1957*, New York: Alfred A, Knopf. 정성희, 2006, 『교육연극의 이해』, 도서출판 연극과 인간, p. 175.

43) 헤스컷은 드라마를 개인적, 문화적, 우주적인 인간 지식의 기초로 보았고, 당시 만연한 학문중심주의 교육관을 거부하였다. 볼튼은 헤스컷의 이러한 사상이 드라마라는 예술 형식을 지식의 '도가니'가 되게 했으며, 교과 중심에 편향된 학교 학습을 '인간 탐구'로 격상시켰다고 보았다. Bolton, G, 1999, *Acting in Classroom Dream: A Critical Analysis*, Portland, Maine: Calendar Islands Publishers. 정성희, 앞의 책, p.173. 재인용.

고, 현실의 진실과 접함으로써, 자기 자신에 대한 지식을 지적인 이해가 아니라 자신의 개인적 자각을 통하여 자기화하는 학습자인 것이다. 이를 정리해 보면 다음과 같다.

구 분 \ 항 목	사회문화적 구성주의 관점의 학습자	신체화된 인지적 구성주의 관점의 학습자
주된 학자	비고츠키	헤스컷
교육방법적 기제	자극-중재자로서 교사-유기체-반응 (S-H-O-R)	자극-중재자로서 교사-유기체-반응 (S-H-O-R)
학습자의 역할	적극적 참여자로서의 학생 상호 협력자로서의 학생 경험의 재구성자로서의 학생	참 인격체로서의 학생 도가니로서의 학생 역할 속 학생
학습의 주도성	교사 주도에서 학습자 주도로 이양	시종일관 학습자 주도성이 존중됨
지식 구성의 방법	경험에 의한 지적인 이해	역할에 의한 자각
학습자의 정체성 변화 영역	근접발달영역	허구적 드라마 상황

〈 표:Ⅲ-3-2)-③〉 사회문화적 구성주의 관점과 신체화된 인지적 구성주의 관점의 학습자관 비교

문학이 인생의 표현이라고 할 때 학습독자는 문학을 통해 인간 삶의 다양한 모습들을 이해하고 문학을 통해 인생을 배우게 된다. 그런 의미에서 실제 맥락의 문제 상황이 제시되는 허구적 드라마 속에서, 인간 존재의 질을 향상시키고 인간 정신력을 육성하기 위해 자신에게 주어진 역할을 수용해야 하는 신체화된 인지적 구성주의 관점의 학습자관은, 역할 속 학생으로서의 학습자로 문학 텍스트의 학습독자로서 적합한 학습자관이라 할 수 있다. 또한 앞장인 '교육연극의 문학교육적 수용'에서 언급하였듯이 학습독자는 문학 텍스트 소통 모형적 측면에서 살펴 볼 때 심층적으로는 재귀화를 통해 자신과 의사소통하는 것이라고 할 수 있는데, 이것은 교육연극의 학습독자가 자신의

개인적 자각을 통하여 문학 텍스트를 자기화하는 과정인 것이다. 그런 의미에서 교육연극에서 학습자는 문학교육적 측면에서 보면 허구적 문제상황에 직면하여 자각함으로써 새로운 세계와 사실을 깨닫고 문학적 의미들을 구성하는 '허구적 문제상황을 통한 자각자로서의 학습자'라 할 수 있는 것이다.

3) 교육연극 기반의 교수방법 요소

도로시 헤스컷(Dorothy Heathcote)은 드라마가 학교 교육과정의 각 영역과 통합적인 영역에서 전인교육을 가능하게 한다는 신념을 일생동안 실천에 옮기고 그 성과를 인정 받아왔다.(정성희, 2006:145; Carroll, J. 1993) 그런 의미에서 교육연극의 교수 방법인 헤스컷의 교수방법은 문학 교육의 방법으로 시사하는 바가 크다. 문학 작품은 학생들로 하여금 새로운 세계에 대한 호기심을 갖게 하며, 풍부한 상상력을 계발시켜주고, 인간의 다양하고 복잡한 내면세계를 이해하고 공감하게 할 뿐만 아니라 나아가 성숙하고 건전한 인생관을 형성시키는데 중요한 역할을 한다. 특히 초등학교 시절의 문학교육은 학생들의 행동 발달이나 그 인격 형성에 지대한 영향을 미칠 수 있다. 그래서 문학 교육의 3차 목적인 최종 목적을 인간형성(이응백 외, 1991:257)에 두는 것도 바로 이 때문인데 이는 Dorothy Heathcote의 전인교육 개념과도 같은 것이다. 따라서 여기서는 교육연극을 기반으로 한 문학교육 방법으로써 그녀의 교수 방법론을 살펴보고자 한다.

헤스컷의 교수방법론에 대해선 정성희가 그의 저서『교육연극의 이해』(정성희, 2006)에서 깊이 있게 고찰하고 있는데 이에 따라 헤스컷의 교육연극 교수 방법론을 살펴보면 다음의 세 가지로 요약된다. 첫째가 공감성찰(Empathy Reflection)의 원리이고, 둘째가 이중정의(Dual Affect)의 원리이며, 셋째가 '전문가의 외투'(Mantle of the Expert) 기법이다. 이들은 모두 교육연극의 교수방법으로써 헤스컷이 제시하고 있는 원리들이지만, 본 연구의 출발이 교육연극을 기반으로 한 문학교육의 방법으로 합당한 이론체계를 갖고 있으며 효과적인 도구적 수단이 될 수 있다는 가설의 긍정에서부터 출발한 만큼, 이 원리들은 모두 문학교육 방법으로써 원용될 수 있다는 것이 본 연구자의 생각이다. 따라서 여기서는 정성희가『교육연극의 이해』에서 고찰한 헤스컷의 교육연극 교수방법론을 우선 살펴보고 그 방법론들이 인지과학적 관점의 의미구성이나 문학교육의 측면에서 적용성이 있는가를 고찰해 보고자 한다.

헤스컷은 Kenneth Tynan의 드라마와 놀이에 대한 정의에 기초하여 자신의 교육 드라마 원리를 형성하고 있다. Tynan은 '좋은 드라마란 자신의 방식대로 삶을 영위하는 인간을 절망의 상태로, 혹은 절망의 상태에서, 혹은 절망의 상태로부터 발생하는 왜곡된 사상, 언어, 몸짓, 등으로 구성되어 있다'고 주장한다.(Hesten, S. 1994; St Clair, 1991) 여기에서는 인간의 나약함이 전제되어 있고, 그로 인해 형성되는 새로운 삶의 의미를 모색하는 것이 드라마의 목적으로 상정될 수 있다. 그리고 '놀이는 항상 설명되어야만 하고, 할 수만 있다면 여러 사람들을 절망적이지만 해결 가능한 상황으로 이끄는 연속적으로 계열화 된 사건들'이라고 했다. 헤스컷은 이 두 정의에서 근본적인 드라마의 핵심을 찾을 수 있다고 확신했으며, 이 두 정의를 통합해서 자신의 교육연극 원리를 형성하게 된다.(정성희, 2006:145; Bolton, 1999:176-177)

헤스컷의 교수방법론의 첫 번째 원리는 공감성찰(Empathy Reflection)의 원리이다. 이 원리의 핵심 개념은 '자신을 타인의 입장에 놓는 것'(putting yourself into other's shoes)이다. 자신이 타인의 입장에 서보고, 그 입장에서 생각해 보고 반성한다는 개념은 지극히 직관적이고 감성적 측면의 성격이 없지 않다. 이러한 측면에 대해서 헤스컷은 비판단적이고 비학문적이라고 비판을 받기도 하였지만, 그녀는 오늘날 현대 교육이 기계적, 물질적, 과학적 세계를 지향하는 데에 초점이 맞추어져 있기에, 보다 감성적이고 인간적인 측면에 대한 사고와 학습이 강화되어야 한다고 믿었다. 그리고 이것은 교육의 변함없는 일반목표는 지성과 감성을 통합하는 '전인교육'이어야 한다는 기본 사상에서 출발한 것으로 그녀의 일관된 사상이었다.

이렇게 그녀의 교육철학과 방법에는 항상 직관과 감성이 스며들어 있었다. 우리는 직관으로 살고, 우리가 하는 대부분의 일들은 직관에 의해 이루어지기도 한다고 믿었다. 가령, 교육에서 중요한 기제인 의사소통만 하더라도 지적인 것에서부터 감성적인 것까지 모든 영역을 포함하고 있다. 그러나 사회는 직관을 지력과 동일한 위치에 두지 않고 관심을 기울이지 않는다고 지적하였다. 즉, 인간의 우뇌와 좌뇌의 기능은 서로 다르지만, 좌뇌의 인지적 기능은 우뇌의 정의적 기능과의 협응을 통해서만이 지식의 온전한 습득과 활용이 가능하다고 보고 있으며,(정성희, 2006:185; Vappula, K. 2000) 그렇기 때문에 직관 역시 지력과 동등한 위치에서 고려되어야 한다고 보고 있는 것이다.

헤스컷의 이런 견해는 인지과학적 관점의 의미구성과 상당히 맞아 떨어진다. 이에 대해선 이미 Ⅲ장의 '인지과학적 관점의 의미구성' 부분에서 언급했듯이 '마음은 본유적으로 신체화되어 있고, 사고는 대부분 무의식적이며, 추상적 개념들은 대체로 은유적'이라는 인지과학의 주요한 발견들이 이를 말해준다. 직관은 철학에서 추리나 관찰, 이성이나 경험으로는 얻지 못하는 인식을 얻을 수 있는 힘을 뜻하는 용어이다. 여기에는 두 가지 전문용법이 있다. 하나는 임마누엘 칸트로부터 비롯된 것으로, 비록 관찰의 도움은 받지만 관찰에 근거하지 않는 모든 사실인식의 원천을 가리킨다. 다른 하나는 스피노자와 앙리 베르그송이 사용한 의미로서, 과학이나 일상적 관찰에 의해 얻어진 단편적인 '추상적' 인식과 달리 상호연관되어 있는 세계 전체에 대한 구체적 인식을 가리킨다. 이는 판단·추리·경험 따위의 간접수단에 따르지 않고 대상을 직접 파악함으로써 인식한다. 즉, 직각(直覺)을 통해 인식하는 것이다. 이런 직각을 통한 인식은 인지과학적 관점의 의미구성에서 말하듯이 본유적으로 신체화되어 있는 마음이 판단추리와 같은 처리과정의 필요성을 느끼지 않고 무의식적으로 수용한 인식이다. 다시 말해서 직관은 누가 봐도 뻔한 진리명제이므로 자명성을 그 특징으로 한다. 직관은 다른 원천에 의해 얻지 못하는 인식을 설명하기 위해 고안된 것이기 때문에 그 자체가 근원적이고 독자적인 인식 원천으로 여겨진다는 것이다. 따라서 한 진술이 다른 진술로부터 도출되거나 어떤 특정 추론이 타당하다는 것을 '본다'면 우리는 그러한 종류의 모든 추론의 타당성을 '직관적으로 귀납'할 수 있는 것이다. 이렇게 헤스컷의 공감의 원리는 인간의 감성과 직관이 근간이 되고 있으나 그 인식원리는 인지과학의 인식원리와 같은 인지적 무의식(cognitive unconscious)의 작용에 의해 이루어진다고 볼 수 있다.

이렇게 볼 때 문학교육의 측면에서, '자신이 타인의 입장에 서보고 그 입장에서 생각해 보고 반성한다'는 헤스컷의 공감성찰(Empathy Reflection)의 원리는, 지극히 직관적이고 감성적이지만, 그 직관과 감성은 인지과학의 '인지적 무의식(cognitive unconscious)'이라는 인식원리에 입각하여 학습 독자가 문학텍스트내의 허구인물이 되어 살(living)게 되므로 문학 텍스트를 자기화해 가는 과정이라고 볼 수 있는 것이다. 또 이 과정을 통하여 학습 독자는 자신의 내부에 문학지식을 구성[44]하게 되며 문학능력을 향상시키게 된다.

이런 문학교육과의 관련 속에서 공감의 원리(empathy)를 헤스컷 교육의 기본 철학을 통해 좀 더 살펴보면, 헤스컷은 드라마 작업을 타인의 입장에 서는 활동이고, 자기 자신의 정체성을 확인할 줄 아는 능력에 관한 것이라고 했다. 인간이 태어나면서 갖고 있는 재능은 우리 자신을 즉시 다른 사람의

---

44) 본 연구에서는 이와 같이 인지과학의 '인지적 무의식'이라는 인식원리에 입각하여 학습 독자가 허구인물이 되어 살(living)게 되므로 인지적 전도체인 몸을 통해 체화하고, 이를 통해 학습독자의 내부에 의미를 구성해가는 구성주의적 측면을 피아제의 인지적 구성주의나 비고츠키의 사회문화적 구성주의와 구별하여 신체화된 인지구성주의로 앞에서 지칭한바 있다.

입장에 서보게 하는 것이고, 그렇게 함으로써 그 사람과 같은 감정을 지금 당장 느낄 수 있다는 것이다. 이러한 공감의 철학을 명세화하면 그것은 바로 '역할' 개념이다. 바꿔 말하면, '역할'의 중심 개념은 타인의 입장에 서는 것이라고 할 수 있다. 참여자들은 드라마 상황의 역할을 통하여 타인의 입장에서 사고하고 행동하게 된다. 실제로 헤스컷은 역할 개념을 염두에 두고서 교육연극 기법들을 체계적으로 발전시켰다.

교육연극이라는 포괄적인 영역에서 볼 때, 역할 개념은 연극과 드라마의 특수성에 이미 내재되어 있는 부분이기도 하다. 그러나 헤스컷은 그 역할 개념을 그녀의 교수학습원리에서 보다 적극적이고 명세적으로 발전시켰다고 할 수 있다. 즉, 헤스컷은 감성적이고 직관적일 수 있는 공감의 원리를 드라마라는 기제를 통하여 객관적이고 구체적인 기법으로 체계화 시켰다. 이러한 기법들을 통하여 학생들은 보다 깊은 수준에서 삶의 근본적인 진실이나 원칙을 밝혀내게 된다. 이 진리는 결코 자신뿐만 아니라 타인이라는 집단 속에서 존재하고, 그들 가운데의 여러 단면 속에서 발견된다.

그리고 공감의 원리는 드라마를 통해서 '마치 ~인 것처럼'(as if)의 허구 세계를 창조함으로써 구체화 된다. 타인의 입장에 공감을 느끼거나 어떠한 상황에 동정심을 갖게 되는 것을 드라마 상황으로 옮겨오면, 참여자들은 마치 그러한 상황이 실제인 것처럼 수용하고 행동하게 된다. 이러한 허구적 세계에서 '마치 ~인 것처럼' 행동하는 것은 현실과 허구와의 연결선 상의 상호 작용적 체제로 볼 수 있다. 학생들은 드라마를 통해서 실제 세계와 나란히 실제적인 것으로 작업하게 하는 허구 세계를 구성한다. 참여자들은 허구적인 시간과 장소에서의 문제를 실제 삶과 동일한 조건인 '바로 지금 여기'(now and here)에서 발생하는 것으로 믿게 된다.(정성희, 2006:188; Bolton, G. 1984) 즉, 사회적 구성주의에서 중요시하고 있는 삶의 현장과 동일한 맥락에서 문제를 해결하고, 이 과정에서 여러 사람들의 관점으로 문제에 접근하고 새로운 해결책을 학습한다고 볼 수 있는 것이다.

공감의 원리에 기초하여 발달된 교수 방법론의 궁극적인 목적은 활동수단으로 어떠한 것이 사용되든지 간에 교사는 참여자들로 하여금 수업에서 가장 가치로운 성찰을 하도록 유도해야 한다는 것이다. 즉, 이러한 과정지향적 드라마 활동의 궁극적인 목적은 참여자들에게 반성적, 성찰적 사고를 유도하여 지식의 체득화와 자기화를 성취하는 것이다. 헤스컷과 그녀의 동료 볼튼은 가장 강력한 성찰은 드라마 내부에서부터 일어난다는데 동의하고 있다.(정성희, 2006:188; St. Clair, 1991) 드라마는 삶을 묘사하고 있고, 학생들은 실제 삶처럼 묘사된 허구의 드라마 세계에서 그들의 사상을 검사하고, 다시 시도하고, 검증받기 때문이다. 즉, 헤스컷의 교수-학습 방법론은 공감의 원리에 기초하여 드라마 활동을 통해 반성적 순간을 창조하는 것이라고 볼 수 있는 것이다.

헤스컷의 교수방법론의 두 번째 원리는 이중정의(Dual Affect)의 원리이다. 드라마 상황에서 현실 세계와 허구 세계의 간격에 의해 야기된 긴장을 통합하여, 그 간격에 대한 인식을 형성하려는 인간의 본성을 비고츠키는 '이중정의'(二重情意: daul affect)라고 불렀다. 다시 말해서, 아동은 드라마 활동에서 허구 세계에 대한 감정이입과 현실 세계에서의 객관적 관찰을 동시에 확보하게 되는 이중 권한을 창조하게 된다. 드라마에서 '이중정의'의 예로 비고츠키는 아동이 가상의 역할 속 환자로서 슬픔과 고통 속에서 울고 있지만, 다른 이면에서는 현실의 배우로서 마음껏 그 역할에 빠져있다는 것이다.[45] 교육 연극은 아동들로 하여금 참여자와 관찰자의 이중적 입장에서 균형감을 잃지 않고, 인지적 자각과 감성적 공감 모두에서 변화를 경험하게 하는 것이다. 이것이 바로 교육 연극의 궁극적 목적인 '이해의 성장'(정성희, 2006:190; 장

---

45) 이는 본 논문 III-1-3)의 '교육연극의 소통론적 문학교육'이란 장에서 교육연극을 기반으로 한 문학교육의 소통 모형 속에서 드라마적 인지과정으로서 사실인식과 관계인식을 설명하면서 허구상황 속에서의 자아이중화를 언급하면서 인용한바 있다.

혜전 역, 2004:149)을 달성하는 것이라 하겠다.

이러한 의미에서 교육연극은 예술 자체를 경험하는 것에 초점을 두기보다는 드라마를 통하여 현실 상황에서처럼 문제에 직면하여 그것을 해결하기 위해 결정을 내리고 결과를 검증받도록 하는 반성적 활동에 초점을 두고 있다. 이러한 수업의 궁극적 지향점에 근거하여 교수 실제에서 학생들은 드라마 상황과 역할에 몰입하면서 동시에 반성적 사고를 하는 이중적인 활동(dual activity)을 하도록 요구받는다. 그러나 실제로 교실 상황에서 학습자의 이러한 이중적인 활동이 그리 쉬운 과정은 아닐 것이다. 따라서 헤스컷은 학생들이 반성의 기회를 획득하기 위한 여러 가지 방법들을 교사들에게 제시하였다. 가령, 일시적으로 드라마의 흐름을 늦추어서 긴장의 요소를 다시 도입하며, 학생들의 경험을 보유하고, 가능하다면 드라마를 일시 정지하여 진행되고 있는 드라마의 주제를 적절하게 재조정해야 한다고 했다. 결국, 이러한 방법들은 실제적이고 제안된 행동의 숨겨진 함축성을 끄집어내어서 반성적 사고와 함께 활동에 몰입하도록 하기 위한 것이라고 하겠다.

나아가서 '이중정의'의 원리는 근본적인 놀이의 본성에서도 그 의미를 살펴볼 수 있겠다. 놀이는 타인의 강요와 힘에 의해 지배당하지 않는 자연스럽고 자발적인 행위이기에 재미(fun)가 있다.(정성희, 2006:191; Balke, E. 1997) 외부의 명령에 의한 놀이는 이미 놀이가 아니고, 그것은 단순한 의미 없는 모방이나 흉내일 뿐이다. 아이는 놀이하는 것을 즐기기 때문에 논다. 거기에 바로 그들의 자유가 있는 것이다.(Huizinga, J. 1950) 이러한 놀이의 자발성 때문에 놀이에서 아동은 적극적으로 몰입하게 되고 즐기면서 놀게 된다. 이것이 놀이의 객관적인 목적이라면, 비고츠키(Vygotsky, L. 1933)는 그 이면에 아동의 발달에 기여하는 놀이의 내재적인 목적이 반드시 있으며 그 목적을 간과해서는 안 된다고 했다. 놀이에서 아동은 의미 있는 일을 다룬다. 이는 현실에서는 행동이 의미보다 우선시되는 반면, 놀이라는 허구적 세계에서는 의미가 행동보다 우선시되기 때문이다.(정성희, 2006:191; Bolton, G. 1999:176) 즉, 드라마적 놀이(dramatic play)를 목적 없는 활동으로 인식하는 것은 잘못된 것이라고 했다.

그리고 드라마적 놀이는 공시적(synchronic) 시간을 요구한다.(Johnson, L. & O'Neill, C. 1984:130) 즉, 드라마 활동 안에서 아동은 역할 속의 정서를 표현하면서, 공시적 시간 속에서 그 감정을 분리시키는 방법을 끊임없이 모색하여야 한다. 이러한 특성을 또한 Oliver Fiala는 드라마 자체 안에는 허구 세계와 현실 세계 간에 '거리창조'(apostasiopoisis)를 통하여 정화와 성찰의 동시적 인식을 포함하고 있다고 했다.(Hesten, S. 1994) 요컨대, 헤스컷은 드라마 속의 상황을 즐기는 적극적인 놀이의 참여자이자 동시에 그 놀이의 내재적 목적을 관찰자의 입장에서 인식하는 이중 정의의 원리에서 교육 드라마의 목적을 달성하고자 하였다.(정성희, 2006:192)

헤스컷의 '이중정의'의 성찰적 원리를 연극 이론가들의 이론에서 살펴보면, 먼저 보알(Boal, A. 1985)은 『억압받은 자의 연극』(Theatre of the Oppressed)에서 적극적으로 몰입을 하면서 동시에 반성의 기회를 확보하는 현실 세계와 허구 세계 간의 상호작용을 'metaxis'라고 했다. Metaxis의 핵심적 요소는 현실적 맥락과 허구적 맥락 내에서의 위치와 역할을 동시적으로 다루는 것이라고 할 수 있다. 'Meta'는 그리스 어로서 '~을 넘어서' (beyond)를 의미한다. 즉, 한 영역에서 다른 영역으로의 전이를 의미하는데, 그것은 허구 세계의 경험을 그 이면의 현실 세계로 전환하는 것을 말한다. 이 전환의 과정에서 이중 정의를 가지고 반성적 사고를 도출하게 되는 것이다. 이러한 기본 원리 속에서 학습이 발생되는 것이고, 활동의 목적인 반성적 사고를 통한 지식의 인지적·정의적 영역에서 자기화가 일어나게 되는 것이다.[46]

---

46) 이에 대해서도 본 논문 Ⅲ-1-3)의 '교육연극의 소통론적 문학교육'이란 장에서 교육연극 활동중심 문학교육의 소통 모형 속에서 허구상황에서의 자아이중화와 관련하여 이중정의를 소통론적 문학교육 이론으로 적용하면서 언급한 바 있다. 정성희, 앞의 책, 192.

그리고 드라마의 '이중정의'의 원리는 독일의 극작가 브레히트(Bertolt Brecht)의 서사극(Epic Theatre)에서도 유사성을 찾을 수 있다.(Hesten, S. 1994) 브레히트의 연극적 사상은 다분히 막스주의자적 입장인 변증법적 유물론에 근거하고 있다. 그의 많은 작품들은 자본주의 사회의 지배적 허구 의식을 비판하면서, 관객으로 하여금 이 지배 질서의 변화가능성을 인식하도록 촉구하였다. 즉, 그는 작품을 통해서 변증법적 유물론이 지배하는 세계로 관객을 이끌어 가고자 하였다. 이때 브레히트는 관객이 아무런 비판적·반성적 사고 없이 무대에서 펼쳐지는 사건에 감정이입하는 것을 거부하였다. 관객은 무대위의 사건 이면에 내포된 사회적 모순을 발견하여 비판적으로 숙고하기를 촉구했다. 이것이 바로 서사극의 중요한 기법인 '소외효과'(Verfremdungs Effekt)이다. 연극을 통해서 관객은 현실적 문제와 사회적 문제를 접해야 하고, 그것에 대한 반성적 사고를 획득해야 한다고 보았다. 이렇게 하기 위해서는 관객이 극에 동화되는 것이 아니라 '이화'(alienation)되도록 극작가는 이끌어가야 한다고 주장했다. 이처럼 브레히트의 '소외효과'는 헤스컷의 참여자들이 극에 몰입은 하되 그 문제 상황에 대한 반성적 사고를 도출해내고자 하는 것이 최종 목표였던 것과 동일하다고 하겠다.(정성희, 2006:193)

그러나 브레히트와 헤스컷의 기법에 있어서 차이점은 분명히 있었다. 그것은 바로 관객과 배우의 문제이다. 극작가인 브레히트는 관객으로 하여금 극속으로 몰입되는 전통적인 연극적 효과를 거부하고 새로운 각도에서 조금 떨어진 객관적 차원에서 극을 보도록 했다. 이때, 브레히트에게 있어서는 관객과 배우가 분명히 존재하였다. 관객은 '다른 방 엿보기'(visiting another room)라고 불렀던 것을 행하는 것이다. 이화효과는 관객의 입장에 초점을 두면서 관객이 그 방을 들여다보면서 비판적 시각을 형성하여 사회와 현실에 대한 올바른 가치관을 형성하게 하고자 하였다.47)

---

47) 헤스컷에 있어서 '낯설게 하기'의 목적이 브레히트처럼 사회적인 비평이나 정치적인 요

이에 반해, 헤스컷의 교육 드라마에는 관객의 개념이 존재하지 않고 오직 참여자의 개념만 있다. 브레히트의 관객이 엿보는 그 방은 드라마의 참여자들에게는 그들이 직접 체험하고 경험하고 관찰하는 자신의 공간이었다. 거기에는 미래의 결과에 대한 어떠한 책무성이나 책임감의 부담 없이 실재를 실험하고 왜곡하는 자유가 부여된다. 참여자들이 얼마든지 시행착오를 할 수 있는 물리적·정신적 공간을 헤스컷은 드라마의 '비형벌 지대'(no-penalty zone)라고 불렀다. 즉, 학생들은 드라마 상황에서 자신의 행동과 결정에 힘을 행사할 수 있으며 그 결과를 체험할 수 있으나, 실제 삶에서 동일하게 그러한 결과를 체험하지는 않아도 된다. 결국, 참여자는 비형벌 지대에서 참여자로서 그 상황에 몰입하면서 동시에 관찰자로서 반성의 순간을 갖고서 비판적 사고를 도출한다는 것이다.

> 비형벌 지대에서 학생들의 두 영역들은 동일한 위치에 있다. 관찰자 영역은 우리로 하여금 뒤로 물러서서 그 순간에 우리가 경험하고 있는 것이 무엇인지를 보게 하고, 참여자 영역은 실제적인 방식에서 그 사건을 다루어야만 한다.(정성희, 2006:194; Johnson, L. & O'Neill, C. 1984:129)

헤스컷의 관심은 인간에게 있었으며, 그것은 개별적인 인간의 중요성에 있는 것이 아니라, 그 개인이 있게 된 환경과의 총체적인 관계 속에 있는 인간이었다. 즉, 헤스컷은 공동체적인 접근에 기초하여 학습자를 개인인 '나'로서가 아니라, 근본적으로 '이 문화'의 한 사람인 '우리'로서 접근하여야 한다는 것이다.(정성희, 2006:194; Bolton, G. 1999:186) 따라서 이 총체적 환경의 시발점은 그녀가 밝히고 있는 '타인'이 된다. 타인은 결코 한 개인과의 분리와 격리가 아닌 상호 얽힘의 관계 속에서 서로를 상승시킨다. 즉, 헤스컷의 핵심

소와는 관련되지 않았다. 그녀의 목적은 참여자들로 하여금 일상적인 것을 신선하고 새롭고 특별한 것으로 보도록 유도하는 것이었다.(정성희, 2006:194; Bolton, 1999:181)

철학은 '타인의 입장이 되어 본다'는 공감적 성찰의 원리에 입각해 있다. 여기서부터 그녀의 다양한 방법론이 번창하게 되고 수업에서 여러 가지 기법과 절차들이 구체화된다. 이 사상은 그녀가 직관과 감성을 지력과 동일한 선상에 놓고서 탐구하면서, 오히려 감성에 의존하여 지력을 통합하고자하는 노력으로 진화되었다고 하겠다. 이 사상이 드라마 활동으로 명세화되었을 때, 참가자들은 적극적으로 감성에 의존하여 그 상황으로 몰입하면서 동시에 지극히 냉철함으로 극 속의 문제와 해결책을 비판적으로 인식하는 이중 활동을 하도록 요구된다. 이것이 헤스컷의 교수학습방법론의 기초가 된 '공감'의 원리와 '이중정의'의 원리이다.

이상에서 살펴보았듯이 비고츠키의 이중정의(Dual Affect), Oliver Fiala의 드라마적 놀이에서 '거리창조'(apostasiopoisis), Boal A의 『억압받은 자의 연극』(Theatre of the Oppressed)에서 Metaxis, 브레히트(Bertolt Brecht)의 서사극(Epic Theatre)에서 '소외효과'(Verfremdungs Effekt)나 '다른 방 엿보기'(visiting another room)는 모두 헤스컷의 교수방법론인 이중정의(Dual Affect)와 같은 개념이다. 이는 이미 Ⅲ-1-3)의 '교육연극의 소통론적 문학교육'의 장에서 살펴보았듯이 학습 독자가 언어적 약호로 되어 있는 문학텍스트를 감각인식을 통해 허구적 세계로 재창조할 때, 텍스트 내 발화자와의 동일시(identification)로 인해 허구적 정체감을 갖게 하거나, 텍스트내 발화자와의 소원화(alienation effect)로 인해 허구공간의 사건·인물 등을 비판하게 하는 자아이중화(self duplication)의 공간에서 일어나는 이중적인 활동(dual activity)이다. 이는 모두 반성적 사고를 촉발하게 하는 역동적 공간이라고 할 수 있으며 또한 '비형벌 지대'(no-penalty zone)이기도 하다. 따라서 학습 독자는 이곳에서 어떠한 책임과 의무도 없을 뿐만 아니라 오히려 실재를 실험하고 왜곡하는 자유가 부여된다. 그러므로 이곳에서는 얼마든지 시행착오가 가능하다. 즉, 자아이중화(self duplication)의 공간을 필연적 요소로 하는,

헤스컷의 교육연극 교수방법론으로서의 이중정의(Dual Affect)는, 문학교육적인 면에서 볼 때 학습독자로 하여금 문학텍스트를 비판적으로 읽게 할 수 있는 문학교육의 방법적 원리로 적용하기에 적합한 교수 방법론이라 할 수 있을 것이다.

헤스컷의 교수방법론의 세 번째 원리는 '전문가의 외투'(Mantle of the Expert) 기법이다. 이 기법은 헤스컷의 교수학습방법론의 기초가 된 '공감'의 원리와 '이중정의'의 원리들을 토대로 탄생되었는데, 헤스컷의 방법론에 있어 거의 90%를 차지한다고 할 수 있다.(Hesten, S. 1994) 헤스컷은 타인에 대한 공감원리를 근간으로 하여 교육 현장에서 역할(role) 개념을 완벽하게 사용하였고, 그 역할 개념의 진화적 패러다임의 하나로써 '전문가의 외투'(Mantle of the Expert) 기법을 창출하게 된다. 이것은 교육 목적에 적합한 독특한 방법으로 상당한 교육적 잠재성과 함축성을 내포하고 있다.(Bolton, G. 1979:67) '전문가의 외투' 기법에서 참여자들의 활동은 대부분 일반적인 교육과정에서의 활동과 유사하다고 할 수 있다. 오히려 전체 교육과정 영역의 많은 측면들을 포함할 수 있는 총체적인 접근이라고도 하겠다.(Heathcote, D. & Bolton, G. 1995) 참여자들은 자료를 읽고, 수집하고, 선택하고, 계획하고, 점검하고, 논의하고, 평가하고, 기록하는 일련의 활동을 하게 된다. 이러한 활동 기능들은 이 기법에서 보다 구체적으로 실행되고 경험될 수 있으며, 참여자들은 상당한 양의 객관적 지식을 획득하게 된다.(정성희, 2006:195)

'전문가의 외투'에서 가장 큰 특징은 학급의 학생들이 전문가의 역할들을 수행하게 된다는 것이다. 이 기법에서 참여자들은 그 맥락 내에서 자신이 누구인가를 특별한 방식에서 인식하게 된다 즉, 참여자들은 드라마 상황에 투입되기 이전에 이미 자신이 누구라는 것을 명확하게 인식하게 된다. 가령, 처음부터 기술자, 디자이너, 고고학자, 과학자 등과 같은 전문가의 역할을 부여받게 된다. 참여자들이 전문가의 역할을 받아들이는 것은 허구 세계로 들어가는 첫 단계가 된다.(Bolton, G. 1979:69) 이 단계를 통해서 참여자들은 자신의 사고와 행동과 언어에 있어서 전문가의 권위를 갖게 되고, 보다 책임 감 있고 진지하게 자신의 역할을 수행하게 된다.(정성희, 2006:196)

참여자가 전문가의 외투를 입음으로써 자신은 그 순간으로부터 전문가로 서 모든 권한을 위임받게 되고, 이후에 일어나는 모든 사건에 대해서 책임을 지게 된다. 즉, 드라마의 참여자들은 드라마의 '비형벌 지대'에서 그 분야의 권위자로서 행동하고 전문가로서 권력을 행사하게 된다.(Bolton, G. 1984:165) 그리고 드라마 상황 내에서 그들의 행동, 판단, 의사 결정으로 인 해 발생하는 모든 결과에 대해 책임져야 한다. 이러한 관점에서 볼 때, 이 기법은 참여자의 경험학습과 권한 위임과 관계된다.(Hesten, S. 1994) 마치 우리가 처음에 외투를 입을 때는 그것을 의식하더라도, 이후에는 대부분 외 투를 입었다는 사실을 망각한 채 행동하는 것처럼, 참여자 역시 처음에 그 외투를 입는 것을 통해 전문가로서 권한을 갖게 되고 그 이후에는 자연스럽 게 전문가로서 행동을 하게 된다.(정성희, 2006:196; Bolton, G. 1979:69)

이 기법에서는 교사와 학생의 역할에 있어서 반전이 일어나게 된다. 즉, 기존의 전문적 지식을 모두 알고 있는 교사는 사라지고, 학생이 그 위치에 서게 된다. 학생이 전문가가 되고, 교사는 그러한 활동을 돕고 촉진시키는 보조적 역할을 수행하거나 전문적인 지식과 정보를 요구하게 된다. 이처럼 기존과는 다른 교사와 학생의 새로운 관계가 형성됨으로 인해, 참가자들에게 기대되는 학습 성과와 기능 역시 다르다고 할 수 있다.(정성희, 2006:196)

실제로 '전문가의 외투' 기법은 헤스컷의 작업에서 핵심이라고 할 수 있다. 이 기법은 그녀의 작업 전체에서 사회적 변화와 교육의 실제에 맞게 계속적 으로 진화와 발전을 거듭함으로써 현장의 요구와 필요를 충족시킬 수 있었다. 1970년대에 창안된 이 기법은 근본적인 구조와 틀에 있어서는 큰 변화가 없 었으나, 시대에 따라 조금씩 보완되었다. 즉, 1990년대에는 중학생과의 작업에서 '역할 회전'(rolling role)으로 재창안 되었고, 기업체와 작업을 할 때 '무한 실행자'(off-guard)의 개념으로 다시 이름 붙여졌다.(정성희, 2006:199; Hesten, S, 1994:223-226)

이러한 '전문가의 외투' 기법은 가상적이라는 상황에서 이루어지기 때문에 참여자들에게 자유로우며, 보호적 환경을 형성하게 된다. 이것은 허구적인 상황이라는 점에서 처벌적 요소가 없는 '비형벌 지대'의 안전막을 형성하는 것이고, 어떠한 비정형화된 반응일지라도 허용되는 '감시가 없는'(off guard)의 태도라고 할 수 있다. 이처럼 참여자들은 어떠한 감시도 없는 자유로운 상황에서 가상적인 전문가로서 활동을 한다.

이처럼 '전문가의 외투' 기법 안에는 드라마적 요소와 특성들이 녹아있으면서, 교육과정의 목표와 내용의 범위를 포함하고 있다. 나아가서 참여자들로 하여금 공동 작업을 통하여 지식에 대한 주인의식, 자발성, 책임감, 지적 탐구에 대한 호기심을 갖도록 한다. 이렇게 볼 때, 이 기법을 통하여 참여자들은 두 가지 측면에서 성장하게 된다. 첫째로는 책임감에 대한 경이로운 이해를 갖게 되고, 둘째로는 전문적 지식과 이제까지 연구되어온 객관적 세계에 대한 존경심을 갖게 된다. 따라서 참여자들은 '전문가의 외투'라는 드라마의 특별한 형식을 통하여 학문의 참 의미를 맛보게 된다. 그리고 자신이 얼마나 많이 알고 있는가를 깨닫게 되고, 그들이 알고 있지 못한 것을 연구하는 것이 얼마나 가치로운가를 발견하게 된다.(Bolton, G, 1979) 이러한 과정에서 참여자들은 개별학습에서 가질 수 있는 지식의 양보다 훨씬 많은 양의 지식을 습득하게 되며, 집단 내에서의 상호작용을 통한 사회성과 의사소통의 방법들을 습득하게 된다.(정성희, 2006:202)

이상에서 살펴본 전문가의 외투 기법은 문학교육적 측면에서 볼 때 상호텍스트성에 입각한 문학텍스트의 소통과정에서 학습독자가 심층적으로는 재귀화를 통해 학습독자 자신과 의사소통을 해야 하는 문학교육의 특성에 적합한 방법이라 할 수 있다. 이는 결국, 교육에 있어서 그 주된 대상은 교사도, 교과도, 교육 체제도 아닌 바로 아동 자신이 되어야 한다는 헤스컷의 아동중심, 인간중심 교육 철학이 전문지식에 입각해서 수행한 행동의 책임감을 강조하는 드라마 형식으로서 '전문가의 외투' 기법으로 발전하였듯이 문학교육에 있어서도 학습독자 자신의 문학능력은 학습독자 자신의 문학지식 구성능력에 달려 있으며 이는 학습독자 자신의 역할 개념이 강조되기 때문이다.

이 기법의 방법적인 면에서 예를 들어 보면 한 편의 시나 동화 또는 소설을 학습하였을 때 작품 연구가가 되어 주제가 유사한 작품을 모아 그 특징을 살핀다든가 이야기 속의 인물의 성격들을 몇 가지 유형으로 분류하여 살펴볼 수 있다. 또 유사한 두 작품을 선택하여 그 특징을 찾아볼 수도 있으며 어느 한 작가의 작품들을 모아 특징을 살펴 볼 수도 있는 것이다.

또한 특정 작품의 인물에 관한 가치관에 대하여 논의할 때 모의 재판형식의 교육연극으로 표상할 수도 있다. 이때 참여자들은 전문가인 변호사로서 그 인물을 변호하기 위하여 작품속 인물에 대한 행동이나 사실들 중에서 근거가 될 수 있는 증거들을 수집하고 증인들을 내세워 입증하려 할 것이다. 반면에 검사는 단죄에 필요한 증거들을 모아 제시할 수 있는 것이다. 그밖에 다른 참여자들은 역할 속 인물로서 증인이 될 수도 있다.

단지 여기서 유의해야 할 것은, 교사에 의해 참여자들에게 무엇을 하도록 요청하는 것은 아주 어렵고 꼼꼼하게 이루어져야 한다는 것이다. 즉 학습독자의 여건하에서 가능한 방법과 자료들이 충분히 안내되어야하며 제공될 수 있어야 한다. 그러한 준비된 과정을 통해서만이 참여자들은 위에서 언급된 기능들을 충족할 수 있게 되기 때문이다.

Ⅳ. 교육연극을 기반으로 한 문학교육의 원리와 방법

　문학교육의 변화 동향을 살펴보면, 문학지식을 외부로부터 전달 받는 정보 이송모형의 문학교육에서, 문학지식이 학습독자의 내부에서 의미가 구성된 다는 정보구성모형의 문학교육으로 패러다임이 변화되어 오면서 오늘날엔 구성주의 문학교육이 대세를 이루고 있다. 이는 정보구성의 주체인 학습독자 의 위치가 능동적인 위치로 상승됨에 따라 학습자 중심의 문학교육이 되어야 한다는 당위적 결론에 이르렀음을 말해주는 것이다. 이 책은 이런 문학교육 의 변화 동향을 연구사 검토를 통해 살펴보고 이를 바탕으로 하여 구성주의 적 입장을 견지하면서도 미세한 차이점들을 가지고 있는 교육연극에 대하여 철학적이고 교육학적인 함의를 고찰해 보았다. 또 교육연극의 배경이론으로 인지과학의 신체화된 인지이론과 드라마적 인지과정을 고찰해 봄으로써 문 학교육 이론으로 어떻게 적용될 수 있는가를 살펴보고 교육연극의 요소로써 교사와 학습자, 그리고 교수학습의 측면에서 그 역할과 특징들을 알아보았 다. 본 장에서는 이를 바탕으로 교육연극을 기반으로 한 문학교육의 원리와 방법들을 제시해보고자 한다.

1. 교육연극을 기반으로 한 문학교육의 원리

1) 문학교육의 특성

　특정한 관점의 교육 형태를 논하기 위해선 먼저 그 교육이 지향하는 목표 를 분명히 할 필요가 있다. 이것이 분명하지 않으면 소통상의 오해뿐 아니라 동일한 사실에 대해서도 각각 다른 평가에 이르게 될 수 있기 때문이다. 따라 서 교육연극을 기반으로 한 문학교육에 있어서도 그 관점이나 특성을 구체적으로 적립하는 일은 중요한 과제일 것이다. 그렇다면 여기서 교육연극이 지향하는 목표와 문학교육이 지향하는 목표가 무엇인지 먼저 검토해 볼 필요가 있다. 이와 관련하여 교육과 교육연극의 목표에 대해선 '교육연극의 교육학적 함의'에서 이미 언급한 바 있는데, 교육의 목표는 블룸의 목표분류학에 의하면 인지적 영역(지식, 이해력, 적용력, 분석력, 종합력, 평가력), 정의적 영역(수용, 반응, 가치화, 조직화, 인격화), 운동기능영역(근육운동, 운동기능, 자료 및 대상의 조작)의 3개영역으로 분류된다. 이는 결국 학교 교육에서 궁극적으로 달성하고자 하는 목표로서 지덕체를 겸비한 전인교육으로 귀착됨을 알 수 있다.

한편 교육연극의 목표로 '이해의 성장'(growth of understanding)을 들 수 있는데 이는 다소 추상적인 목표이다. 이를 보다 명세적인 목표로 분류해 보면 창의성과 심미적 발달, 비판적 사고 능력, 사회적 성장과 타인과의 협동능력, 의사소통 기술의 증진, 도덕적 가치와 정신적 가치의 발달, 자아인식, 문화적 배경과 타인의 가치에 대한 이해와 평가로 분류된다. 궁극적으로는 이도 또한 전인교육으로 귀착된다.

여기에 "문학작품을 통하여 문학에 대한 체계적인 지식을 갖추고 창조적인 체험을 함으로써 미적 감수성을 기르며, 인간의 삶을 총체적으로 이해하게 한다."라는 문학교육의 목표도 문학능력을 길러 인간 삶을 총체적으로 이해하게 하는 전인교육이 최종적인 도달점이 될 것이다. 그런데 여기서 문학능력의 하위영역들은 또 인지적·정의적·심체적 영역이 모두 포함된다.[48]

---

48) 문학 능력에 대해, 김대행은 그의 저서 (문학교육 원론, 2000:35)에서 문학에 대한 정보, 명제, 사실 또는 개념에 대한 지식, 사상 등의 신념적 요인, 기술, 요령, 습관 등의 행동적 요인, 가치관, 사고방식, 사회 풍조에 대한 이해인 의식 구조적 요소를 제시하고 있다. 우한용 외 (문학교육 과정론, 1997:110)에서는 문학적 소통 능력(문학 표현과 이해), 문학적 사고력(상상력 포함), 문학 지식(개념적, 절차적, 전략적), 사전 문학 경험, 문학에 관한 가치와 태도로 범주화하여 접근하고 있다. 이러한 논의들은 크게 인지적 영역, 심체적 영역, 정의적 영역으로 대별해 볼 수 있다.

이처럼 교육, 교육연극, 문학은 모두 전인교육이라는 궁극적 목표를 지향하며 그 하위 영역들은 모두 인지적, 정의적, 심체적(운동기능적) 영역으로 대별된다. 그런데 여기서 생각해 봐야 할 것은 지덕체의 형성에 대한 순위적 관계이다. 전통적으로 객관주의적인 사고체계에서의 지식(앎)이란 인간의 외부에 객관적으로 실재하는 대상을 얼마나 정확히 모사하는가 하는 것이었다. 따라서 이러한 체제 속에서의 지식에 대한 관점은 외부에 객관적으로 실재하는 실체의 구조를 얼마나 정확히 보는가가 중요하며 이에 따라 지식이 구성된다. 즉 '보는 만큼 알게 된다'고 볼 수 있다. 그러므로 전인교육의 하위 영역인 지덕체의 순위관계는 그 형성과정으로 볼 때 체(심체적), 지(인지적), 덕(정의적)의 순위관계에 놓이게 된다. 그러나 그 지식은 외부의 객관적 실체구조의 한계를 벗어나지 못한다. 그렇기 때문에 학습독자는 능동적이기 보다는 수동적이며 학습독자의 자기주도적 학습활동들은 발휘될 수 없었다.

이에 비해 구성주의에서는 지식이란 외부의 실체에 의해 결정되는 것이 아니라, 인식자의 정신활동, 즉 마음속에서 일어나는 인지과정에서 산출된 것만이 지식으로 본다. 즉, 이러한 인지과정에서의 절차에 의해 실체가 구성되기 때문에 인식자의 사전 지식과 그에 터한 해석에 의존하게 된다. 이렇듯 구성주의적 관점에서의 지식관은 한 마디로 '아는 것 만큼 보고, 보는 것 만큼 느낀다.'고 할 수 있다. 그러므로 전인교육의 하위영역인 지덕체의 순위관계는 지(인지적), 체(심체적), 덕(정의적)의 순위관계에 놓이게 된다. 또한 지식은 전적으로 인식주체의 구성여부에 달려있기 때문에 학습독자의 능동적인 역할들이 중요시 되며 자기주도적 학습활동들이 부각되었다. 또한 그 지식은 외부의 객관적 실체구조의 한계를 벗어나 학습 독자가 주관적으로 지식을 구성할 수 있게 되었다. 반면에 그 지식은 카니발적 다양성으로 인해 함께 아우를 수 있는 수렴적 기능들이 약화되었으며, 이는 무정부적 지식들의 난무와 수렴되지 않는 독선적 지식들의 충돌로 인해 카오스의 상황에 빠지는 결과를 가져오기도 하였다.

이렇게 된 데에는 '아는 것만큼 보고, 느낀다'는 구성주의의 '마음속 인지과정' 즉, 인식자의 '정신활동'에 전적으로 치우친 결과이기도 하다. 그러나 이러한 구성주의적 견해는 '아는 것을 보는 것만큼 다시 알고 느낀다'는 견해로 '보는 활동' 즉, 지덕체 중 체(심체적 활동)를 우선순위에 놓을 필요가 있다. 이것은 마음이 '본유적으로 신체화 되어 있다'는 인지과학의 과학적 발견에서부터 기인되는 것으로 신체적 인지활동을 활성화시키는 일이다. 이는 또 '마음속 인지과정' 즉, '정신활동' 못지않게 '본유적으로 신체화 되어 있는 인지과정' 즉, '신체적 인지활동'도 중요시 되어야 한다는 뜻이기도 하다. 그것은 '신체적 인지활동'이 학습독자의 지식구성에 동인적 역할을 하고 있기 때문인데, 이러한 '신체적 인지활동'을 자극해 학습독자의 잠재된 능력을 최대한 발휘할 수 있도록 하고, 이를 통해 새로운 사실들을 발견하며, 학습자의 내부에 유의미적 지식을 구성하도록 하는 것이 교육연극의 학습방법이 갖는 특성이라 할 수 있다.

즉, 교육연극을 기반으로 한 문학교육은 '마음은 본유적으로 신체화되어 있고, 사고는 대부분 무의식적이며, 추상적 개념들은 대체로 은유적'이라는 인지과학의 세 가지 발견에 충실한 구성주의적 입장을 취한다. 학습독자는 창의적 가정 하에 문학 텍스트를 감성을 통해 공간화하고 시각화하여 허구세계를 구축한다. 이때 신체적 인지활동들은 학습 독자의 주관적 경험들에 사상되어 추론화 과정을 거쳐 개념화됨으로써 학습 독자의 내부에 문학 지식을 구성한다. 따라서 신체적 인지활동의 대상인 운동감각이나 오감과 같은 감성 영역들은 근원영역이 되며 학습독자의 주관적 경험들은 목표영역이 되는데, 이러한 근원영역들은 목표영역으로 사상되며 은유화하여 추상적 개념을 형성한다. 이렇게 신체적 인지활동들은 학습독자의 지식구성에 동인적 역할을 하고 있는데, 학습독자로 하여금 이러한 점들을 최대한 발휘할 수 있도록 하는 것이 또한 교육연극을 기반으로 한 문학교육의 특성인 것이다. 그런 면에서 교육연극을 기반으로 한 문학교육은 전인교육의 하위영역인 지덕체의 순위관계에서 체(심체적), 지(인지적), 덕(정의적)의 순위관계에 놓이게 된다. 즉, 연행이라는 신체화된 마음의 인지활동을 통해 새로운 사실들을 깨닫게 되고 인지한 지식들은 학습 독자의 내면에서 가치화하는 것이다.

2) 문학교육의 원리

교육연극이 연극과 다른 점은 연기를 필요로 하는 것이 아니라 연극적 방법을 필요로 한다는 것이며, 관객을 위한 공연으로서의 연극 산출물(product)이 아니라 학습을 위한 연극의 과정(process)에 초점을 맞춘다는 것이고, 연극을 배우는 것이 아니라 연극을 통해 배운다는 것이다.

그렇다면 여기서 우리가 도출해 낼 수 있는 교육연극을 기반으로 한 문학교육의 원리란, 연극의 과정에 초점을 맞추고, 연극적 방법으로 문학의 제반 원리들을 재해석해 낼 수 있는, 메타 텍스트의 생산과 그 해석 기제들에 관한 것들이 될 것이다. 다시 말해서 이는 교육연극이 문학 텍스트를 해독하는 매체로서 활용될 수 있도록 여건을 조성하는 일이다. 그러기 위해서 교사는 학습독자로 하여금 창의적 가정을 하게하고 허구세계를 구축하며 체화할 수 있는 분위기를 조성하여야 한다. 그렇게 되면 학습독자는 그 허구세계에서 텍스트내 발화자들과 동일시하거나 소원화를 통해 제1, 제2 메타텍스트를 생산하고 이를 통해 텍스트 의미를 파악하며 자아정체성을 확립하게 된다.

교육연극을 기반으로 한 문학교육의 원리는 이러한 일련의 과정들이 원활히 이루어질 수 있도록 학습자와 교사간의 래포형성이 이루어지고 교육환경간의 상호 관계들을 적절히 조합하여 교실을 연행의 공간으로 활용하도록 하는 일들이 되어야 한다.

(1) 래포(Rapport)형성의 원리

교육연극 참여자 즉, 교사와 학생, 학생과 학생간의 래포(Rapport)형성이 기본적으로 이루어져야 한다. 그것은 교육연극의 참여자는 물론 문학작품 텍스트 속의 화자인 인물에 이르기까지 '믿음의 구축(building belief)'을 통해 참여자가 허구적 상황을 믿고 허구내 인물로 빨리 동화될 수 있어야 하기 때문이다. 또 교육연극은 언어와 비언어를 망라하는 모든 표현수단들을 활용한다. 따라서 참여하는 학생들이 경직되어 있거나 심리적으로 위축되어 있으면 창의성이 발휘되지 않으며 상상력은 위축되어 학생들이 허구세계로 진입하는데 장애를 초래하기 때문이다.

래포(Rapport)란 프랑스어로 '다리를 놓다'라는 의미다. 사람과 사람의 마음이 연결된 상태 즉, 마음이 서로 통하는 상태나 함께하는 상태를 말한다. 영어로 굳이 번역한다면 good relationship의 의미가 될 것이다. 이는 서로 믿고 존경하는 감정의 교류에서 이루어지는 조화적 인간관계이며, 상호적 책임의 관계이다. 또한 친근하고 적극적이며 협동적인 관계이다.

래포가 형성된 사람사이에서는 허용적인 분위기가 성립된다. 그렇기 때문에 학생들의 모든 사고와 상상이 수용되며 표현 행위들이 허용된다.

이를 위해서 교사는 교육연극에 참여하는 학생의 위치로 내려와 학생의 위치에서 출발하여야 한다. 이에 대하여 슬레이드는 "아동이 있는 곳에서부터 시작하라."(Begin from where the Child is)라고 했다. 이것이 의미하는 바는 드라마를 시작할 수 있는 확실한 출발점을 바로 아동 자신에게 두라는 것이다. 따라서 교사는 수업에 들어가기 전 자신의 입장에서 학생이 있기를 원하는 것을 미리 요구해서는 안 되며, 오히려 학생이 있는 그곳에서부터 드라마는 시작되어야 한다는 것이다. 나아가서 교사는 항상 실제 수업에서는 학습자들의 능력과 잠재력을 강하게 믿고, 이러한 믿음에 기초하여 학생의 작은 의견이나 반응과 감정의 변화를 놓치지 말고 수용해야 한다.(Wagner,

B. J. 1999)

몬테소리와 헤스컷은 "아동을 따르라."(follow the child)라고 했으며, 학습과 삶에 있어서 핵심이 되는 구성요소는 다름 아닌 학습자 자신인 아동이었다.(Hesten, S. 1994:114) 이처럼 래포 형성에는 무엇보다도 학생에 대한 교사의 이해가 선행되어야 하며 학생이 처한 입장과 능력을 있는 그대로 수용하여야 한다. 이를 위해서는 무엇보다도 교사와 학생이 상호 협력자라는 전제에서 교사는 학생의 사상을 적극적으로 존중하며, 그들의 의견과 관점이 마음껏 표현되고 논의되도록 격려하는 것이 중요하다. 교사는 학생의 요구와 능력에 의존해야 하고, 어떠한 형식을 선택하는가는 교사의 판단이 아니라 학생의 요구에 의해서 이루어져야 하는 학생중심 교육환경을 구성해야 한다.(Johnson, L. & O'Neill, C. 1984)

(2) 허구 공간으로서의 활용원리

래포형성의 원리가 교육연극에 참여하는 참여자로서의 교사·학생 그리고 허구 속 인물로서의 연행자와 같은 인적 구성의 원리라면 허구 공간으로서의 활용원리는 실제 공간으로서의 교실과 허구 공간으로서의 무대(배경)와 같은 물적 구성의 원리이다. 지금까지 교실은 물리적으로 한정된 곳이며 변하기 어려운 고정된 곳이었다. 그런데 무형의 교육연극은 한정되고 고정된 유형의 교실을 달리 만들어야 한다. 그것도 달리 만들되 살아있는 것으로 만들어야 한다. 왜냐하면 허구라는 삶의 공간이 현실적으로 실험화 되고 재현되는 허구 속 실제 공간이기 때문이다.

교육연극의 실체는 꿈꾸기로서의 상상하기와 실제 경험하는 행동의 결합이다. 교육연극의 활동은 실제와의 분리가 아니라 오히려 결합이며 일체와 가깝다. 다시 말해 허구로서의 놀이, 그 경험을 통한 교육연극은 인지적 과정을 지니게 되고, 이를 통해서 실제세계를 보충하고 해석하여 참가자들에게 새로운 관점을 지닐 수 있게 한다. 그 입장은 리처드 쿠르트니가 지적한 것처럼, "우리가 실제 세계와 허구의 세계를 합친다면 세계에 대한 우리의 이해는 바뀔 것이다."(Richard Courtney, 1989)라는 태도이다. 따라서 교육연극을 통해서 우리는 허구 속에서 살고 있다고 말할 수도 있고, 삶이 예술을 모방한다는 것도 인정하게 된다. 그것은 우리의 존재론적 실재가 우리 삶 안에서 극화한 것으로 볼 수 있기 때문이다.

이렇게 교육연극이 연행되는 교실은 허구 공간으로서의 의미가 크다. 동시에 현실적 삶이 존재하는 실제 공간이기도 하다. 현실적 삶이 존재하는 실제 공간으로서의 교실은 책상과 의자가 있으며 칠판이 있고 교탁이 있는 교육이 이루어지는 장소로서의 현장이다. 그러나 이곳이 허구세계로 진입하면 교탁이 건물이 되고 의자가 자동차가 되며 책상이 식탁이 될 수 있다. 즉, 교실이 허구세계로서의 공간으로 배분되고 규정되어지며 명명되어짐으로서 허구속의 삶이 존재하는 살아있는 교실이 될 수 있다. 이렇게 교육연극에서는 교실 내의 모든 도구들이 허구 공간으로서 활용될 수 있어야 한다. 그러기 위해선 학생들로 하여금 사물에 대한 공간적 탐색과 상상력을 기르는 활동들이 이루어져야 한다.

(3) 메타 텍스트의 구성원리

래포형성의 원리와 허구공간으로서의 활용원리가 문학 텍스트의 인물과 배경에 대한 원리라면 메타 텍스트의 구성원리는 사건이나 플롯에 관한 원리이다. 이 책의 '교육연극의 문학교육적 수용'이란 장에서 이미 언급하였듯이 문학 텍스트는 창의적 가정하의 허구세계에서 동일시하거나 소원화 함으로써 제1메타 텍스트와 제2메타 텍스트를 생산해 내는데, 그 과정에서 드라마적 인지활동들이 일어나며 학습 독자는 이를 통해 문학텍스트를 해독하고 실재세계를 이해하게 되며 삶의 본질을 깨닫게 된다. 따라서 여기서는 문학

교육의 지도원리가 적용되며 메타 텍스트의 생산은 이 원리들에 의해 이루어진다고 볼 수 있는 것이다.

문학 교육의 지도원리는 쾌락의 원리, 상상의 원리, 체험의 원리, 감화의 원리(황정현 외, 1998:94-95)가 있는데 이는 다음과 같다.

쾌락의 원리는 문학을 지도할 때 즐거운 마음으로 학생들이 참여할 수 있도록 하는 것이다. 이 쾌락은 문학의 본질적인 기능이므로 이와 연관시켜 문학 교육에 적용하고자 하는 원리이다.

상상의 원리는 문학의 생산(창작)과 소비(감상)가 상상을 바탕으로 한 것이므로, 문학 교육에서는 학습자의 상상을 통해 접근하여 그 결과로 학습자의 상상력을 기르고자 하는 원리이다.

체험의 원리는 문학 교육에서 작품의 여러 내용과 독자인 학습자의 생활 체험을 연관시켜 학습하는 원리이다. 여기서의 체험은 상상에 의한 간접 체험인 학습자의 문학 체험과 또 그를 통해 이루어지는 학습자의 체험 확대와도 연관이 있다.

감화의 원리는 문학 교육의 최종 목표를 바람직한 인간 형성이나 문학적 문화의 고양에 둘 때 그 감화를 통해, 학습자의 감동에 의한 정서적 변화로 그 목표를 달성하고자 하는 원리이다. 이러한 원리들을 바탕으로 교육연극을 기반으로 한 문학교육의 메타텍스트 구성원리를 알아보면 다음과 같다.

첫째, 문학 텍스트를 심미적 교감의 대상으로 보고 총체적으로 접근해야 된다. 따라서 문학 텍스트에 대한 이해를 위한 질문은 결코 부분적인 해석이나 설명을 요하는 질문이 되어선 안 되며, 이해는 다시 표현의 방법으로 표출되어야 하고, 질문은 가능한 한 표현 활동을 요구하는 질문이어야 한다. 이 구성원리는 문학 텍스트를 심미적 교감의 대상으로 본다는 점에서 감화의 원리에, 모든 표현 활동과 같은 놀이적 요소를 요구하는 점에서 쾌락의 원리에 해당된다.

둘째, 문학텍스트의 주제 파악은 작자의 의도보다 학습독자가 어떻게 받아들이는가에 초점을 맞추어야 한다. 그러기 위해서 문학교육은 학습독자가 문학텍스트의 화자가 되어 상상적 체험을 할 수 있는 교육연극적 상황으로 재현해 볼 수 있도록 되어야 한다. 이 구성원리는 상상적 체험과 교육연극 상황을 통한 재현으로 유희적 놀이를 요구한다는 점에서 상상의 원리, 체험의 원리, 쾌락의 원리에 해당된다.

셋째, 문학 텍스트의 분위기 파악은 삶의 체험적 접근을 통해 이루어져야 한다. 어떠한 정서적 감각도 체험을 통하지 않으면 체감적으로 이루어질 수 없기 때문이다. 그러나 경우에 따라서는 현실적인 체험이 불가능할 수도 있다. 그렇기 때문에 교육연극에서는 가상적 상황을 설정하도록 계획되어야 한다. 이 유의점은 삶의 체험적 접근을 요구한다는 점에서 체험의 원리에 해당된다.

넷째, 학습독자의 상상력이 발현되도록 교육연극이 계획되어야 한다. 따라서 교육연극을 기반으로 한 문학교육에서는 문학 텍스트의 감상이 표정이나 움직임(movement) 또는 타블로 만들기, 이야기 꾸미기, 즉흥극 놀이(improvisation), 역할놀이 등의 표현적 방법으로 보여지되 다양한 상상적 과정을 거치도록 해야 한다. 이 구성원리는 상상력과 움직임, 즉흥극, 역할놀이 등의 놀이를 요구하는 상상의 원리, 쾌락의 원리에 해당된다.

다섯째, 교육연극을 기반으로 한 문학교육에서는 반드시 참여자간의 의미협상 과정을 통해 개별적 체험의 공유가 이루어지도록 계획되어야 한다. 이것은 자신의 활동에 대하여 서로 질문하고 대답하는 과정이며, 학습독자는 이 과정을 통하여 문학 텍스트에 대한 자신의 느낌과 생각에 개연성을 부여한다. 이 구성원리는 의미협상 과정과 문학 텍스트에 대한 느낌과 생각을 통해 개연성을 확보한다는 점에서 감화의 원리에 해당된다.

2. 교육연극을 기반으로 한 문학교육의 방법

교육연극을 기반으로 한 문학교육의 방법은 문학텍스트 재구성 방법에 따른 면과 문학 텍스트의 장르에 따른 면으로 메타 텍스트의 산출이라는 측면에서 크게 두 가지로 생각해 볼 수 있다. 문학텍스트 재구성에 따른 면이 문학텍스트를 재구성하기 위한 수단으로써 교육연극의 방법을 중심으로 나눈 것이라면 장르에 따른 방법은 교육연극 연행 과정으로써 문학 텍스트의 대상을 중심으로 나눈 것이다. 여기에 메타 텍스트의 산출 과정에서 부분적으로 활용되는 교육연극의 여러 가지 방법적 수단들을 더하여 본 장에서는 교육연극을 기반으로 한 문학교육의 방법을 세 가지 측면에서 제시해 보고자 한다.

1) 문학텍스트 재구성 방식에 따른 교육연극 방법

이는 문학 텍스트의 심적 표상과 연행의 운용방식 그리고 학습자의 참여방식을 기준으로 분류할 수 있다. 먼저 텍스트의 심적 표상 방법에 따라 언어적 연행, 비언어적 연행 그리고 이 두 표상이 모두 가능한 상호적 연행으로 나누어 볼 수 있고, 연행의 운행 방식에 따라 언어적 연행은 독백극과 대화극으로 나누어지며, 비언어적 연행은 정지극과 동작극으로 나눌 수 있고, 상호적 연행은 선조적인 계열적 연행과 동시적인 통합적 연행으로 나눌 수 있다. 또 학습독자의 참여 방식에 따라 독백극은 일인 독백극과 연결 독백극으로 나눌 수 있으며, 대화극은 연행자 대 연행자 대화극, 연행자 대 관객 대화극으로 나눌 수 있고, 정지극은 일인 정지극과 조화정지극으로 나눌 수 있으며, 동작극은 일인 동작극과 조화 동작극으로 나눌 수 있다. 상호적 연행은 다수의 학습자가 여러 역할로 참여하는 것이기 때문에 참여방식에 따라 분류될 수는 없다. 이를 표로 나타내면 다음과 같다.

분류기준 / 재구성 방법	심적 표상 기준	운용 방식 기준	학습자의 참여 방식 기준
문학 텍스트 재구성 방식에 따른 교육연극 문학교육 방법	언어적 연행 방법 (verbal- performance)	독백극 (monologue)	일인 독백극
			연결 독백극
		대화극(dialogue)	연행자 대 연행자 대화극
			연행자 대 관객 대화극
	비언어적 연행 방법 (nonverbal-performance)	정지극(tableau)	일인 정지극
			조화 정지극
		동작극(mime)	일인 동작극
			조화 동작극
	상호적 연행 방법 (inter-performance)	계열적 방식	다수의 학습 독자가 여러 역할로 참여함.
		통합적 방식	

〈표:IV-2.-1)-〉 문학 텍스트 재구성 방식에 따른 교육연극 문학교육 방법[49]

(1) 언어적 연행의 교육연극

언어적 연행은 연행의 주된 수단이 언어이다. 독백극은 한 명의 학습자가 텍스트의 발화자가 되어 연행하는 것이고 여러 명의 학습자가 동시에 텍스트의 발화자가 되어 하나의 퍼소나(persona)로서 이어 말하기 방식으로 연행을 하면 연결 독백극이 된다. 초등학교에서는 학습자에게 심리적 부담이 되는 일인독백극 보다 연결독백극의 활용성이 높다. 이런 독백극의 활용 예를 들면 다음과 같다.

---

49) 이는 (한귀은, 2001)이 교육연극의 종류로 분류한 것을 문학텍스트 재구성 방식에 따른 문학교육의 방법면에서 일부를 수정하여 제시하였다.

[텍스트] 6학년 1학기 셋째마당 : 노래가 머무는 곳

[관련목표] 시의 분위기 파악, 시적 화자 인식, 시의 주제 파악

달

너도 보이지.
오리나무 잎사귀에 흩어져 앉아
바람에 몸 흔들며 춤추는 달이.

너도 들리지.
시냇물에 반짝반짝 은 부스러기
흘러가며 조잘거리는 달의 노래가

그래도 그래도
너는 모른다.
둥그런 저 달을 온통 네 품에
안겨 주고 싶어하는
나의 마음은.

[상황제시] (둥그런 달 그림을 달아놓고 맞은편에 의자를 놓는다.) 어디선
가 이 시 속의 인물 '너'도 저 달을 보고 있습니다. 내 마음 속에 있는
'너'는 누구일까요? 내 마음속에 있는 '너'에게 내가 하고 싶은 말을
전해 봅니다. 저 달이 꼭 전해줄 것입니다.

[연행] 한 모둠 : 5~6명이 한 명씩 차례로 의자에 앉는다. 달을 잠시 바라
보며 생각에 잠긴다. 이때 남은 사람들은 한 목소리로 시를 낭송한다.
낭송이 끝나면 의자에 앉은 학생은 연행을 한다. 순서를 바꾸어 가며
차례로 한 사람씩 한다.

[메타 텍스트] ① ○○아! 나 때문에 오늘 선생님께 혼났지, 미안해! ②
엄마! 나는 정말 엄마 사랑하거든, 그런데 학원 좀 줄여주면 안될까?
너무 힘들어. ③ ○○아! 잘 있니? 보고 싶다. ④ 오늘 너 때문에
고마웠어, 너 아니었으면 미술시간 아무것도 못했을 텐데… ⑤ ○○
아! 너 작년 일 기억하지, 우리 반 축구 우승했던 것, 그런데 올해는
같은 반이 아니라 맞대결하게 되었지만 잘해보자. ⑥ 아빠! 약속 잊

지 않으셨죠? 생일 때 사주신다고 한 것, 사랑해요.

위의 예에서 보듯이 시 학습독자는 창의적 상상을 통해서 시적 화자인 '나'가 되어 독백을 하게 된다. 시적 화자인 '나'는 그리움의 대상인 '너'를 상상하며 찾게 되는데, 시 학습독자인 '나'는 또 상상의 대상인 '너'를 자신의 현실 속에서 찾고 있음을 알 수 있다. 이렇게 교육연극은 학습독자가 허구와 현실을 넘나들며 문학 텍스트를 자신의 세계와 결부시키고 의미를 만들어 내고 있음을 알 수 있다.

대화극은 연행자 또는 관객으로서의 학습독자 두 명 이상이 대화를 중심으로 연행하는 것을 의미한다. 연행자 대 연행자 대화극은 둘 이상의 학습독자가 모두 텍스트 내 인물이 되어 대화를 중심으로 연행을 한다. 따라서 이 방법은 텍스트 내 인물 사이의 갈등 관계뿐 아니라 인물들의 전반적인 관계들을 형상화하는데 광범위하게 활용될 수 있다.

대화극의 과정은 먼저 배역을 설정하는 일에서부터 시작된다. 배역은 교사가 정해주기보다는 여러 경향의 학습독자들이 각각 자신의 텍스트 감상과 분석과 이해를 바탕으로 자유롭게 선택하게 하는 것이 좋다. 이는 래포(Rapport)형성의 측면에서도 그러하며 배역을 맡은 학습독자들의 심리적 부담감을 덜어주고 자신감을 갖게 하는데도 도움이 된다.

배역이 설정되면 각 학습독자는 텍스트 내 인물로서 자신을 소개한다. 연행자인 학습자로서의 소개가 아닌 텍스트 내 인물로서 자신을 소개하는 데는 두 가지 목적이 있다. 그 한 가지는 창의적 가정으로서의 허구세계로 쉽게 진입할 수 있다는 것이며 다른 한 가지는 텍스트 내 인물로서의 소개가 관련된 플롯을 토대로 행해지므로 이것 자체가 재구성된 인물 플롯이 될 수 있다는 점이다. 이렇게 인물 소개를 마치고 나면 관객으로서의 학습독자들은 연행자로서의 학습독자들을 텍스트 내 인물로 보게 되고 교실 전체의 허구적 공간화는 이루어진다고 볼 수 있다. 이렇게 연행자 대 연행자 대화극은 학습독자가 연행자와 관객으로 나누어진 상태에서 연행자로서의 학습독자만 제한적으로 교육연극 활동에 참여한다.

반면에 연행자 대 관객 대화극은 연행자로서의 학습독자와 관객으로서의 학습독자가 대화하는 방식으로 이루어지기 때문에 교육연극 활동에 참여하지 않는 학습독자는 아무도 없다. 즉, 연행하는 사람과 보는 사람이 무대와 객석으로 나뉘어 따로 존재한다고 보기 보다는 보는 사람도 관객으로서 연행하는 사람과 대화를 나누게 되기 때문에 엄밀히 말해서 보는 사람도 교육연극 활동에 참여하는 연행자가 된다. 이렇게 되면 무대와 객석의 경계는 해체되며 객석도 무대로 편입되어 교실 전체가 연행의 장소인 무대가 되는 것이다.

연행자 대 관객 대화극의 과정은 연행자 대 연행자 대화극의 과정과 똑같이 이루어진다. 다만 다르다면 무대와 객석의 경계가 없다는 점과 함께 인물소개를 마치고나서 관객으로서의 학습독자들이 인물에 대해 질문을 한다는 것이다. 이는 연행자로서의 학습독자가 허구적 자아개념으로 상상력과 에너지를 발산하게 되면 관객으로서의 학습독자는 그것의 타당성을 검증하며 텍스트 속 인물에게 질의를 하고 연행자로서의 학습독자는 그것에 대하여 창의적 가정을 바탕으로 답변하는 형식이 된다. 이런 대화극의 활용 예를 들면 다음과 같다.

[텍스트] 5학년 1학기 첫째마당 : 마음의 빛깔
[관련목표] 인물의 성격 파악, 인물의 성격과 사건과의 관계 파악

우리들의 일그러진 영웅

〈줄거리〉

　서울에서 큰 학교를 다니다 시골의 작은 학교로 전학 온 나. 새로 전학
온 학급에는 엄석대라는 반장 아이가 있었다. 이 아이는 선생님과 같은 권위
와 힘을 가지고 아이들을 다스리고 있었다. 나는 아이들이 엄석대의 말에
무조건 복종하면서 따르는 것이 이상해서 엄석대에게 저항을 했다. 그러나
엄석대에게 절대 복종하는 학급의 전체 분위기와 엄석대의 묘한 지배력 앞
에 나의 저항은 웃음거리가 되고 말았고 나도 어느새 엄석대의 말을 따르게
된다.

[상황제시] 이곳은 한병태가 전학와서 처음 친구들과 만나는 교실입니다.
　　　　지금부터 이야기속의 인물들이 되어 어떤 일들이 있었는지 직접 이야
　　　　기 속으로 들어가 보겠습니다. 이야기의 줄거리는 바뀌지 않습니다.
　　　　그러나 그 이야기 속에서 벌어진 상황들은 그 인물이 되어 그 인물로서
　　　　느끼고 생각한대로 연행을 합니다. (모둠별로 역할에 대해 협의한다.
　　　　이때 각 상황에서 맡을 인물이 어떻게 말하고 행동할지 자신이 하고
　　　　싶거나 잘 할 수 있을 것이라고 생각하는 인물의 역할을 맡는다.)
[연행] 한 모둠이 나와 이야기 속의 인물로서 자신을 소개한다. 소개가 끝
　　　　나면 관객으로서의 학습독자는 궁금한 점을 질문한다.
[메타 텍스트] ① 나는 엄석대야 ! 친구들은 내말을 잘 듣지, 난 내 말에
　　　　토를 다는 녀석을 제일 싫어하거든? 그랬다가는 그날로 끝이라고 생
　　　　각하면 돼. ② 나는 한병태야! 나는 서울에서 그래도 잘 나갔거든?
　　　　그런데 여기 오니 참 이상한 점이 있어, 여기 아이들은 왜 엄석대에게

꼼짝 못하는지 모르겠어 ③ 나는 친구 1이야, 석대는 뭐든지 다 잘해, 무슨 일이 있으면 다 해결해 주어서 좋아 ④ 나는 친구 2야, 석대는 조금 고집이 세지만 싸움을 잘해서 다른 반 아이들로부터 나를 보호해 주기도 해서 좋아 ⑤ 나는 친구 3이야 요즘 전학 온 한병태라는 녀석 좀 건방져, 감히 우리의 짱인 석대 말에 토를 달거든?

질문1 : 엄석대, 너는 친구라기보다 선생님 노릇한다고 생각하지 않니?

질문2 : 친구1에게 물을께 석대는 뭐든지 잘한다고 했는데 잘하는 게 뭐가 있어?

질문3 : 한병태에게 물을께 여기 아이들은 석대에게 꼼짝 못한다고 했는데 그건 너도 똑같지 않니?

질문4 : 친구 2에게 물을께 석대가 너를 보호해 준다고 했는데 네가 하기 싫은 일을 시키는 건 어떻게 생각하니?

질문5 : 친구 3에게 물을께 병태가 건방지다고 했는데 건방진 게 아니라 용기가 있다고 생각하지 않니?

이와 같은 활동에서 연행자로서의 인물들은 질문에 대해 이야기 속의 인물로서 자신의 말과 행동을 합리화할 수 있는 답변을 생각해보고 대답을 하도록 한다. 왜냐하면 연행자로서의 인물은 학습독자인 자신이 아니라 이야기 속의 인물이기 때문이다. 즉 교육연극은 이러한 연행을 통해서 인물의 성격에 대해서 보다 깊이 통찰을 하게 되는 것이다.

(2) 비언어적 연행의 교육연극

언어적 연행이 언어로 표상된 것을 언어로 연행하는 것이라면, 비언어적 연행은 비언어적으로 표상된 것을 학습독자가 언어가 아닌 몸으로 연행하는 것이다. 이러한 비언어적 연행에는 정지극과 동작극이 있는데, 정지극은 하나의 조각이나 그림을 암시하면서 과장된 포즈를 취한 채 움직이지 않고 고정되어 있는 한 명 또는 여러 명이 하는 학습독자의 연행적 표상이다. 여러 형상들을 한 곳에 모아놓고 서로 접근시키거나 흩어지게 하면서, 어떤 것들은 고립시키고, 또 어떤 것들은 뒤섞으면서 일련의 그림들을 만들게 한다. 이것은 환경이나 상황들을 묘사하고 풍속화의 기법을 통해 인간에 대한 이미지들을 제시하는 연행방식이다. 응고된 이미지, 부동화로 연행하는 정지극은 의식의 찰나에 내비친 장면들에 대한 묘사가 될 수 있다.

이러한 정지극은 참여하는 학습독자의 수에 따라 일인정지극과 조화정지극으로 분류된다. 일인정지극은 한 명의 학습독자가 연행하는 것이다. 학습독자는 텍스트에 대해 표상한 것을 표정으로 나타낼 수도 있고 신체로 나타낼 수도 있다. 혹은 소품을 사용하여 표현을 극대화할 수도 있다. 학습독자의 신체 자체가 하나의 도상적인 기호가 된다. 관객으로서의 학습독자들은 일인정지극을 연행하는 학습독자를 보고 또 하나의 텍스트에 대한 메타 텍스트를 생산하는 것이다. 일인정지극은 한 명의 학습독자가 텍스트에 대해 집중할 수 있다는 이점이 있다. 다른 학습독자들과 조화를 이룰 필요가 없기 때문에 그만큼 표현의 자유를 얻을 수 있는 것이다.

일인정지극을 부담스러워 하는 학습독자들에게는 여러 명의 학습독자들이 각각 일인정지극을 하게 할 수 있다. 예컨대 서정적 텍스트의 이미지를 일인정지극으로 나타낼 때 교실에 있는 모든 학습독자들에게 앉은 자세에서 혹은 선 자세에서 그 표정과 분위기를 살려 일인 정지극을 하게 하면 교실 전체는 각각의 연행자가 일인정지극을 연행하는 자유로운 장이 된다. 이러한 일인정지극의 활용 예를 들면 다음과 같다.

[텍스트] 5학년 2학기(국정교과서 읽기, 1998)
[관련목표] 시의 분위기 파악

발 가 락

내 양말에 구멍이
뽕
발가락이 쏙 나왔다.

발가락은 꼼틀꼼틀
자기들끼리 좋다고 논다.

나도 좀 보자
나도 좀 보자
서로 밀치기 한다.

안한다,
모처럼 구경할라 하니까
와 밀어 내노.
서로서로 얼굴을 내민다.

그런데 엄마가 기워서
발가락은 다시
캄캄한 세상에서
숨 못 쉬고 살게 되었다.

[상황제시] 눈을 감습니다. 지금부터 발가락의 세계로 여행을 떠납니다. 이제 여러 분은 발가락입니다. 여러 분의 바로 옆에도 발가락 친구들이 있습니다. 그런데 왜 이렇게 깜깜하죠? 아 이제 보니 양말 속에 있군요. 지금 기분이 어떤가요? 그 기분을 몸으로 표현해볼까요? 그런데 어디서 바람이 들어오네요. 아 그렇군요. 구멍이 뚫려 있군요. 저 구멍의 밖은 어떨까 궁금하군요. 발가락들이 그 구멍으로 서로 내다보려고 하는군요. 지금부터 다섯을 세면 정지하고 조용히 눈만 떠서 발가락들의 모습을 관찰해 봅니다.

[연행] 위 상황제시의 상상여행에 따라 눈을 감고 상상한다. 상상이 끝나고

천천히 다섯을 세면 발가락의 모습으로 정지동작으로 표현한다.

[메타 텍스트] 학습독자들은 정지극의 연행자로서 고개와 가슴을 움츠리거나 또는 목을 길게 빼거나 옆 사람과 바짝 붙어있거나 서로 밀거나하는 정지된 동작을 취한다. 이때 교사는 학생들의 정지된 동작을 풀 수 있도록 '땡'을 하며 가볍게 터치하고 느낌을 묻는다.

이때 연행자는 정지동작을 풀고 발가락이 되었던 느낌을 간단히 말한다.

느낌 1 : 양말 속에 갇혀서 갑갑했어요.

느낌 2 : 냄새가 나서 코를 막고 있었어요.

느낌 3 : 구멍으로 들어오는 바람이 신선했어요.

느낌 4 : 만원 버스에 탔을 때의 기분이었어요.

느낌 5 : 발을 매일 닦아 주어야겠다는 생각을 했어요.

조화정지극은 여러 명의 학습독자가 텍스트에 대해 표상한 것을 협동하여 정지된 이미지로 연행을 한다. 즉, 학습독자들은 하나의 어우러진 사진처럼 자신의 역할에 충실하여 조화된 이미지를 만들어 내는 것이다. 물론 이 과정에서는 간단한 협의과정을 거친다. 여기서 간단한 협의란 연행자의 연행 위치나 구체적인 연행 동작 등과 같은 세세한 연행계획들을 구체적으로 협의하는 것이 아니라는 것이다. 다만 협동할 사항이나 배역의 분담과 같은 역할에 대한 인식을 같이하는 정도에서 협의한다. 그리고 구체적인 이미지의 구축은 극에 참여하는 학습독자 각각의 나름에 따라 즉흥적으로 이루어진다. 또 이 과정에서 관객으로서의 학습독자들도 연행된 극에 참여하고 싶으면 곧장 연행의 공간으로 들어가 표상된 이미지를 확충시킬 수 있다. 이러한 조화정지극의 활용 예를 들면 다음과 같다.

[텍스트] 동시집, 박두순 작 "들꽃"
[관련목표] 시의 분위기 파악, 주제 파악,

들 꽃

박 두 순

1
밤하늘이
별들로 하여
잠들지 않듯이

들에는 더러
들꽃이 피어
허전하지 않네

2
너의 조용한 숨결로
들이
잔잔하다.

너의 옷깃을

들도
조용히
흔들린다.

3
꺾는 사람의 손에도
향기를 남기고
짓밟는 사람의 발끼에도
향기를 남긴다.

[상황제시] 여러 분들은 밤하늘의 별도 되고 들에 핀 들꽃이 될 수도 있습니다. 이 시 속에 등장하는 별과 들꽃은 어떤 모습을 하고 있을까요? 또 이들은 서로 어떤 이야기들을 나눌지 그 상황을 상상하며 시 속의 밤하늘과 들을 정지동작으로 표현해 봅시다.

[연행] 한 모둠 5~6명이 서로 협의한 후 각자의 역할 위치에 서 있다가 교사의 신호와 동시에 정지동작으로 연행을 한다.

[메타 텍스트] 교사는 정지극으로 표현하고 있는 연행자를 가볍게 터치하고 "땡"을 하여 연행 동작을 풀어주며 "무엇을 하고 있는 모습인가요?"와 같은 질문을 한다.

응답1 : 밤하늘의 별인데요. 들꽃의 향기에 취해 있는 모습예요.

응답2 : 들꽃이 바람에 향기를 날리고 있는 모습입니다.

응답3 : 들꽃의 옷깃이거든요. 향기가 멀리까지 날아갈 수 있도록 부채질을 하고 있는 모습입니다.

응답4 : 들꽃인데요. 사람들이 나를 꺾을까봐 걱정스런 표정을 짓고 있는 모습입니다.

응답5 : 별인데요. 자기를 꺾거나 짓밟은 사람에게도 향기를 나눠주는 들꽃을 보고 감동하고 있는 모습입니다.

이상의 정지극과 달리 동작극은 학습독자의 연속적인 동작으로 구성된다. 즉 동작극은 역동적인 움직임을 본질로 하기 때문에 정지극에 비해 다양하게 적용되며 자유로운 신체를 이용하여 텍스트의 이미지를 더욱 유연하게 표현할 수 있다. 이러한 동작극은 일인동작극과 조화동작극이 있는데 일인동작극은 한 명의 학습독자가 자신의 세계를 통하여 연행하는 것이다. 즉 일인동작극은 행위의 규제 없이 자유롭게 연행할 수 있기 때문에 다양한 연출을 시도할 수 있다. 또 텍스트에 대하여 자신이 표상한대로 자유롭게 연행하며 자신이 표상한 것에 집중할 수 있다. 여기서 좀 더 발전하면 조화동작극으로 발전시킬 수 있는데 이는 여러 명의 학습독자들이 각자의 역할에 맞게 역동적인 동작으로 펼쳐나가며 이미지를 연행하는 방법이다. 이러한 동작극은 줄거리를 가진 판토마임의 성격이 짙으며 그 활용 예를 들면 다음과 같다.

[텍스트] 5학년 1학기 셋째마당 : 1. 감동의 울림
[관련목표] 인물, 배경, 인물의 생각과 인물이 처한 환경 파악

로빈슨 크루소

요크 태생인 크루소는 아버지의 만류를 뿌리치고 모험 항해에 나서게 되
는데 바다 에서 큰 태풍으로 배가 난파되어, 홀로 무인도에 표착하게 된다.
그러나 이러한 어려움에 굴하지 않고 창의와 연구, 그리고 근면과 노력으로
착실한 무인도 생활을 설계해 나간다. 우선 배에서 식량 · 의류 · 무기, 그
리고 개 · 고양이를 운반하여 오두막집을 짓고 불을 지피며 염소를 길러
고기와 양젖을 얻고 곡식을 재배하는 한편 배를 만들어 탈출을 꾀한다. 또
무인도에 상륙한 식인종의 포로 프라이데이를 구출하여 충실한 하인으로 삼
고, 마지막에는 무인도에 도착한 영국의 반란선을 진압하여 선장을 구출,
28년 만에 고국에 돌아온다는 이야기이다.(원작 줄거리)

[상황제시] 당신은 항해 중 태풍을 만나 배는 난파되고 홀로 무인도에 표착
하였습니다. 사방을 둘러보아도 사람이라곤 흔적도 찾아 볼 수 없습
니다. 멀리 해안에서 좀 떨어진 바다 한 가운데 난파된 배가 비스듬히
누워있는 모습이 보입니다. 섬의 안쪽으로는 무성한 숲과 산이 보입
니다. 당신은 무엇인가 해야겠다는 생각을 했습니다. 무엇을 하고 있
는지 움직임 동작으로 표현해 봅시다.
[연행] 한 모둠 5~6명이 앞에 나와 각자 자기가 생각하고 있는 일들을 움
직임동작으로 표현한다.
[메타 텍스트] 연행 모둠이 움직임 동작으로 연행하는 모습을 보고 관객으
로서의 학습독자들은 무엇을 하는 모습인지 맞추도록 한다. 맞추지
못하는 연행자의 연행은 "얼음"을 하 여 연행을 멈추게 한 후 무엇을

하는 것인지 물어본다.

연행1 : 우선 이곳이 어디인지 알아보려고 높은 곳으로 올라가고 있어요.

연행2 : 배가 고파서 난파된 배에 가보려고 뗏목을 만들고 있어요.

연행3 : 숲 속에서 먹을 수 있는 것들이 없나하고 찾아보고 있어요.

연행4 : 구조받기 위해서는 지나가는 배에 알려야겠다는 생각으로 나무 꼭대기에 옷을 매달고 있어요.

연행5 : 밤이 되면 거처할 장소를 찾고 있어요.

(3) 상호적 연행의 교육연극

지금까지의 언어적 연행과 비언어적 연행들이 기본적인 교육연극의 방법들이라면, 상호적 연행의 방법들은 기본적인 교육연극 방법들을 서로 결합시켜 연행하는 방법이다. 즉 언어적 연행이나 비언어적 연행 중 한 가지를 지배소로 하고 다른 한 가지를 주변소로 하여 결합시켜 연행을 하게 되는데, 지배소와 주변소의 연행을 동시적으로 결합시키게 되면 계열적 방식의 상호적 연행이며, 지배소의 연행이 이루어진 후 주변소의 연행을 삽입시켜 연행을 하게 되면 통합적 방식의 상호적 연행이다. 이 같은 통합적 방식의 상호적 연행은, 동시에 함께 결합시켜 연행하기 때문에 결합시키는데 한계가 있는 계열적 방식의 상호적 연행보다 훨씬 다양하게 활용될 수 있다. 왜냐하면 결합의 방식이 동시적인 연행이 아니라 지배소의 연행방법 사이에 주변소인 연행방법들을 삽입하여 결합시키기 때문이다. 이는 마치 극중극과도 유사한 점이 있다. 극중극은 극 사이에 또 다른 극을 삽입시키는 방식이기 때문이다.

이러한 통합적 방식의 상호적 연행은 서사적인 텍스트를 가지고 교육연극으로 수업할 때 활용하기 좋은 방법이다. 예를 들면 먼저 연결독백극을 실시하여 문학텍스트의 탐색과정으로 워밍업을 하고 인물간의 관계를 표상하기 위하여 연행자 대 연행자 대화극을 하며 그 후에 조화동작극으로 서사 텍스트의 시공소(chronotope)[50]를 표상하여 서사텍스트 시공간의 내적 연관 즉 시공간적 배경을 탐색할 수 있다. 그리고 최종적으로는 연행자 대 관객 대화극으로 종합적인 생각과 느낌들을 공유할 수 있는 것이다. 이러한 통합적 방식의 상호적 연행 활용 예를 들면 다음과 같다.

[텍스트] 6학년 2학기 셋째마당 : 2. 향기로운 이야기
[관련목표] 인물, 배경, 이야기에 반영된 문화 알기

옥계천에서

이 이야기는 이미륵(1899~1950)이 쓴 '압록강이 흐른다'라는 작품의 한 부분이다. 황해도 해주에서 태어난 그는 3·1운동 직후에 독일로 건너간 후, 그곳에서 작가 생활을 하다가 고국에 돌아오지 못하고 생을 마쳤다.

1946년, 독일에서 출판된 이 작품은 출판 당시 제 2 차 세계대전 직후 독일어로 쓰인 가장 빼어난 문장이라는 평가를 들으며, 독일의 중학교 교과서에 실리기도 하였다. 글쓴이는 이 작품을 통하여 한국의 역사와 문화를 유럽에 소개하여 한국에 대한 세계인의 이해를 깊게 하는 데 크게 기여하였다.

'압록강은 흐른다'의 줄거리는 다음과 같다. 구한말에 태어난 주인공 '나'는 어릴 때에는 서당에서 한학을 공부하다가, 신식 학교에서 서양식의 교육을 받게 된다. 도중에 아버지를 여의고 건강도 나빠지자 학교를 그만둔 뒤, 혼자

---

50) 시공소(chronotope)란 텍스트 속에 나타나는 시공간의 내적 연관을 의미하는 용어이다. 원래 수학, 철학(특히 베르그송과 칸트의 인식론), 생리학 등에서 사용되었으나 바흐찐에 의하여 문학 연구에 도입된 이 용어는, 흔히 문학형식에 있어 구성적 범주로 사용된다. 즉 바흐찐에 의하면 시공소는 장르를 규정하는 기능을 담당하게 된다. 바흐찐은 문학의 시공소는 본질적으로 장르적인 의미를 지니고 있으며 심지어 장르와 장르의 하부를 결정하는 것은 바로 시공소라고 주장할 수도 있다고 하였다. 또 그는 시간과 공간의 결합 방식 또는 시간과 공간이 사용되는 비율에 의하여 세계관의 차이가 생겨난다고 말함으로써 시공소의 칸트적 개념 즉 시간과 공간은 인식 작용의 필요 불가결한 범주라는 것을 문학 속에 수용시킨다.
여홍상 엮음,『바흐친과 문학이론』, 문학과지성사, 1997, 제7장.

서 공부를 계속한다. 대학에 입학하여 3학년이 되던 해, 3·1 운동이 일어나자 '나'는 동료 대학생들과 더불어 항일 운동을 주도하기도 한다. 그러다가 일제의 탄압을 피하여 상해로 망명하고, 상해에서 다시 우여곡절 끝에 유럽으로 향한다. 그리고 파리에 도착하여 독일에서의 학업을 꿈꾸며 이야기가 마무리된다.

이 이야기는 옥계천에서 있었던 주인공 '나'와 아버지와의 추억을 회상하는 장면이다. '옥계천에서'는 우리나라가 일제에 의해 강점되던 해를 배경으로 한다. 125쪽에서 아버지가 "이 험한 일을 겪는 동안에도"라고 한 것은 이러한 시대적 배경을 가리키는 말이다.

주인공 '나'는 어느 무더운 여름날 아버지의 제의로 아름답고 시원한 계곡 옥계천에서 아버지와 바둑을 두고 목욕도 같이 한다. 늙으신 아버지는 차가운 옥계천물을 몸에 끼얹다 물에서 나와 모래사장에 쓰러지신다. 간신히 정신을 차린 아버지는 걱정하는 어린 아들에게 네가 고운 색시를 얻어 손자를 보게 될 때까지 오래 살 거라고 위로하며 미소까지 보이지만, 집으로 돌아오신 아버지는 다시 발작을 일으키고 그날 자정이 지나면서 한손은 어머니의 손을 다른 한 손은 어린 아들 주인공의 손을 쥐고 조용히 운명하신다.

〈연결 독백극〉

[상황제시] 이 이야기는 주인공 '나'가 어느 무더운 여름날 옥계천에서 아버지와 함께했던 하룻동안의 추억을 회상하고 있습니다. 이날 겪었던 일을 주인공이 되어 함께 쓰는 일기를 독백으로 만들어 봅시다.

[연행] 한 모둠 5~6명이 사건의 순서를 협의하고 차례로 나와 독백일기를 연행한다.

[메타 텍스트]

연행1 : 오늘은 날이 무척 더웠다. 그래서 그런지 아버지께서 시원한 옥계천에 가서 목욕이나 함께하자고 하신다. 구월이는 술과 과

일을 담은 작은 상과 돗자리를 가지고 앞서 갔고 나는 바둑판
을 들고 기꺼이 아버지를 따라나섰다.

연행2 : 계곡은 시원했다. 나는 아버지께 술을 따라드리며 만수무강하
시라고 말씀드렸다. 아버지는 웃기만 하셨다.

연행3 : 아버지께선 기분이 좋으셨는지 시조를 읊어 보았느냐고 하셨지
만 나는 못했다. 아버지께선 '부드러운 남쪽 바람'이란 시조를
읊으셨다. 시조가 아름답다고 생각했다.

연행4 : 아버지와 바둑을 둔 후 시원한 계곡물에서 목욕을 했다. 그런데
물을 끼얹던 아 버지께서 갑자기 새파랗게 질려 부들부들 떠시
며 모래사장에 쓰러지셨다. 나는 무척 걱정이 되었다.

연행5 : 아버지께선 곧 좋아지셨다. 네가 고운 색시를 얻어 손자를 볼
때까지 오래오래 살 테니 걱정하지 말라시며 웃으셨지만 여전
히 걱정되었다.

연행6 : 자정이 조금 지나 어머니께서 나를 부르셨다. 나는 나버지의
손을 쥐고 빌었지만 아버지는 조용히 운명하셨다.

〈연행자 대 연행자 대화극〉

[상황제시] 이 이야기의 아버지와 주인공 '나'가 되어 인상 깊은 장면을 만
들어 연행해 봅시다. (두 사람이 짝이 되어 먼저 장면을 선택하고 그
장면을 상상해 대화를 만듭니다.)

[연행] 모둠별로 협력하여 장면을 선택하고 연행의 범위를 정하여 대사를
만든다.

[메타 텍스트]

장면1 : 옥계천 계곡에 도착해서

아버지 : 이 험한 일을 겪는 동안에도 여기는 변치 않았구나!

(계곡을 둘러 본다.)

이 곳은 다른 세상처럼 느껴지지 않느냐 ?

아 들 : 네, 그렇습니다. (공손하게)

(아버지와 아들이 상을 마주하고 앉는다.)

아 들 : (술을 따라드리며) 만수무강하십시오.

아버지 : (조용히 미소를 지으며) 시조를 읊어 본 적이 있느냐 !

아 들 : (겸연쩍어 하며) 없습니다. 제가 감히 어떻게 할 수 있겠습니까 ?

아버지 : 한번 따라 해 보아라 ! (시조를 읊는다.)

장면2 : 아버지와 바둑 두는 장면

아버지 : 자, 이제 바둑 한 판 뒤 보자구나 !

아 들 : (말 없이 바둑판에 선점을 놓는다.)

아버지 : (어짢은 표정으로) 아직도 열 점씩이나 선점을 놓느냐 ?

아 들 : (어쩔 줄 모르며 바둑판에서 두 점을 뗀다.)

아버지 : (두 점을 더 떼어내며) 여섯 점 선점으로도 충분히 이 늙은 아버지를 이길 수 있을 것이다. (아버지와 아들이 바둑을 둔다.)

아 들 : (쩔쩔 매며) 제가 깨끗이 졌습니다.

아버지 : 그럼 여덟 점을 놓으렴 ! (바둑을 둔다.)

아 들 : (골똘히 생각하다. 어쩔 줄 모르며) 제가 또 졌습니다.

아버지 : (안됐다는 듯이 바라보며) 그 동안에 많이 잊어버렸구나, 좋든 나쁘든 두 점을 더 놓아야겠다.

아 들 : (죄송한 듯이) 저는 괜찮습니다.

아버지 : (아들이 바둑돌을 놓는 것을 보고 못마땅한 듯이) 이제

그만 두자.

장면3 : 옥계천에서 목욕하는 장면

아버지 : (아들을 자애롭게 바라보며)이젠 옷을 벗고 물에 좀 들어가거라.

（아들 옷을 벗고 물에 들어갈 준비를 한다.）

아버지 : 이젠 됐다. 이리 오너라. 옷을 벗고 내 앞에 똑바로 서 보아라！부끄러워 할 필요는 없다.

（아들은 아버지 앞에 똑바로 서고 아버지는 아들을 두루 살펴본다.）

아버지 : (걱정스런 표정으로) 무척 말랐구나. 네가 지금 몇 살이지？

아　들 : 열세 살입니다.

아버지 : 어쨌든 천천히 물에 들어가거라. 이 곳 물은 차다.

（아버지 술을 들며 아들이 물에 들어가는 것을 바라보다 잠시 후 물에 들어가 몸에 물을 끼얹는다.）

아버지 : (몸을 부들부들 떨며 물에서 나가 모래사장에 쓰러진다.)

아　들 : (수건을 가지고 뛰어가 몸을 닦아드리며) 아버지 괜찮으신가요？

아버지 : (일어나며) 아무렇지도 않다. 자, 가서 옷을 가져오너라.

（아버지와 아들 옷을 입는다.）

아버지 : 겁내지 마라. 나는 아주 오래 살 테니까 ……, 네가 고운 색시를 얻어 내가 손자를 보게 될 때까지는 살 것이다.

아　들 : (걱정스러운 듯이) 아버지, 이제 그만 집으로 돌아가시죠.

아버지 : (조용히 웃으면서) 아니, 그럴 필요 없다. 봐라 ! 다시
　　　　좋아지지 않았니 ? 이 아름다운 자연 속에 잠시 더 있
　　　　다 가자 !
　　　　바둑 한 판 더 둘까 ?
아 　들 : (매우 걱정되는 표정으로) 싫습니다. 제발 집으로 돌아
　　　　가시죠.
아버지 : (구월이가 데리러 오는 것을 바라보며) 이 옥계천에는
　　　　땅의 힘이 꺾이지 않고 솟아오른다.
아버지 : 여기서 다시 목욕을 하려거든 조심해라 !

　장면4 : 아버지가 운명하시는 장면
　　　　어머니 : 애야! 들어와 봐라.(다급한 목소리로)
　　　　아 　들 : (뛰어 들어가며) 예, 어머니 !
　　　　어머니 : (심각한 표정으로) 아버지가 이상하시다. 저 쪽 손을
　　　　　　　　꼭 잡거라.
　　　　아 　들 : 예, 어머니 ! (아버지의 손을 꼭 잡는다.)
　　　　구월이 : (흰 천으로 아버지 방에서 대문까지 흰 천을 깐다.)

〈조화동작극〉
[상황제시] 우리는 무엇이든지 될 수 있습니다. 나무나 물 또는 바위와 같
　　　은 사물도 됩니다. 우리가 이런 환경이나 또는 인물이 되어 이 이야기
　　　에서 인상적인 장면들을 움직임 동작으로 표현해 봅시다.
[연행] 한 모둠 5~~6명의 모둠이나 또는 두 모둠이 함께 협동하여 인상적
　　　인 장면을 움직임 동작으로 만든다. 이 때 연행자 그룹이 만들 장면을
　　　의논할 수도 있고 장면을 제시해주고 누구든지 나와 자유롭게 장면의

일부가 되어 움직임 동작을 첨가하여 연행하며 만들수도 있다.

[메타 텍스트]

장면이 완성되면 교사는 "얼음"하고 연행자를 가볍게 터치하며 동작을 정지시키고 무엇을 연행하고 있는지 질문을 한다.

응답1 : 구월이입니다. 술과 과일을 담은 상과 돗자리를 이고 가는 중입니다.

응답2 : 옥계천에 있는 노목입니다. 바람에 잎들이 팔랑거리는 모습입니다. 시원한 그늘을 만들어 주고 있습니다.

응답3 : 계곡의 물입니다. 돌에 부딪혀 물방울이 튀는 모습입니다.

응답4 : 아들입니다. 아버지께 술을 따르고 있습니다.

응답5 : 옥계천에 있는 바위입니다. 밟고 가라고 엎드려 있습니다.

응답6 : 구월이입니다. 주인공 아버지의 방에서 대문까지 흰 천을 갈고 있는 중입니다.

이상과 같이 표현된 장면에 따라 그 장면의 인물이나 또는 구성물이 되어 공간적으로 이야기 속의 장면을 움직임 동작으로 연출하고 있는 것을 보여준다. 무엇을 표현하고 있는지 쉽게 알 수 있는 것은 그냥 넘어가며 무엇을 표현했는지 알 수 없는 것은 관객으로서의 학습독자로 하여금 질문을 하도록 한다.

〈연행자 대 관객 대화극〉

[상황제시] 지금까지 독백극으로 이야기의 전개과정을 살펴보고, 대화극으로 등장인물인 아버지와 아들의 성품과 행동들을 연행해 보았으며, 동작극으로 인상적인 장면들을 표현해 보았습니다. 이 자리는 기자회견의 자리입니다. 아버지와 아들의 연행과정에서 궁금했던 점이나 느

긴 점들이 있으면 질문을 하고 연행자들은 질문에 대한 답변을 하겠습니다.

[연행] 아버지와 아들을 연행했던 연행자는 의자를 가지고 교실 앞에 나와 앉아 답변을 하고, 다른 학생들은 관객참여자가 되어 질문을 한다.

[메타 텍스트]

질문1 : 옥계천에서 아들이 술을 따라드릴 때 아버지의 느낌이 어땠습니까?

질문2 : 아버지가 시조를 읊는 것을 보며 아들은 무슨 생각을 했습니까?

질문3 : 아버지께선 옥계천 계곡을 둘러보며 험한 일을 겪었는데도 변함이 없다고 했는데 험한 일이 무엇인가요?

질문4 : 아버지와 바둑을 두면서 매번 아버지한테 졌는데 화나지 않았나요 ?

질문5 : 바둑을 두어 매번 아들한테 이겼는데 아들을 위해 한 번쯤은 져줄 수 있다고 생각합니다. 아들에게 너무 매정하다고 생각되지 않습니까 ?

질문6 : 한 번도 져주지 않은 아버지가 너무한다고 생각하지 않습니까 ?

질문7 : 아버지가 물에 들어갔다가 나와 쓰러지셨는데 그때 아버지는 무슨 생각이 났습니까?

질문8 : 아버지가 쓰러지는 것을 보고 아들이 걱정이 되어 빨리 집으로 가자고 했는데 왜 안 가셨나요 ?

질문9 : 아버지가 돌아가실 때 아버지의 손을 잡고 무슨 생각을 했습니까 ?

이상과 같은 질문과 답변을 통해서 연행자로서의 학습독자와 관객으로서의 학습독자는 이야기 속의 인물과 현실에서의 자기 자신이 갖는 차이점이 무엇인가를 탐색하게 되며 시공간을 달리하는 문화적 가치를 이해할 수 있게 된다.

2) 문학 텍스트 장르별 교육연극 방법

교육연극의 문학교육적 수용에서 언급하였듯이 교육연극은 학생들이 창의적 가정하에서 텍스트 속의 발화자나 인물과 동일시하는 드라마적 인지과정을 통해 그들의 내면을 경험하게 됨으로써 학습 독자 자신의 내면에도 변화를 가져오게 된다. 교육연극 문학교육방법의 특징은 이러한 텍스트의 체화를 통해 자연스럽게 텍스트의 약호화 방식을 터득하게 됨으로써 문학 능력을 향상시킬 수 있다는 점이다.

그런데 텍스트 해독은 텍스트에 대한 심적 표상을 구성하는 것이라고 할수 있다. 즉, 학습 독자는 언어적 약호로 되어있는 선조적인 문학 텍스트를 도상적 약호로 재약호화하여 입체적인 심상으로 표상한다. 이는 감각영역을 통하여 세상의 대상들을 도상적으로 은유화하고 추상적으로 개념화하는 인지과학의 신체화된 정보처리 과정과 같은 것이다. 이러한 텍스트에 대한 학습 독자의 심적 표상이나 수행은 텍스트의 종류에 따라 다르게 나타난다. 즉, 텍스트의 지배적 약호가 무엇인가에 따라 서정적 텍스트, 서사적 텍스트, 극적 텍스트로 분류할 수 있으며 교육연극 기반의 문학교육방법은 이에 따라 교육연극을 다르게 적용할 수 있는 것이다.

(1) 시의 교육연극 연행

시는 서정적 텍스트로 화자의 단독 발화로 이루어지기 때문에 단성적 (monophonic)이다. 따라서 텍스트의 약호들이 동일성이나 유사성을 띠는 은유의 원리에 의해 결합된다.(Jacobson, R. 1989:92-116) 약호화 방식도 화자의 발화에 대해서 자기 반영적인(self-reflexive)수행을 한다. 즉 학습자는 화자의 발화내용과 거의 동일한 표상을 형성하고 이와 조화되는 수행을 하는 것이다. 이러한 표상형성과 수행 과정에 텍스트의 다른 약호들도 함께 수반된다. 서정적 텍스트의 약호는 화자(narrator), 어조, 심상, 비유, 상징 등이다.

이러한 약호들은 화자와 동일성의 원리에 따라 결합되므로 학습자는 화자의 발화를 선조적으로 추적하면 적절한 표상 형성을 할 수 있다.(한귀은, 2001:9)

이에 적합한 교육연극의 연행은 독백극이 적합하다. 독백극은 학습자가 심적으로 표상한 어조를 자연스럽게 드러낼 수 있다. 학습자는 자신을 화자라는 입장에서 연행을 하며 허구적 정체감을 갖고 표현하기 때문에 자연스럽게 서정적 텍스트의 어조를 표출할 수 있다. 또 독백극은 시적 화자가 한 말의 서사적 내용을 초점화하여 이야기 구성(story building)이 가능하다. 이는 시를 이야기로 바꾸는 활동과 같은 창의적 수용과 창조적 재구성으로 기대지평을 상승시킬 수 있다. 이때 이야기 구성은 일인독백극이나 연결독백극 모두가 가능하다.

연극에서 언어로 표출되기 어려운 기호는 음향이나 무대장치로 표현하듯이 서정적 텍스트에서도 언어로 표출하기 어려운 이미지의 심적 표상은 정지극이나 동작극으로 표현함으로써 이미지가 내포하는 은유나 상징적 의미를 자연스럽게 나타낼 수 있다.

연극에서 관념을 도출하듯이 궁극적으로 서정적 텍스트의 의미를 파악하기 위해서는 연행자 대 관객 대화극(hot-seating)을 할 수 있다. 연행자 대 관객 대화극은 연행하는 학습독자와 관극하는 학습독자간의 대화로 이루어진다. 연행하는 학습독자는 자신을 화자로 가정하고 질의에 답해야 한다. 관극하는 학습독자는 연행하는 학습독자를 화자로 상정하고 서정적 텍스트와 관련하여 질의를 해야 한다. 이 방법은 학습독자 혼자서 표상한 대본보다 훨씬 다양하고 융통성 있는 대본을 도출시킬 수 있고 그 과정에서 심적 표상도 자유롭게 활성화될 수 있다.

(2) 이야기 글(동화, 소설)의 교육연극 연행

이야기 글(동화, 소설)은 서사적 텍스트로 화자와 초점화자(focalizor),[51] 다수의 인물들의 발화로 이루어지기 때문에 다성적(polyphonic)이다. 따라서 다성적인 서사적 텍스트는 비동일성을 띠는 약호들이 환유의 원리에 의해 결합한다. 텍스트에 대한 수행도 다수의 발화자가 동시에 혹은 환치되면서 발화하는 양상에 따라 더욱 역동적이다. 즉 발화자는 단독 발화자의 목소리를 따르지 않고 다양한 수행을 하게 되는 것이다. 서사적 텍스트의 약호는 화자(narator), 초점화자, 시점, 인물, 사건, 플롯, 시공소(chronotope), 등이다. 학습독자는 텍스트의 실제 발화자들(speakers)[52]을 유동적으로 추적하면서 그 외의 약호들에 대한 역동적인 수행을 하게 된다. 즉 텍스트의 발화자가 지속적으로 바뀜으로 해서 가변적인 심적 표상을 형성하게 되는 것이다.(한귀은, 2001:10)

이러한 서사적 텍스트의 교육연극 연행은 서사적 텍스트에서 무엇을 표상하느냐에 따라 연행 방법이 달라진다. 그렇기 때문에 모든 방법의 교육연극이 목적에 따라 적합하다고 말할 수 있다. 단지 서사적 텍스트 중 서사적

---

51) 초점화(focalization)란 하나의 인식 주체가 어떤 일정한 대상을 향해 자신의 지각을 보내고, 그것을 인식하는 행위를 지칭하는 용어다. 전통시학의 용어로는 시점(point view)이 이에 해당하는데, 시점이라는 용어 속에서는 대상을 향한 인식의 지향뿐만 아니라, 그 관찰의 결과를 진술한다는 의미도 포함되어 있기 때문에 구조주의자들은 시점 대신 이 용어를 사용한다. 이들은 하나의 텍스트 내에서 서술의 주체와 인식의 주체를 분리시켜 생각하고자 하기 때문이다. 엄밀하게 말하면, 초점화는 일정한 대상에 대해 지각을 지향하는 행위뿐만 아니라, 대상에 대한 인식, 감정, 관념적 지향 등등의 모두를 포함하는 폭넓은 개념의 용어이다. 이때 자신의 지각, 인식, 감정 등이 대상을 지향하는 초점화의 주체를 초점 화자라 하고, 그 지각 대상을 초점화 대상이라 한다. 초점화자는 스토리 내부에 있을 수도 있고, 외부에 있을 수도 있는데, 다시 말해 초점화는 스토리 자체에 대해 밖에서 이루어질 수도 있고 안에서 이루어질 수도 있는데, 외적 초점화의 서사물은 화자가 초점 화자가 되며, 내적 초점화의 서사물은 이야기의 서술자와는 관련 없이 대개 작중 인물 중의 하나가 초점 화자가 된다.(한귀은, 앞의 책. p.8)

52) 서사적 텍스트의 경우 화자(narrator)와 실제 발화자(speaker)는 다를 수 있다. 이야기(story)를 하는 형식상의 주체는 화자라고 할 수 있지만, 실제 그 이야기에 대한 발화 주체인자는 인물이나 초점화자일 수 있기 때문이다.

약호가 전경화되어 나타나는 경우는 독백극이나 대화극을 지배소로 하여 연행하고, 서정적 약호가 전경화되어 나타나는 경우는 정지극이나 동작극으로 연행하면 효율적이다. 대부분 서사적 텍스트는 서사적 약호와 서정적 약호가 모두 묶여 있는데, 이는 상호적 교육연극을 통해 구현할 수 있다.

(3) 극본의 교육연극 연행

극본도 이야기 글(동화, 소설)과 같이 서사적 텍스트이다. 따라서 화자와 초점화자, 다수의 인물들의 발화로 이루어지기 때문에 다성적(polyphonic)이다. 또 서사적 텍스트와 마찬가지로 비동일성을 띠는 약호들이 환유의 원리에 의해 결합한다. 텍스트에 대한 수행도 다수의 발화자가 동시에 혹은 환치되면서 발화하는 양상에 따라 역동적이다. 즉 발화자는 단독 발화자의 목소리를 따르지 않고 다양한 수행을 하게 되는 것이다. 이렇게 서사적 텍스트와 모두 같지만 약호화에 있어 차이점을 보인다. 서사적 텍스트의 약호가 화자(narator), 초점화자, 시점, 인물, 사건, 플롯, 시공소(chronotope), 등으로 다양성을 보이는 반면에 극적 텍스트의 약호는 인물, 행위, 사건, 플롯으로 비교적 단순하지만 명확한 약호적 특징을 보인다.

즉 극적 텍스트의 약호는 연극의 약호와 거의 일치한다. 그것은 극적 텍스트가 무대화되면 바로 연극이 되기 때문이다. 따라서 극적 텍스트의 표상은 극적 텍스트 자체를 대본으로 한 공연이나 입체적 낭독으로도 가능하다. 입체적 낭독을 할 때는 연행하는 학습독자들이 단순히 텍스트 내의 인물의 모방하기에 그쳐서는 안 된다. 학습독자들이 완전히 그 인물로 동화된 상태에서 낭독할 수 있도록 해야 한다. 이렇게 입체적 낭독으로 표상을 형성할 수 있다 할지라도 보다 완벽한 표상을 위해선 교육연극의 다양한 하위 연행 방식들을 활용함으로써 극적 텍스트의 약호인 인물, 인물의 욕망, 갈등, 사건, 플롯, 장면 등을 적극적으로 체화할 수 있는 것이다.(한귀은, 2001:99)

이렇게 극적 텍스트는 교육연극의 모든 연행방식과 직접적으로 관련이 깊으며 모든 연행방식들은 극적 텍스트의 표상에 동원된다. 또한 모든 텍스트들이 그렇듯이 극적 텍스트도 전체의 의미를 연행하기 위해서는 최종적으로 연행자 대 관객 대화극이 효율적이다. 이를 통해 관객으로서의 학습독자는 연행자로서의 학습독자에게 질의를 하고 그것에 대한 대답을 통해 텍스트 전체의 의미는 정리되는 것이다.

3) 의사소통 활용방식에 따른 교육연극 방법들

교육연극 교수·학습의 관점에서는 일상적 생활 속에는 수많은 형식의 언어들이 존재한다고 본다. 교육연극 교수·학습의 기본 발상이 연극적이기 때문에 언어에 대한 관점이 통합적이다. 일차적 언어인 구어(口語) 뿐만 아니라 문어(文語), 그리고 비형식이고 보이지도 들리지도 않은 수많은 언어들이 구체적 상황 속에서 유기적인 관계를 유지하면서 존재한다고 인식하는 것이다.

우리가 한편의 연극을 본다는 것은 자연인으로써의 배우와 등장인물로써의 배우, 배우와 다른 배우, 배우와 관객, 관객과 관객 자신, 관객과 또 다른 관객들, 그리고 시각적, 청각적, 후각적, 근(筋)감각적 이미지들과 같은 수많은 언어들의 의사소통의 행위에 참여한다는 것을 의미한다.

이러한 연극적 언어의 다층성과 양(兩) 방향성은 한편의 연극이 되는 과정에서 통합적이고 유기적으로 작용한다. 또 이러한 의사소통 행위들은 교육연극을 기반으로 한 문학교육 방법인 메타 텍스트의 산출 과정에서 부분적으로 활용되는 교육연극의 여러 가지 방법들이 된다.

(1) 비언어적 의사소통(Kinesics : 動作學)의 활용 방법

실제 의사소통 과정을 살펴보면 언어적 의사소통 외에 많은 비언어적 의사소통이 동원되고 있다. 예를 들면, 화자(話者)나 청자(聽者)는 의사소통 중에 의사소통의 효과를 극대화하기 위해 얼굴 표정, 몸짓 그리고 시각적, 청각적, 근(筋)감각적인 감각들을 하나로 통합한다. 다만 연기자들은 비언어적 의사소통의 기술을 의식적으로 활용하는 반면 일반인들은 무의식적으로 사용하고 있을 뿐이다.

이러한 비언어적 의사소통 기술은 단순히 언어적 의사소통 기술을 보완하는 수준에 머무는 것이 아니라 오히려 메타 의사소통(meta-communication) 수단으로 작용한다. "예를 들면 심리학자 Mehrabian과 Ferris(1967)는 메시지의 전체 효과 중 7%는 기본적인 음성 상징들에 의해 이루어지는 반면 38%는 억양, 강세, 연접, 즉 paralanguage의 음성적 연기에 의해 전달되는 것이라고 추정하였다. 게다가 그들은 메시지의 55%는 얼굴 표정을 수반하는 Kinesics (動作學)에 의해 결정된다고 한다."(John Warren Stewig, Carol Buege, 1994) 이러한 비언어적 의사소통 기술이 화자 자신도 모르게 상당한 부분을 차지하고 있는 것은 이런 의사소통 기술이 거의 본능적이기 때문이다. 연기자들의 의사소통의 기술이 눈에 안보이지만 일반인들보다 월등한 것은 이런 기술들을 의식적으로 잘 활용하는데 있다. 이런 기술을 의식화하여 표현·이해 교육과 접목시켜 문학교육의 메타 텍스트 산출과정에서 교육연극의 여러 가지 방법들로 활용할 수 있다.

이러한 교육연극 교수·학습의 지도 요소로는 동작, 신체적 움직임, 마임, 인형극 등을 들 수 있다. 동작은 기본적 의미를 증가시키는 팔, 손, 어깨에 의한 신체적 움직임과 여러 가지 얼굴 표정을 의미한다. 모든 사람들은 무의식적으로 여러 동작을 한다. 우리는 구어(口語)와 동작 사이의 모순이 분명히 나타날 때만 이런 현상에 주목한다. 우리는 언어적 표현을 강조하거나 확대하는 동작 요소들을 의식적으로 증가하는 단계로 발전시키지 못하고 있는데, 문학교육의 메타 텍스트 산출과정에서 학습독자들로 하여금 이것을 의식적으로 사용하도록 하고 그것에 대해 생각하게 하며 보여주게 하고, 특별한 상황에서 인물들이 어떻게 보고 어떤 동작을 사용하는지 알도록 함으로써 문학 텍스트의 표상 능력을 확장시켜 나갈 수 있다.

한편 신체적 움직임은 동작과 달리 유용한 장소의 맥락에서 일어나는 넓은 움직임이다. 이것은 언어교육에 있어 신체 개념, 활동개념, 공간개념, 관계개념을 설정하는데 도움을 주고 있는데 여기에 대해선 이미 인지과학 이론의 은유화를 통한 추상적 개념형성에서 언급한 바 있다.

(2) 음성언어의 의사소통 기술 활용방법 (상황의 구체성과 Paralanguage)

일상적 언어생활에서 음성언어의 사용 빈도는 듣기가 40%, 말하기가 35% 등 무려 75%를 차지한다.(원훈의, 1996:131) 그런 만큼 연극적 전통과 문화적 토양의 형성이 오래된 국가에서의 음성언어 교육은 일찍이 연극적 기법을 도입하여 언어교육의 총체성을 확보하고 있음을 볼 수 있다. "음성언어와 드라마 예술은 밀접한 관련이 있으며 이 둘은 아동 발달에 중요하다."라고 John Warren Stewig와 Carol Buege가 지적하였듯이 음성언어는 언어의 가장 중요한 측면이다. 음성언어는 의미를 만들고 전달하는데 있어 기본적인 수단이며, 가장 많이 사용되는 언어 기능이고, 읽기와 쓰기의 기초이다. 대부분의 음성언어는 얼굴 표정과 함께 고저, 강세, 연접(juncture)이라는 음성적 연기를 통해 전달된다. 드라마를 만드는 과정은 교실 안에서 이루어지는 음성언어 학습방법으로써 학생들이 흥미를 가지게 하는 고도의 학습방법이 된다."(John Warren Stewig, Carol Buege, 1994:책 서문) 즉, 이들은 연극을 통한 음성언어 교육이 음성언어 기술을 배우는 가치 외에도, 예술 형태로서의 드라마로 모든 학생들의 생활에 중요하며, 교실 문화의 한 부분으로 중요시 하고 있음을 알 수 있다. 한편 듣기·말하기 교육이 제도교육에 도입되기 전에, 이미 연극은 자체적으로 그 발생의 시점부터 연기자들의 음성 연기를 아주 중요하게 생각했고 또 철저히 훈련해 왔으며, 훈련의 방법을 가지고 있다. 그리고 연기자의 음성훈련은 단순한 듣기·말하기 기술만 가르치는 것이 아니라 연기자가 지니고 있는 심리나, 의식, 정서 등을 고려하여 연기자의 메시지 전달이 총체적으로 관객들에게 전달될 수 있는 방법을 가지고 있다. 이러한 언어 기술로써의 연극이 지니고 있는 음성언어의 특성을 알아보면 다음과 같다.

첫째, 상황의 구체성을 들 수 있다. 그리고 이 구체성은 학생들의 내적 자발성을 유도한다. 음성언어 교육에 있어 중요한 것은 학생들의 내적 자발성에 토대가 있어야 한다. 이러한 내적 자발성은 교사의 지시로 이루어지는 것이 아니다. 예를 들어 "여러 사람 앞에서 자연스럽게 말한다."나 "상상해서 말해 보자/들어보자"의 경우 '자연스럽게' 혹은 '상상해' 보라는 교사의 발문으로 '자연스럽게' 혹은 '상상'하게 되지 않는다는 것은 자명한 사실이다. 문제는 '자연스럽게' 혹은 '상상'할 수 있는 상황의 구체성이다. 듣기·말하기 교육에 있어 학생들의 내적 자발성은 바로 상황의 구체성을 바탕으로 한다. 물론 교사는 동기유발을 위해 여러 방법을 쓸 수 있지만 그 방법이 연극적 특성인 상황의 구체성을 가지지 못한다면 내적 자발성 유도에 한계가 있다. 만약에 어떤 교사의 동기유발이 성공적이었다면 그것은 자신도 모르게 연극적 방법을 사용한 것이다.

듣기·말하기 교육에서 연극의 언어적 기술은 학생들의 내적 자발성을 유도하는 상황의 구체성에 있고 이 상황의 구체성을 불러일으키는 것은 연극의 인지적 특성, 즉 '마치 ~인 것처럼'(As if, Magic if, What if)과 같은 장치들이다. 이 장치는 화자나 청자에게 일정한 역할이 주어지고 상황의 구체성이 마련되는 곳에서 발현된다.

둘째, Paralanguage를 들 수 있다. 일상적 의사소통과 달리 연극적 상황에서는 의사소통과 더불어 감성소통이 동원되며 이러한 과정에서 상당한 엄밀성이 요구된다. 감성소통은 음성 언어의 형식적 특질을 활용하여 화자와 청자 사이의 감정 교류를 표현하고 이해하는 과정을 뜻한다. 즉, 소리의 장단, 고저, 억양, 휴지, 성량의 배분, 그 밖의 음색, 음질을 활용하여 내재된 감정의 미묘한 뉘앙스를 섬세하게 표현하고 또 이해하도록 하는데 있다. 예를 들어 '잘 한다'라는 말을 음성 언어로 표현할 때, 표현 양식에 있어 의미 구분이 된다. 즉, 소리의 특질에 따라 말 그대로 '잘 한다'는 칭찬의 의미를 나타낼 수 있고, 역설적으로 '못 한다'라는 비난의 의미를 표현할 수도 있다. 감성소통은 의사소통을 보완하면서 음성 언어의 표현적 섬세함을 나타내는데 효과적인 말하기 교육의 한 부분으로 연극에서 전문적으로 사용하고 있다. 의사소통은 언어의 내용을 정확히 전달하는데 목적이 있다면 감성소통은 언어의 형식적 특질을 활용하여 표현의 효과를 극대화하는데 목적이 있다. 앞으로 말하기 교육에서 '감성소통'적 측면을 고려해야, 언어의 내용과 형식에 맞는 조화로운 말하기 교육이 이루어질 것이다. 뿐만 아니라 호흡법, 발성법, 정확한 발음, 끊어 말하기, 찍어 말하기, 속도 조절, 음역 설정, 물리적 거리에 따른 소리내기와 심리적 거리에 따른 소리내기 등 다양한 표현의 방법이 연극에서는 동원된다. 연극에서는 이러한 요소들이 연기자의 신체적, 심리적, 정서적인 요소와 결합하여 화학적 반응을 일으킨다. 즉 음성언어의 이러한 상황의 구체성과 Paralanguage에 입각한 의사소통 방법들은 교육연극을 기반으로 한 문학교육의 방법들로 문학 텍스트의 표상능력을 활성화하는 방법적 수단이 된다.

(3) 문자언어의 의사소통 기술 활용방법 (해석과 표현의 다층성)

문자언어 교육으로서의 교육연극 교수-학습은 해석과 표현에 있어 의사소통과정이 다층적일뿐만 아니라 읽기나 쓰기 프로그램에 자발적으로 참여하게 하고 학생들에게는 흥미와 활기를 갖게 한다. 읽기의 경우, 문학적 프로그램에 기초한 많은 이야기들에서 아이들은 연극과 적절하게 만난다.

전설이나 개개의 아이들이 읽고 있는 동화와 같은 텍스트를 연극화하는데 있어 중요한 두 요소는 다층적 해석과 즉흥이다. 다층적 해석의 가능성은 아이들이 이야기 연극을 할 때, 이야기의 해석(연출)에서 시작된다. 즉 교사는 아이들이 인물을 선택하고, 묘사하거나 혹은 행동하고, 인물의 역을 하도록 격려한다. 이야기를 해석하는데 있어 강조해야 할 점은 작가의 이야기 구성에 충실해야 하고 기본적인 인물 성격을 유지한다는 것이다. 그러면서도 아이들의 개성은 해석하는데서 드러난다. 예를 들면 '미녀와 야수'를 해석하는 다섯 명의 아이들이 있다면 각각의 해석은 다를 것이다. 그럼에도 불구하고 해석 안에서 강조되는 것은 아이들이 창조하는 것이 아니고, 작가의 글에서 삶과 관련된 인식을 가져올 수 있는 것이다.

즉흥은 출발점으로 기본적인 이야기를 이용하고 학생들에게 질문을 함으로써 이야기를 늘리거나 넓히는 것을 격려하거나 다른 방법으로 기본적인 주제의 재료로 이야기를 만든다. 아이들은 시간의 구성을 앞이나 뒤로 늘리거나, 인물을 더하는 것이거나, 이야기에서 이미 행동되어진 규칙을 넓힐 수 있도록 격려하는 것이다. 예를 들어 '신데렐라'의 이야기에서 허영이 많은 언니들을 생각해 보자.(John Warren Stewig, Carol Buege, 1994:95) 실제 이야기에서는 언니들에 대한 자세한 언급이 없으므로 이야기를 읽는 아이들은 이 인물들에 대해 그냥 지나간다. 그러나 아이들은 다음과 같은 질문들의 결과로 새로운 식견을 얻는다.

- 어떤 것이 그들을 그렇게 행동하도록 만들었나? 그들은 항상 그렇게 행동했나? 만약 아니라면 언제, 그리고 왜 성격이 변했는가?
- 언니들은 성격이 서로 어떻게 다른가?(이야기에서는 자세한 설명이 없이 그들의 겉모습만 묘사한다) 이야기에서 우리가 추론할 수 있는 그들의 다른 점이 있는가?
- 그들은 아름다운 옷 이외에 다른 것에도 관심이 있는가? 그들은 어떤

재주도 없는가? 그들은 어떤 것을 잘 하는가? 그들에게 친구가 있는가? 누가 이런 이기적인 자매들에게 흥미를 가지는가? 다른 해석을 하도록 하는 증거가 있는가?

- 만약 언니들 중 한 명의 발이 구두에 맞았다면 어떤 일이 일어날까?

이외에도 학생들이 인물의 삶에 동화(同化)되도록 하는 다양한 질문들을 만들 수 있다. 즉, 인물의 육체적인, 사회적인, 심리학적인 면이 고려될 수 있다. 교육연극 교수·학습은 이렇게 다양하고 다층적인 관점에서 읽기 능력을 계발할 수 있다.

쓰기의 경우, 교사는 학생들이 생각을 즉흥적으로 이야기 또는 그림으로 표현하도록 동기를 부여할 수 있다. 이러한 연극적 경험은 학생들로 하여금 창의적인 글을 쓰도록 유도한다. 저학년의 경우 단순한 연재물의 플롯을 가지고 할 수도 있고 고학년은 목소리의 톤과 얼굴을 표현하는 개인적인 묘사를 표현한다. 아이들이 이런 활동을 한 후 개인적으로 쓴 글을 가지고 토론한다.

하나의 사건에 대한 이해의 차이를 논의하는 것은 창의적인 글쓰기의 핵심이 된다. 이것은 즉흥 표현 측면에서 정의하기 힘든 부분에 관해 기본적인 묘사하기와 쓰기의 차이를 논의하는데 있어 논리적이다. 이런 글쓰기는 설득하는 글로 발전해 나간다. 학생들에게 토론할 기회를 준 후에 교사들은 다른 교과와 접목시켜 글쓰기를 확장해 나갈 수 있다. 학생들이 이해한 다양한 서술과 관련하여 즉흥 표현을 하고 즉흥 표현에서 학생들이 관찰한 것을 쓰도록 시간을 주고 다른 서술 중에 몇 개를 선택하게 하고 서술한 것들을 끝까지 연극하기 위해 몇 개의 그룹으로 나누어 활동해 보면 확실한 차이를 알게 된다.

이렇게 연극적 기법들은 창조적인 글쓰기를 발현시킬 수 있다. 글쓰기는 문제 해결의 과정이다. 이런 과정에서 중요한 것은 학생들이 구체적 활동을 통해 무엇이 문제인가를 체험하게 하고 그 체험을 바탕으로 문제 해결에 접근해야 할 것이다. 그런 의미에서 다양한 해결 방안을 모색하고 토의해 나가는 과정에서 학생들은 창의적 사고를 발휘할 수 있는 것이다. 이런 과정에 반드시 필요한 것이 바로 연극적 기법들인 것이다. 또 이러한 글쓰기 방법들은 문학창작의 교육방법으로 활용될 수 있다.

V. 교육연극을 기반으로 한 교수 - 학습 모형의 구안

교육연극 교수-학습 모형을 구안하기 위해서는 먼저 모형 개발의 전제를 살펴보고 그 전제에 따라 학습 모형을 설계하여야 한다. 교육연극 교수 학습은 학습독자의 잠재 능력을 직접 활동을 통하여 계발하고, 계발된 경험을 통해 학습할 수 있는 역할을 학습독자에게 부여하며, 학습을 수행함에 있어 학습독자 각자가 그 부여된 역할을 연행함으로써 학습독자 전원이 참여하여 문제를 해결하는 학습 방법이다. 이를 근간으로 모형 개발의 전제를 몇 가지로 제시하면 다음과 같다.

1. 교수 - 학습모형 구안의 전제

첫째, 교육연극 교수-학습은 학습독자의 잠재능력을 존중하며 그 계발을 통해 학습 활동을 보다 새롭게 활성화 할 수 있음을 전제로 한다. 이는 학습독자의 현재성을 중요시 하는 것으로 모든 학습독자는 자신의 잠재능력을 통해 학습해야 할 대상들을 현재화하여 봄으로써 새로운 의미를 발견하고 이를 통해 문제를 해결한다. 여기서의 새로운 의미는 저장되어 있는 과거의 지식이 아니라 현재화를 통해 얻게 되는 새로운 지식이 된다. 학습독자는 지금까지 알지 못했던 새로운 사실들을 발견하게 되고 이는 문제를 해결하는 열쇠의 구실을 하는 것이다. 그러므로 교육연극 교수-학습모형은 학습자의 잠재능력을 계발하고 발휘하는 프로그램이 제시되도록 설계해야 한다.

둘째, 교육연극 교수-학습은 학습독자가 문제 해결을 위해 필요한 가정적 상황이 제시 되어야 함을 전제로 한다. 이는 학습독자 활동의 가정성을 중요시 하는 것으로 모든 학습독자는 실제로 경험을 해보지 못했거나 할 수도 없는 상황을 가정적으로 설정하고 그 가정적 상황 속에 빠져 봄으로써 스스로 사고하고 판단을 내리며 지식에 대한 필요성을 절실히 느끼게 된다. 그러므로 교육연극 교수·학습 모형은 가정적 상황 속에서 학습독자가 그 상황의 긴급성으로 인하여 문제해결 상황에 빠져 보도록 설계하여야 한다. 학습독자는 이러한 과정을 통해 문제에 대한 이해의 변화를 일으키며 안목을 변화시키고 선택의 범위를 확대하기도 한다. 뿐만 아니라 새로운 의미의 발견, 기존의 가정에 대한 의문 제기, 고정관념을 깨기, 대안들을 시도해 보기 등의 과정들을 체험하게 된다.

셋째, 교육연극 교수·학습은 학습독자의 역할 연행이 구체적 모습으로 드러나야 함을 전제로 한다. 이는 학습독자의 구체성을 중요시하는 것으로 모든 학습독자는 구체적인 역할의 연행을 통해 실제 경험을 하게 된다. 여기서의 실제 경험은 지식을 사변적으로 얻게 하는 것이 아니라 체득적으로 얻게 하는데 이는 실천적 지식으로 학습독자의 문제 해결을 돕는다. 그러므로 교육연극 교수·학습 모형은 학습독자의 문제 해결을 위해 필요한 구체적인 역할이 학습독자에게 고도의 치밀한 계획에 따라 제공되어 연행될 수 있도록 설계하여야 한다.

넷째, 교육연극 교수·학습은 통합적 모형이어야 함을 전제로 한다. 특히 문학교육으로서의 통합은 문학작품의 수용과 창작의 통합이며 상호 텍스트성에 입각한 장르간의 통합으로 설계되어야 함을 의미한다. 그것은 교육연극의 특성상 실제로 연행되는 모습들을 보면 언어와 사고를 축으로 하여 신체적 기호로 표현하는 통합적 활동이기 때문이다. 문학텍스트의 수용적 측면에 있어서도 문학 텍스트의 언어기호를 학습독자의 감성영역으로 끌어들여 창의적 표현으로 표상되기 때문에 창작과 통합적이며, 창작은 연행을 통해 표상된 입체적 느낌들을 선조적으로 표현하는 과정적 측면에서 통합적이다. 서정 텍스트나 서사 텍스트나 연행이라는 통합적 표상들로 표현된다는 점에서 통합적이다. 다만 모형의 단계에 따라 부분적으로 특정한 영역의 활동에 더 비중을 둠으로 교수-학습의 효율성이 발휘되도록 본 모형의 운영은 유통성이 있어야 한다.

2. 교수 - 학습모형의 구안

이같은 전제를 바탕으로 문학교육의 교육연극 교수-학습 모형을 크게 서정적 텍스트(시)와 서사적 텍스트(동화, 소설, 극본)로 나누어 제시하고 그 설계 과정을 살펴보면 다음과 같다.

1) 서정적 텍스트의 교수학습 모형

서정적 텍스트의 교수-학습 모형 단계	감정교류 단계	심미적 교감 단계	심미적 구체화 단계	공유하기 단계
	인물탐구	줄거리 탐구	이미지 탐구	의미탐구

⇩ 　 ⇩ 　 ⇩ 　 ⇩ 　 ⇩

서정적 텍스트의 약호	화자, 화자의 어조	화자 발화대상 (서사적 내용)	이미지 은유와 상징	의미
연극의 약호	인물 (ethos)	줄거리 (mythos)	음향(melopoia) 무대장치(opsis)	관념(dianoia)

⇩ 　 ⇩ 　 ⇩ 　 ⇩ 　 ⇩

교육연극의 연행	독백극	독백극에 의한 이야기 구성	정지극 동작극	연행자 대 관객 대화극

〈표: V-2.-1)〉 서정적 텍스트의 교육연극 교수-학습 모형[53]

---

53) 이는 본 연구에서 문학교육의 교수-학습 모형으로 제시한 감정교류단계, 심미적 교감 단계, 심미적 구체화 단계, 공유하기 단계를 문학텍스트의 약호와 교육연극의 약호를 대응시켜 제시한 한귀은(2001)의 교육연극 기법을 매치시켜 신체화된 인지구성주의 측면에서 구안한 문학텍스트(서정적 텍스트)의 교수-학습 모형이다.

이 수업 모형은 능동적인 학습자의 관점과 활동을 중요시하는 John Dewey 의 경험주의적 학습관, Jean Piaget와 Vygotsky의 발생론적이고 사회문화적 인 구성주의 학습관, Dorothy Heathcote의 신체화된 인지구성주의적 학습관, 인지과학적 관점의 의미구성 이론 등을 종합적으로 고려하여 설계하였다.

서정적 텍스트의 교육연극 교수학습 모형에서 감정교류 단계는 화자의 존 재로부터 유래한다. 화자는 연극에 있어서 인물(ethos)에 해당한다. 또 여기 서의 인물(ethos)은 화자뿐만 아니라 서정적 텍스트에 내포되어 있는 청자 또한 인물에 포함된다. 즉, 학습독자는 서정적 텍스트의 약호인 화자나 화자 의 어조를 연극의 약호인 인물(ethos)로 바꾸어 표상함으로써 공감의 영역에 진입하며 감정교류를 하게 되는 것이다. 이는 지능이나 지식은 개인과 환경 간의 상호작용에 의해 부단히 쇄신되고 재구성된다는 피아제의 발생적 인식 론에 바탕을 둔 학습자의 잠재능력 계발 프로그램이기도 하다. 이 단계에서 는 학습독자와 문학 텍스트 환경과의 교류를 통해 학습독자가 새 환경에 맞 추어 적응해 가고자 하는 학습독자 자신의 자기 조정적 활동능력을 기를 수 있도록 학습독자의 잠재 능력을 기르는 활동을 하게 된다. 이러한 활동을 통 해 학습독자는 현실 속에서의 '나'가 아닌 텍스트 환경 속에서의 '나'로 쉽게 변신할 수 있게 된다. 또 이러한 변신은 드라마 맥락 속에서 서정적 텍스트의 감정이입을 학습독자로 하여금 경험할 수 있게 한다. 그러므로 이는 헤스컷 이 말하는 공감의 원리를 적용한 것이기도 하다.

따라서 이 단계에서 화자나 화자의 어조를 표출시키기 위해서는 연극의 인물이 지배소로 기능하는 독백극이 적합하다. 독백극을 통해서 학습독자는 심적으로 표상된 어조를 자연스럽게 드러낼 수 있다. 그것은 학습독자가 자 신을 화자라는 입장에서 연행을 하게 되기 때문이다. 화자가 되어 허구적 정 체감을 갖고 표현하기 때문에 자연스럽게 서정적 텍스트의 어조를 표출할 수 있는 것이다.

문학 영역의 심미적 교감 단계는 미래에 대한 선견력(end-in-view) 내지 통찰력인 지성과 지식은 바로 경험으로 부터 온다고 한 듀이의 경험주의적 학습 관점에 바탕을 두고 설계된 교수학습 단계이다. 듀이는 자기의 주장을 실험주의(Experimentalism)라고도 표명하는데, 이때 '실험'이란 말은 '해본다 (to try)', '시험하다(test)', '모험하다(risk)' 등의 뜻을 내포한다. 그런데 이같이 '해보는' 행동은 혼자서 일어나는 것이 아니며 환경과 상호 작용하는 가운데 경험으로 축적된다. 그러므로 경험은 주체와 환경 간의 상호작용에 의하여 지성으로 형성되게 된다. 이 단계에서는 문학 텍스트의 허구적 상황속에서 학습독자가 허구 속의 인물이 되어 직접 행동을 해 보는 활동을 한다. 이때 화자의 말은 언어(lexis), 화자의 말이 이루어내는 서사적 요소는 줄거리 (mythos)에 해당한다. 즉, 연극에 있어서의 줄거리에 해당하는, 화자가 한 말의 서사적 내용을 초점화시키기 위하여 독백극에 의한 이야기 구성(story building)을 가능하게 하는 것이다. 이야기 구성은 일인독백극의 경우에는 한 명, 연결독백극의 경우에는 여러 명의 학생들이 모두 자신을 서정적 텍스트의 화자라고 가정하고 화자와 관련된 이야기를 만들어 가는 것이다. 그 이야기 중에는 어조, 이미지, 비유, 상징 등에 관한 것이 자연스럽게 들어간다. 뿐만 아니라 학습자 자신의 컨텍스트를 적극적으로 발동시킨 알레고리적으로 재약호화된 이야기도 삽입될 수 있다. 이런 활동은 새로운 세계를 경험하게 하며 그 경험은 사고의 전환을 가져오게 하여 문학적 상상력을 기르게 하는데 도움을 준다.

문학영역의 심미적 구체화 단계는 언어로 표출하기 어려운 이미지의 심적 표상을 정지극이나 동작극으로 표상하는 단계다. 연극에서도 언어로 표출하기 어려운 기호는 음향이나 무대장치로 표현되곤 하는데, 서정적 텍스트에서도 언어로 표출하기 어려운 심적 표상은 정지극이나 동작극으로 표상하는 것이다. 이로써 이미지가 내포하는 은유나 상징적 의미를 자연스럽게 나타낼 수 있다. 정지극이나 동작극을 할 때 서정적 텍스트의 메시지를 단지 모방하는 것이 되어서는 안되며, 서정적 텍스트의 아우라(aura)[54]를 느낌 그자체로 놀이로서 연행해야 한다. 그러기 위해선 서정적 텍스트의 표면에 드러나지 않는 미정성의 공간을 은유적으로 표출하는 표상들이 필요하며 이는 자연스럽게 심적 표상을 구체화 시킨다. 이러한 은유적 표출의 표상은 정지극이나 동작극으로 구체화할 수 있는데, 이는 제2세대 인지과학적 관점의 의미구성 이론이 바탕이 되고 있다. 이 이론에 의하면 신체화된 인식이며 근원영역에 해당하는 움직임이나 신체감각영역이 목표영역에 해당하는 경험영역에 사상됨으로써 추상화되어 개념으로 형성된다는 것이다. 따라서 정지극이나 동작극은 근원영역인 움직임이나 신체감각영역을 활성화하고 이는 서정적 텍스트의 심적표상을 구체화 할 수 있으며 이를 통해 시적 의미를 개념적으로 이해하는 데 도움이 된다고 볼 수 있다.

심적 표상을 구체화하는데는 정지극이나 동작극에서 더 나아가 조화동작극으로 발전시킬 수 있다. 조화동작극은 심리적 시너지 효과까지 발생시켜 자의식을 줄이고 즉흥적으로 연행되기 때문에 탈 중심적이어서 참여자와 관극자 모두에게 비언어적 소통을 하게 함으로써 놀이의 자율성을 최대화 시킬

---

54) 벤야민은 기술발달과 대중매체, 그리고 이로인한 예술의 변화를 기술복제로 인한 아우라의 상실로 설명한다. 예술작품이 갖는 아우라는 특정한 시간과 공간 속에서 그 예술작품이 갖는 유일무이한 현존성 즉 그 예술작품이 위치하고 있는 장소에서 그것이 지니는 일회적 현존성에서 발생하는 특정한 분위기이다. 아우라 즉 분위기는 대상의 유일무이한 현존성을 말하는 동시에 그 대상을 느끼는 지각작용의 일회적 현존성을 의미하기도 한다. 베야민이 예를 들어 설명하고 있듯이 이는 자연적 대상의 분위기 개념으로 더욱 이해하기가 쉽다. 어느 볕 좋은 가을날 오후 고요한 산사에 바람이 불어 나무에서 낙엽이 떨어지는 것과 함께 풍경소리가 들린다면, 그래서 그 모든 것이 동시에 머릿속에 사진찍히듯이 찍혀 이후 그 산사를 생각할 때마다 그 분위기 전체가 되살아난다면, 이는 그 분위기 즉 아우라를 지각한 것이라 할 수 있다. 기계가 원작을 아무리 똑같이 복제해 내도 이 아우라는 복제할 수 없다는 것이다. 예술작품의 아우라가 위축되는 대신 복제기술은 복제품을 대량생산함으로써 일회적 산물을 대량 제조된 산물로서 대치시킨다. Benjamin, W. 반성완 옮김, 『발터 벤야민의 문예이론』, 문학과 지성사, 1983, pp. 158-159.

수 있다. 또한 학습독자의 공동참여로 표상되기 때문에 개성적 표상을 인정하면서도 통합에 의한 공유된 표상을 만들 수 있다는 장점이 있는 것이다.

문학 영역의 공유하기 단계는 지식을 지적 공동체 구성원들의 사회적 상호작용의 결과로 파악하는 비고츠키의 사회구성주의적 학습관을 배경으로 설계된 교수·학습 단계이다. 이 단계에서는 학습자들의 자발적인 연행을 통하여 얻게 된 문학적 체험들을 서로 주고 받음으로써 주관적인 지식들을 객관화하고 일반화하여 문학적 체험들을 확대하는 활동을 하게 된다. 즉 평가와 더불어 피드백(feed back)을 통해 교수학습의 개선을 도모하는 단계라고 할 수 있는데, 이는 연극에서 관념을 도출하듯이 궁극적인 서정적 텍스트의 의미를 파악하기 위해서 연행자 대 관객대화극을 한다. 연행자대 관객 대화극은 연행하는 학습독자와 관극하는 학습독자 간의 대화로 이루어진다. 연행하는 학습독자는 자신을 화자로 상정하고 질의에 응답해야 한다. 이 방법은 학습독자 혼자서 표상한 대본보다 훨씬 다양하고 융통성있는 대본을 도출시킬 수 있고 그 과정에서 심적 표상도 자유롭게 활성화 될 수 있다. 또한 학습독자간의 주관적 사고들이 공유됨으로써 간주관적으로 정리되는 단계이기도 하다.

2) 서사적 텍스트의 교수-학습모형

서사적 텍스트의 교수-학습 모형 단계	감정교류 단계	심미적 교감 단계	심미적 구체화 단계	공유하기 단계
	인물탐구	줄거리 탐구	시공소 탐구	의미탐구
⇩	⇩	⇩	⇩	⇩
서사적 텍스트의 약호	화자, 초점화자 인물 욕망	행위, 갈등 사건, 플롯	시공소	의미
연극의 약호	인물 (ethos)	줄거리 (mythos)	음향(melopoia) 무대장치(opsis)	관념(dianoia)
⇩	⇩	⇩	⇩	⇩
교육연극의 연행	독백극, 대화극 (마술상점, 이중자아)	이야기 구성 연행자 대 관객대화극	정지극 동작극	연행자 대 관객 대화극

〈표: V-2.-2)〉 서사적 텍스트의 교육연극 교수-학습 모형55)

　　서사적 텍스트의 교수-학습모형도 서정적 텍스트의 교수-학습 모형과 단계별 과정에 있어선 별 차이가 없다. 다만 감정교류 단계인 인물탐구에서 서정적 텍스트와 달리 서사적 텍스트에서 발화주체가 화자나 초점화자 또는 다수의 인물들이므로 다성적이라는 것이다. 따라서 각자의 목소리를 갖고 있기 때문에 서사적 텍스트의 의미는 하나로 규정될 수 없다. 그러므로 서사 텍스트에서의 인물탐구는 다성적인 인물들의 욕망에 대한 표상을 정교화 할 필요가 있으며 이를 위해서는 서정적 텍스트에서와 마찬가지로 독백극이 적절하다. 다만 다성적인 인물들의 욕망을 표상하기 위하여 심리극적 방법인 마술

---

55) 이 서사적 텍스트의 교수-학습 모형도 본 연구에서 제시한 감정교류단계, 심미적 교감 단계, 심미적 구체화 단계, 공유하기 단계로 제시한 문학교육 교수-학습모형에 서사적 텍스트의 약호와 교육연극의 약호를 대응시켜 제시한 한귀은(2001)의 교육연극 기법을 매치시켜 신체화된 인지구성주의 측면에서 구안한 문학텍스트(서사적 텍스트)의 교수학습 모형이다.

상점(magic shop)기법이나 이중자아(double ego)기법들을 도입할 수 있다.

마술상점(magic shop) 기법은 마술 상점을 마련하고, 그 상점에서 자신이 사고 싶은 물건, 팔고 싶은 물건을 말하게 하는 방식인데, 서사적 텍스트의 수업에서 인물의 욕망을 마술상점에서 말하게 함으로써 극적 분위기를 고조시킬 수 있다. 마술상점 기법은 연행자로 하여금 무대 위에 있는 진열대 위에 훌륭한 모든 것들이 있다고 가정하게 하는데, 이때의 물건이나 상품은 물질적인 것뿐만 아니라 꿈이나 욕망하는 것 모두를 포함한다.(한귀은, 2001:82)

이중자아(double ego)는 한 인물에 대한 또 다른 자아(alter ego)를 말한다. 이중자아는 한 인물과 심리적인 쌍둥이가 되어 그의 내면의 소리로 숨겨진 생각, 관심, 감정 등을 드러내는데, 이것을 서사적 텍스트 수업에 활용하게 되면 한 인물에 대한 자아를 두 명으로 설정하고 한 명은 외면적 자아로, 다른 한 명은 내면적 자아로 역할을 담당하게 하여 내면적 자아가 외면적 자아의 욕망에 관해 말하는 방식으로 연행하면 된다.(한귀은, 2001:82)

심미적 교감 단계인 줄거리 탐구에 있어서도 서사적 텍스트의 약호는 인물의 행위, 갈등, 사건, 플롯 등으로 단성적인 화자의 서사적 줄거리에 불과한 서정적 텍스트와는 다르다. 즉 다성적인 인물의 행위와 그것으로 인한 갈등 및 사건은 보다 복잡한 구조를 가지고 있다. 따라서 다성적인 인물간의 관계와 갈등을 표상하기 위해선 연결 독백극에 의한 이야기 구성과 연행자 대 연행자 대화극이 적절하다. 이 점은 독백극으로만 연행되는 서정적 텍스트와 다른 점이라 할 수 있다. 또한 서사적 텍스트라 할지라도 서사적 약호와 서정적 약호가 모두 엮여 있는 만큼 서사적 약호가 전경화 되어 나타나는 경우는 독백극이나 대화극을 지배소로 하여 연행하고 서정적 약호가 전경화 되어 나타나는 경우는 정지극이나 동작극으로 연행하는 것이 보다 효율적이라고 할 수 있다.

다음으로 심미적 구체화 단계인 시공소의 탐구이다. 시공소는 시공간의 내적 연관 즉 시공간적 배경으로서 서사 텍스트의 모든 약호들은 이 시공소와 함께 시공소 안에서 배열되고 규정된다. 이에 대하여 바흐친은 시간과 공간의 결합 방식 또는 시간과 공간이 사용되는 비율에 의하여 세계관의 차이가 생겨난다고 말함으로써 시공소의 칸트적 개념 즉 시간과 공간은 인식 작용의 필요 불가결한 범주임을 받아들이고 있다.(여홍상 엮음, 1997) 즉 서사 텍스트에서의 시공소는 행위자의 삶이나 삶의 방식에 커다란 영향을 미치기도 하고 또 그것에 의해 텍스트 전체의 알레고리적인 의미가 생성되기도 한다는 것이다. 이러한 시공소의 연행을 위해서는 조화극과 정지극이 유용하다. 인물이 처한 시공이나 상황을 암시하는 비언어적인 분위기의 표상에는 비언어적 연행인 조화극, 정지극이 효율적이라 할 수 있는 것이다.

끝으로 공유하기 단계인 의미탐구는 서정적 텍스트의 공유하기 단계와 같다. 학습자들의 자발적인 연행을 통하여 얻게 된 문학적 체험들을 서로 주고받음으로써 주관적인 지식들을 객관화하고 일반화하여 문학적 체험들을 확대하는 활동을 하게 된다. 그런데 여기서의 의미는 단순히 주제만을 의미하는 것이 아니다. 텍스트 표면에 드러나지 않는 모든 것들로 화자나 초점화자의 태도, 인물의 욕망, 사건의 의미 등을 모두 일컫는다. 이렇듯 텍스트의 표면에 나타나지 않는 것을 연행자 대 관객 대화극으로 연행할 경우, 연행자로 참여한 학습독자들뿐만 아니라 관객으로서의 학습독자들에게도 텍스트에 대한 표상을 역동적으로 재구성하게 만들며, 이를 통해 모든 학습독자들은 창의적 문학능력을 신장시킬 수 있게 되는 것이다.

3) 본 모형 적용시의 유의점

문학교육의 교육연극 교수·학습 모형은 앞에서 제시한 바와 같이 크게 서정적 텍스트에 적용할 수 있는 모형과 서사적 텍스트에 적용할 수 있는 모형으로 나누어 볼 수 있다. 또한 각 모형은 다시 단계별로 나누어 각 단계에 따라 교육연극의 연행 방법들을 적용 제시할 수 있다. 그러나 이는 일반적 모형이라 할 수 있으며 불변의 고정된 틀로 존재하기보다 실제 단위 시간의 수업 안 구안에서는 학습 목표나 상황에 따라 알맞게 변용되거나 다른 모형과 결합하여 개방적으로 활용되어야 할 필요가 있다.

앞에서 4 단계의 과정으로 설계된 본 모형은 문학교육의 일반적 교수-학습 모형으로 볼 수 있는 감정교류 단계, 심미적 교감단계, 심미적 구체화 단계, 공유하기 단계에 따라 학습독자의 연행이라는 드라마적 관점에서 수업 모형을 설계한 것이다. 그렇다고 해서 모든 문학교육에서 교육연극 교수-학습의 단위 수업이 본 모형의 모든 단계를 꼭 거쳐야 한다는 것을 뜻하는 것은 아니다. 실제 수업 안 구안에서의 단위 수업은 선택된 학습 소재나 문학 텍스트가 무엇이냐에 따라 각 단계 중에서 선택적이거나 복합적으로 또는 순환적으로 설계될 수 있는 것이다.

본 모형에서 제시된 단계별 학습 활동에서 활용되는 교육연극의 방법들은 반듯이 제시된 바와 똑같이 적용된다기보다는 교육연극의 연행 자체가 모든 요소의 통합적 적용을 요구하고 있으므로 통합적이어야 하되 경우에 따라서는 어느 한 요소만의 적용이 될 수도 있으며 그 활용 비율도 학습 소재나 상황에 따라 융통성 있게 조절되어야 한다.

한편 교육연극 교수-학습에서는 일정한 역할 속으로 들어가 보는 극적 상상력을 인간의 중요한 자질로 보고 있다. 그런데 이런 인간의 자질인 극적 상상력을 학습독자로 하여금 잘 발휘할 수 있도록 하기 위해서는 학습독자가 쑥스러워 하거나 어색해 하는 경직된 상태에서는 불가능하다. 그것은 학습독자의 경직된 근육과 정신적 억압을 자유롭게 풀어 주어서 어떤 역할이든지 쉽게 동일시하고 받아들일 수 있도록 해야 한다. 그러기 위해서는 본 수업모형의 적용시 바로 이런 활동들을 함으로써 인간의 자질인 극적 상상력을 잠재능력으로 개발할 수 있도록 공간지각 놀이, 주의집중 놀이, 관찰 놀이, 감각

발달 놀이, 표현놀이, 움직임놀이, 판토마임 등과 같이 비언어적 방법들도 함께 활용되어야 할 것이다. 그 밖에도 문학 텍스트에 대한 감수성을 확대하고 친밀감을 갖게 하기위한 이미지 만들기, 소리로 표현하기, 움직임으로 표현하기와 같은 비언어적 활동들도 교육연극의 부분적인 방법들로 교육연극 교수·학습의 과정 속에서 활용되어야 할 것이다.

또한 각 단계별 교육연극 교수·학습 활동에 있어서도 텍스트 속의 인물되어 보기, 감정 이입하기, 역할 놀이하기, 학습독자의 의식 투영하기 등의 활동들이 이루어진다. 이러한 활동들의 출발은 주로 상징놀이56)이다. 피아제는 학생들의 놀이를 연습놀이(practice play)와 상징놀이(symbolic play)로 구분짓고 있는데 상징놀이는 어떤 종류의 상상을 포함한다. 즉 학생들이 신체적 만족을 위해 높은 곳에서 뛰어내리기를 하는 것은 연습놀이인 반면에 자신이 황금 박쥐가 되었다고 생각하고 뛰어내리기를 한다면 그것은 상징놀이가 된다.

이와 같이 본 수업모형 적용에서의 활동은 학습독자를 이러한 상징놀이 속으로 밀어 넣는 일이라 할 수 있다. 학습독자가 상징놀이 속으로 들어가게 되면 학습독자의 연행은 주로 즉흥의 형태로 이루어진다. 이러한 즉흥이 이루어지기 까지 교사는 가정적 상황을 제시하며 극적 동기를 조성해 가는데

---

56) 이에 대하여 볼튼(Gavin Bolton, 1979)은 '행동과 물체의 상징적인 사용에 의해 의미가 창조되는 심리적 활동'으로 코스트(Virgina Glassgow Koste, 1987)는 '상상적인 변형의 심적작용을 포함하는 놀이'로 정의하고 있다. 어린 아기는 태어나면서부터 자신의 신체와 감각에 직접적으로 의존하여 놀이함으로써 자신의 지각과 신체 능력을 탐색하고 연습하고, 이후에는 인지 범위 내에 현존하는 것을 초월하는 사고단계에 도달한다. 피아제(Jean Piaget)는 이에 따라 어린이의 놀이를 '연습놀이(practice play)'와 '상징놀이(symbolic play)'로 구분 지었는데, 상상력이 동원되는 상징놀이는 2-3세 사이에 나타남을 관찰하였다. 예를 들어 그냥 신체적 만족을 위해 시내를 뛰어넘으려고 이쪽에서 저쪽으로 계속 왔다갔다하는 것이 연습놀이라면, 아이가 악어의 머리 위를 넘고 있다고 생각하면서 뛰어넘는 것은 상징놀이이다. Bolton, Gavin(1979), *Toward a Theory of Drama in Education*, London : Longman.
Koste, Virginia Glasgow(1987), *Dramatic Play in Childhood : Rehearsal for Life*, New Orleans : Anchorage Press.

그 방법으로는 상황 내에서의 인물이 취하는 태도를 단순화시키기, 제의적인 의식의 형태를 이용하여 학습독자로 하여금 상황의 분위기 속으로 끌어들이기, 허구 속의 인물에 대한 어떤 과업을 학습독자에게 부여하여 허구 속의 인물과 동일시하도록 하기, 구체적인 움직임이나 사물소품을 활용하여 상황 속으로 인도하기 등의 방법들이 있다.

이처럼 문학교육의 교육연극 교수-학습모형의 적용은 학습독자의 연행이 발전되고 진척되어 이야기를 구성하며 학습독자는 그 이야기를 통해 새로운 의미를 찾게 된다. 학습독자는 간단한 상황을 창조하여 자발적으로 연행을 해 보고 즉흥적 순간의 체험과 반응을 통해 지금까지 알지 못했던 새로운 의미들을 발견하게 되는 것이다.

VI. 결론

현대교육의 교육현장에서 크게 영향을 미치고 있는 교육사조적 측면에서의 패러다임은 구성주의적 관점이다. 이는 문학교육의 분야에서도 많은 영향을 미쳐 구성주의 문예학을 바탕으로한 구성주의적 관점의 문학교육에 대한 연구들이 많이 이루어져 왔다. 그러나 구체적 조작기에 해당하는 초등학생들의 입장을 고려한 문학교육 이론이 정립되어 있지 않으며, 학습자 중심 교육이란 현대교육의 당위적 결론에 앞서 그에 도달하기 위한 실천이론으로서의 문학교육 방법론의 부재는 시급히 해결해야 할 과제라 할 수 있다.

본 연구에서는 이러한 초등 문학교육의 당면과제에 대한 필요성에 의해, 의미구성의 주체 의존적 관점에 대한 구성주의 문학교육의 본질적 문제점들을 다시 점검하고 보완하여, 신체화된 인지적 구성주의라 할 수 있는 교육연극을 기반으로 한 문학교육 방안을 모색하였으며 이를 바탕으로 문학교육 교수·학습모형을 구안하여 제시하였다.

기존의 구성주의 문예학에 기초한 문학교육에서의 학습이 (문학텍스트-의미구성적 학습활동-학습독자)의 과정을 거친다면 교육연극을 기반으로 한 문학교육에서의 학습은 (문학텍스트-의미구성적 교육연극-학습독자)의 과정을 거친다. 즉 기존의 구성주의 문학교육은 의미구성적 학습활동을 통해 학습이 이루어지고, 신체화된 인지적 구성주의라 할 수 있는 교육연극을 기반으로 한 문학교육은 교육연극을 통해 학습이 이루어진다. 그런데 기존의 구성주의 문예학에서 이루어지는 의미구성적 학습활동에서는 문학 텍스트를 질료적 소여로서의 원본 텍스트와 의식적으로 지각된 텍스트로서의 커뮤니카트 재질로 구분하고, 이 중 의식적으로 지각된 텍스트로서의 커뮤니카트 재질이 학습독자의 인지구조(schema)상의 어떤 속성으로 할당될 때 커뮤니카트(疏通素)가 형성되어 학습독자는 텍스트 의미를 구성하는 것으로 보고 있다. 이는 의식적으로 지각된 커뮤니카트 재질이 학습독자의 인지구조(schema)와 같다는 점에서 일치(correspondence)에 의해 두뇌의 정신활동으로 인지작용이 일어나고 의미를 구성한다고 보는 구성주의적 견해이다. 그런데 여기서 커뮤니카트 재질이 이미 의식적으로 지각된 것이라면 커뮤니카트 재질은 학습독자의 내부에 이미 존재하는 것으로 보아야 하는데 어떻게 의식적 지각이 일어나고 학습독자의 내부에 존재하게 되었는지에 대한 과정이 결핍되어 있다.

이와 같은 기존의 구성주의 문예학에서의 텍스트 인식론은 칸트의 구성주의적 견해와도 유사하다. 즉 구성주의 문예학에서 문학텍스트는 인식대상인 물(物)의 세계이며, 의식적으로 지각된 커뮤니카트 재질은 인식대상인 물(物)의 세계가 인식주체 안에서 표상된 표상물이라 할 수 있다. 또 학습독자의 내부에 존재하는 인지구조(schema)는 칸트의 본유관념에 비유될 수 있다. 따라서 문학텍스트에서 학습독자의 내부에 표상된 커뮤니카트 재질은 학습독자의 내부에 기존하는 인지구조(schema)에 의해 인식되어 의미를 구성한다. 그러나 실존의 문학텍스트가 어떻게 학습독자의 내부에 커뮤니카트 재질로 표상되어 의식적으로 지각되는지에 대한 논리적 설명이 확실하지 않다. 이는 칸트의 진리대응설에 입각한 구성주의적 견해와 다를바 없는 인식론에서 비롯되었다고 볼 수 있다.

이에 비해 본 연구에서 신체화된 인지적 구성주의라 지칭하고 있는 교육연극을 기반으로 한 문학교육 이론은 이런 문제들을 해결할 수 있다. 그것은 교육연극이, 인식주체가 사물 대상과 직접 조우할 수 있는 신체화된 인식으로부터 학습이 이루어지기 때문이다. 즉 교육연극은 학습독자의 내부에 커뮤니카트 재질과 같은 관념적 표상에 의해 인식되는 것이 아니라 허구공간 안에서 실제세계의 모방에 의해 문학텍스트와 동일시하거나 소원화 함으로써 공감과 비판을 통한 신체화된 인식으로부터 출발하기 때문이다. 교육연극은 신체적 활동과 감각운동체계가 근원영역이 되어, 창의적 가정하에서 문학 텍스트의 허구적 인물로 살면서 경험한 사실들에 사상됨으로써 추상적 개념을 형성하고 문학적 의미들을 구성한다. 교육연극을 기반으로 한 문학교육은 이와 같이 일원론적 인식관에 충실함으로써 인식대상인 물(物)의 세계와 인식 결과인 표상을 논리적으로 연결해 주고 있으며, 우리의 몸은 인식주체의 내부에 의미를 구성하는 인지적 전도체로서의 역할을 하는 것이다.

본 연구는 이러한 관점에 입각하여 먼저 문헌연구를 통해 드라마의 일원론적 인식론과 전인적 인간관의 측면에서 어떤 의미가 있는지 고찰하고, 교육연극의 정의 및 목적을 통해 문학교육의 입장에서 교육적 의미는 무엇인가를 알아보기 위해, 철학적·교육학적 함의를 도출하여 교육연극을 기반으로 한 문학교육의 이론적 준거를 마련하였다. 이를 바탕으로 초등 문학교육의 실천이론으로서 인지과학적 관점의 의미구성 이론과 교육연극의 드라마적 인지과정이 어떻게 문학교육 이론으로 수용될 수 있는지를 살펴보고 교육연극을 기반으로 한 문학교육의 요소들을 통해 초등 문학교육의 이론체계를 수립하였다. 이를 위해 먼저 오늘날 주류적 문학교육 이론의 패러다임으로 굳어지고 있는 기존의 구성주의 문예학이 문학교육 이론으로서 인식론적 입장에서 보완되어야 할 사항이 무엇인가를 논의하였는데 그 결과 다음과 같은 사실들을 알게 되었다.

첫째, 구성주의 문예학은 학습 독자가 문학텍스트를 인지하는 과정에 있어서 '몸의 중심성'에 바탕을 둔 신체화된 인지활동에 대한 이해가 전적으로 부족하였다. 즉 학습 독자가 문학텍스트를 인지하는 과정에서 일어나는 상상력, 의미, 그리고 이성과 같은 전반적인 정신능력들은 모두 유기체인 인간의 몸에 근거를 두고 있으며 몸에 의해 적절하게 제약되고 있다는 사실이다.

둘째, 그로인하여 문학텍스트와 직접적인 조우를 통한 학습독자의 감성영역이 소홀히 되었으며, 감성영역의 본체인 '몸의 중심성'이 배제된 채 문학텍스트의 인지과정을 커뮤니카트 재질과 학습독자의 배경지식에 의한 커뮤니카트 형성이라는 진리대응설에 입각한 인지작용으로 정신활동에 의해서만 인지활동이 일어나는 것으로 보고 있다는 점이다.

셋째, 따라서 이는 칸트의 구성주의적 견해와 다를 바 없으며, 이러한 진리대응설에 입각한 의미구성은 구성주의 문예학이 학습독자의 내부에 인지적 구성물을 구축하는데 신체적 활동과 감각운동체계가 근원영역으로서 동인이 된다는 사실에 대하여 간과하고 있음을 보여준다.

이러한 점들을 보완하기 위하여 본 연구에서는 인지과학적 관점의 의미구성 이론을 도입하였다. 이 이론은 "첫째, 마음은 본유적으로 신체화되어 있다. 둘째, 사고는 대부분 무의식적이다. 셋째, 추상적 개념들은 대체로 은유적이다." 라는 발견에서 출발하는데, 이는 학습독자가 문학 텍스트를 통해 의미를 구성해 나갈 때 인지적으로 관련이 있는 신체적 활동과 감각운동체계를 활성화함으로써 의미를 구성해 간다는 사실을 말해준다. 또한 인지과학적 관점의 의미구성 이론은 드라마적 인지과정과 관련하여 실제세계의 모방이라는 허구적 공간속에서 학습독자의 연행이라는 제 1 메타텍스트를 산출하고 이를 통해 문학텍스트 속의 화자와 동일시라는 허구적 정체성을 경험한다. 그런가 하면 학습독자는 연행의 과정 속에서 때로는 허구공간에서 현실공간으로 빠져나오는 소원화를 통해 허구 공간의 사건과 인물을 비판하게 되는데, 학습독자는 이렇게 하여 산출된 제 2 메타텍스트를 통해 반성적 사고를 하기도 하는 것이다. 이러한 일련의 과정들을 통해 교육연극을 기반으로 한 문학교육 이론체계를 수립 하였는데 이는 다음과 같다.

첫째, 감각인식의 과정이다. 이 과정은 사실인식에 앞서 언어적 약호로 되어있는 문학텍스트를 학습독자의 인식공간으로 수용하기 위한 과정이다. 여기서 학습독자는 텍스트 인물의 탐색에 동원되는 관찰, 분류, 구분, 비교, 대조, 추론, 비판 등과 같은 복합적이고 유기적인 사고과정에 필요시 되는 감각 정보들을 실제 세계 속에서 찾아낸다. 즉 학습독자는 일차적으로 감각기관을 통하여 세계와 소통을 하며, 그렇게 하여 얻은 감각정보는 대상을 범주화하고 개념화한다. 그리고 범주화되고 개념화된 감각정보들은 언어적 약호로 되어있는 문학텍스트를 학습독자의 감각정보로 다시 살아나게 하며 문학텍스트의 허구세계를 '지금 이제'와 같은 현실속의 허구세계로 재구한다.

둘째, 사실인식의 과정이다. 이 과정은 실제세계의 모방을 통해 개인의 특수한 경험을 언어나 기호로 객관화하는 드라마적 인지과정이다. 인지 과학적으로는 기본층위 범주(basic-level categories)가 형성되고 개념화에 대한 인지적 기제가 작동하며 일차적 은유가 형성되는 과정이다. 학습독자는 이 과정에서 자신의 주관적 경험에 공간관계 개념이나 근육운동 개념과 같은 감각영역의 추론구조를 사상하여 실제 인물을 탐색하며 객관화하고 이를 통해 텍스트 속의 발화자나 인물이 되어 연행을 한다. 다시 말해 학습독자는 감각인식과정의 실제 세계에서 찾아낸 감각정보들에 의해 대상을 개념화하고 범주화 한 것을 가지고 텍스트 속의 발화자나 인물을 탐색하는데 활용하는 것이다. 즉 감각정보에 의한 대상의 개념화와 범주화는 사실인식에 필요한 관찰, 분류, 구분, 비교, 대조, 추론, 비판 등과 같은 복합적이고 유기적인 사고과정을 학습독자로 하여금 가능하게 한다.

셋째, 관계인식의 과정이다. 이 과정은 사실인식을 포함하는 드라마적 인지과정으로 복잡한 사상의 관계를 체계적으로 논리화하는 인식이다. 인지과학의 원리로 말하면 원자적 개념의 일차적 은유들이 별개의 개념영역들로 동시에 활성화되고 어떤 조건들에 의해 별개의 개념 영역들 간의 연결체가 형성되는데, 이러한 개념적 혼성(conceptual blending)에 의해 원자적 개념의 일차적 은유들이 결합하여 분자적 개념의 복합적 은유를 형성한다. 이렇게 생성된 복합적 은유는 복잡한 사상의 관계를 체계적으로 인식한 구성물이 되는 것이다. 이를 드라마적 인지과정으로 말하면 학습독자가 문학텍스트의 문제 상황을 해결하기 위하여 텍스트의 상황을 인식 공간속에 주입하여 현실 세계를 삭제하고 그 위에 새로운 세계를 구축하게 된다. 이렇게 새로운 세계를 구축하는 과정에서 학습독자는 새로운 의미와 질서를 부여하고 텍스트의 관련 상황을 그대로 삶(living)게 되는데, 이 과정이 바로 관계인식의 과정이다. 즉 학습독자는 허구적 공간 속에서 텍스트 속의 인물이나 화자에 공감하고 허구적 정체감을 느끼기도 하지만 때로는 현실공간으로 빠져나와 허구속의 인물이나 화자를 비판하기도 한다. 이것이 동일시이며 소원화인데 이는 학습독자가 드라마적 인식공간에서 경험하게 되는 자아이중화이다. 여기서 학습독자는 교육연극에 참여하는 참여자와 관찰자의 이중적 입장에서 균형감을 잃지 않고 인지적 자각과 감성적 공감 모두에서 변화를 경험하게 되는데 이를 통해 학습독자는 복잡한 사상들을 체계성 있게 자기논리로 해석하고 새로운 사실들을 발견하는 것이다.

넷째, 본질인식의 과정이다. 이과정은 앞의 관계인식을 포함하는 드라마적 인지과정으로 학습독자가 내면의 변화를 가져오는 과정이다. 학습독자는 문학 텍스트의 개별 대상을 통합하고 그 통합관계를 통해 자신의 삶에 새로운 의미와 질서를 부여하며 궁극적으로는 대상의 본질을 이해하게 되는 것이다.

그런데 이러한 교육연극을 기반으로 한 문학교육 이론체계에서 본질인식은 관계인식을, 관계인식은 사실인식을, 사실인식은 감각인식을 포함하는 함의적 관계로 작용을 한다. 따라서 학습독자가 문학텍스트를 해석하고 그 해석을 통해 문학적 의미를 구성하는 과정은 감각인식이 그 근원이 되며 종착지는 본질인식이 이루어지는 시점이 된다. 이는 또 '몸의 중심성'에 바탕을 둔 신체화 된 인지활동인 감각영역에서 출발하여 삶의 본질이라는 추상적 개념과 사상을 형성하는 정신영역으로서의 문학적 의미구성에 이르게 하는 문학교육 방법이 되는 것이다.

여기에 교육연극의 교사, 교육연극의 학습자, 교육연극의 교수방법으로 도로시 헤스컷(Dorothy Heathcote)의 이론을 중심으로 고찰해 봄으로써 교육연극 교수·학습에서의 각 요소들에 대한 역할과 교수·학습의 방법적 원리들이 허구적 문제상황 조성자로서의 교사, 허구적 문제상황 속 자각자로서의 학습자, 교육연극 기반의 교수방법 등으로 문학교육의 방법적 원리가 됨을 보다 구체성 있게 고찰하여 교육연극을 기반으로 한 문학교육 이론을 보다 명시적으로 전개하였다. 이상과 같은 이론을 바탕으로 교육연극을 기반으로 한 문학교육의 특성과 문학교육의 원리 및 방법을 찾아보고 교육연극 교수·학습모형을 서정적 텍스트의 경우와 서사적 텍스트의 경우로 나누어 구안 제시하였다.

본 연구의 결과를 요약하면 다음의 몇 가지로 요약된다. 첫째, 현대 문학교육의 패러다임이라 할 수 있는 기존의 구성주의 문예학은 학습독자가 능동적으로 참여하며 문학텍스트에 대한 의미를 구성해 간다는 당위적 패러다임에 알맞은 문학교육이론의 틀을 마련하는데 공헌하고는 있지만, 한편으로는 기존의 구성주의 문예학이 문학텍스트에 대한 의미구성 과정을 전적으로 두뇌의 인지활동에 의해서만 이루어지는 것으로 보고 있어서, 문학텍스트 의미구성의 또 다른 측면에서 크게 작용하고 있는 '몸의 중심성'에 바탕을 둔 신체화된 인지활동을 간과하고 있다는 점이다. 둘째, 문학 텍스트의 의미구성 과정에서 우리의 몸은 인식대상과 인식결과를 연결하는 인지적 전도체로서의 역할을 하며, 궁극적으로는 이런 감각영역의 역할이 동인이 되어 무의식적 은유에 의해 의미를 구성한다는 점이다. 따라서 기존의 구성주의 문예학은 신체화된 인지적 구성주의 관점으로 좀더 보완되어야할 필요성이 있음을 보여주고 있다. 셋째, 기존의 구성주의 문예학의 이런 점을 보완하기 위해서 이 책에서는 인지과학적 관점의 의미구성 이론을 도입하여 신체화된 인지적 구성주의로 지칭할 수 있는 교육연극을 기반으로 하는 문학교육 이론체계를 수립 제시하였다는 점이다. 넷째, 그 이론체계에 따라 교육연극을 기반으로 하는 문학교육 교수·학습 모형을 구안 제시하였다는 점이다. 그러나 본 연구는 실천이론으로서의 초등 문학교육 이론체계의 확립과 방안의 제시였던 만큼 교육현장에서의 임상적 적용을 통한 그 효과에 관한 검증은 본 연구의 남겨진 과제라 할 수 있다.

부 록

※ 교육연극 교수 – 학습안 구안의 예

1. 서정적 텍스트의 교수 –학습안의 예

[텍스트]
· 6-2. 4. 파란 하늘 높은 하늘
· 폭포(동시)

폭　포

폭포 앞에 서면
수만 마리로 쏟아지는 새떼 소리
솟아오르는 새떼 소리.

깊은 숲 속
숱한 산새 소리들이 몰려와
일시에 토해 내는 소리.

곤두박질치며
허연 날개 퍼덕이며
치솟아 오르는 소리.

푸른 물 속에
허연 속살 번쩍이며
자맥질하는 소리.

하늘에도 땅에도
내 몸에도

온통 휘감으며 달라붙는
저 소리
수만 마리의 새 떼 소리.

[단원의 특성]
· 생각이나 느낌의 효과적인 시적 표현
· 문학 작품 감상능력 신장(동시)

[학습목표] : - 생각이나 느낌을 효과적으로 표현한 시적 표현을 여러 가지 연극적 방법으로 표현할 수 있다.
- 시적 표현속에 담긴 생각과 느낌을 통해 다양한 상상력을 기른다.

[교수학습 과정안]

단계	학습활동	교사의 역할	시간	자료 및 유의점
문제 설정 단계	· 본 단원 학습의 의미를 설명한다. · '폭포' 시를 소개한다. -폭포를 본 경험 말하기 -새 떼를 본 경험 말하기 -시 낭송하기 · 시에 나타난 생각이나 느낌을 여러 가지로 표현할 수 있는 방법을 생각해 본다.	· 학습 목표 설정시 감상능력 신장 시적 표현력과 상상력 신장 · 학습활동의 초점시적 표현에 나타난 생각과 느낌을 여러 가지 방법으로 나타내기	5'	· 교수학습의 방향이 흔들리지 않게 학습 목표 설정과 학습 활동의 초점이 일관되게 유지 되도록 계획 한다.
문제 발견	· 학습 문제 안내 효과적으로 표현한 시적 표현을 여러 가지 연극적 방법으로 표현해 봅시다. 시적 표현속에 담긴 생각과 느낌을 통해 다양한 상상을 해 봅시다.		3'	
감정 교류 단계	· 폭포 소리 만들기 폭포 소리를 여러 가지 방법으로 만들어 보세요. 발 구르기, 손으로 책상 치기등의 방법으로 소리를 낸다. 도구를 이용하여 소리를 낸다. 같은 방법으로 느낌이 조금 다른 소리를 낸다. · 만든 폭포 소리를 듣고 알맞은 표정을 지어 봅시다. · 만든 여러 폭포 소리를 듣고 느낌을 말로 표현해 본다.	· 독창적인 방법을 창안한 아동을 칭찬해 준다. · 알맞은 표정짓기에선 비언어적 의사 소통의 기술 요소 (Ki -nesics(動作學)의 기술)를 충분히 활용하게 한다. · 소리를 듣고 말로 표현할 때 비유적 표현을 활용하도록 한다. (예 : 우뢰와 같은 폭포소리, 울부짖는 폭포소리, 귀를 찢는 듯한 폭포 소리 등)	10'	· 폭포 소리를 만들 수 있는 여러 가지 도구 · Kinesics(動作學)의 기술요소 활용으로는 신선함, 놀라움, 등과 같은 감정을 만들어낸 폭포 소리에 어울리게 표정으로 나타 내 본다.

심미적 교감 단계	· 시 텍스트 속의 소재 탐구 하기 · 새떼가 되어 봅시다. 　몇 명이 나와 무리를 이루며 새 떼의 나는 모습을 동작극으로 표현한다. 　(솟아 오르는 새 떼, 곤두박질치는 새 떼, 그 밖에 여러 가지 모습으로 날아가는 새떼) · 산새가 되어 봅시다. 　몇 명이 나와 산새 소리를 내어 본다. 　여러 가지 느낌을 달리하며 산새 소리를 내어 본다. 　(기쁨, 슬픔, 분노, 우울함, 즐거움 등)	· 5~6명의 단위로 모둠을 편성한다. · 여러 종류의 새 떼의 이동이나 나는 모습에 대한 영상 자료를 보여 준다. · 산새가 무리를 지어 내는 소리에 관한 여러 음향 자료를 들려 준다. · 여러 가지 도구를 활용하거나 방법을 동원해 보도록 한다.(휘 파람, 풀 피리, 종이 피리 등)	15'	· 영상 자료 · 음향 자료 · 여러 가지 소리를 낼 수 있는 도구
심미적 구체화 단계	· 새 떼가 나는 모습을 다양한 동작극의 연행으로 나타낸다. 　끓어오르는 기쁨을 새 떼의 모습으로 나타내면 어떤 모습일까 동작극으로 표현해 본다. 　우울한 기분을 새 떼가 나는 모습으로 나타내면 어떤 모습일까 동작극으로 표현해 본다. 　치솟아오르는 새 떼 소리, 일시에 토해 내는 새 떼 소리, 자맥질하는 새 떼 소리, 휘감는 새떼소리를 적절히 섞어 동작극 연행의 배경 음향으로 넣어 본다.	· 서로가 협의하여 여러 가지 도구나 표정 또는 동작극으로 시의 분위기를 표현해 봅시다. · 5~6명의 단위로 모둠을 편성한다. · 두 모둠이 연합하여 활동을 해 보도록 하여 동작극 연행자의 수를 늘여서 표현해 보기도 한다. · 동작극의 연행시에 적절한 음악을 배경 음악으로 넣어 보도록 한다.	35'	· 표현의 구성이 변화를 이루며 매듭이 지어지도록 유도한다. · 공간 활용에 대한 구체적인 움직임 계획을 짜도록 한다.
공유하기 단계	· 우렁찬 폭포, 기쁨에 넘치는 폭포, 우울한 폭포, 몸에 휘감기는 폭포 등과 그	· 각 모둠에서 발표한 것 중에 이 동시의 폭포가 주는 느낌을 가장 잘 표현한 것	12'	· 어떤 생각도 모두 수용해 준다.

와 같은 새소리는 어느 모둠에서 발표한 동작극의 연행이 가장 적절한 것이었나 이야기 한다. · 새가 나는 동작극을 배경으로 시를 낭독해 본다.	은 어느 것이었나 선정해 보도록 한다. · 동작극을 연행하면서 느낀 점을 서로 말해 보도록 한다.		

2. 서사적 텍스트의 교수–학습안의 예

[텍스트]

· 6-1. 8. 이야기 속으로

[단원의 특성]

· 이야기 양식의 구성적 특성 이해
· 문학 작품 감상능력 신장(동화, 소설)

[학습목표]

· 이야기를 읽고 인물의 성격을 연행자 대 연행자 대화극을 통해 연행으로 표현할 수 있다.
· 인물의 성격과 배경을 달리하며 이야기를 꾸미고 연행자 대 연행자 대화극의 연행으로 표현할 수 있다.
· 구체적인 행동을 근거로 엄석대와 한병태의 인물평을 할 수 있다.

[교수·학습 과정안]

단계	학습활동	교사의 역할	시간	자료 및 유의점
문제 설정 단계	· 본 단원 학습의 의미를 설명한다. · '우리들의 일그러진 영웅' 소설을 소개한다. 　- 책을 읽은 경험 이야기하기 　- 지은이, 출판되어 나온책, 출판사 　- 인물의 성격과 배경의 변화에 초점을 두도록 한다. · 이야기 읽기(교과서에 소개된 일부분)	· 학습 목표 설정 　소설 감상능력 신장 　문학적 상상력 신장 · 학습활동의 초점 　이야기 양식의 구성적 특성 　성격과 배경 및 사건 전개 · 어린이들이 줄거리 중심으로 이야기의 흐름을 파악하며 읽도록 한다.	5'	· 교수학습의 방향이 흔들리지 않게 학습 목표 설정과 학습 활동 의 초점이 일관되게 유지되도록 계획한다.
문제 발견	· 학습 문제 안내 이야기를 읽고 인물의 성격을 연행자 대화극의 연행을 통해 표현해 봅시다. 인물의 성격과 배경을 달리하여 이야기를 꾸미고 대화극을 해봅시다. 엄석대와 한병태의 인물 평가에 대한 청문회를 해 봅시다.		3'	
감정 교류 단계	· 이미지 표현하기 동물나라의 왕이 되었다고 생각해 봅시다. 나는 지금 무엇을 하고 있나요? 나의 모습과 나에게 복종하는 동물들의 모습은 어떠한가요? · 동작극과 소리로 표현하기 　(해설이 있는 무언극) 〈사슴과 토끼가 평화롭게 풀을 뜯고 있습니다. 여우가 나타났습니다. 달갑지 않지만 개의치 않고 여우의 훼방을 피해가며 풀을 뜯습니다. 늑대가 나타났습니다. 사슴과 토끼는 훼방꾼이 하나 더 늘어 기분이 나쁩니다. 점점 마음놓고 풀을 뜯을 수가 없습니다. 그때 사자	· 그림을 잘 그리는 것 보다 그림의 형이나 색으로 순간적인 이미지를 표현하도록 한다. · 발표하는 방법에 대하여 시범 보인 후 발표시킨다. · 어린이들이 해설의 속도에 따라 자유롭게 상상할 수 있도록 실감나게 해설을 해 준다. · 사자, 늑대, 여우, 사슴, 토끼의 역할을 동작으로 표현하는 조와 그 표현을 보며 여러 가지 타악기로 효과음을 내어 소리로 표현하는 조를 1대 1로 짝을 지어 주고 활동시키며 서로 역할을 바꾸어서 해보도록 한다.	7'	· 즉흥적으로 오는 느낌을 중시하도록 한다. · 16절 도화지. 여러 가지색 색연필 · 징, 북, 장고, 꽹과리, 소고 · 동물과 동물에 알맞은 효과음을 내기 위한 악기는 자유롭게 선택 하도록 한다. · 동작극으로 표현할 때 비언어적 의사소통의 기술(Kinesics(動作學)의 기술)을 활용한다.

	가 나타났습니다. 사슴과 토끼는 너무나 놀라 풀을 뜯을 엄두도 못 냈습니다. 그런데 웬일입니까? 여우와 늑대가 사자 때문에 꼼짝도 못합니다. 덕분에 사슴과 토끼는 사자 눈치만 보면 오히려 맘을 놓고 풀을 뜯을 수가 있어 기분이 조금 좋아졌습니다.) · 해설에 따라 동작극으로 표현을 하고 타악기로 효과음을 넣는다.		
심 미 적 교 감 단 계	· 이야기 속의 등장인물이 되어 봅시다. (한병태가 시골 학교에 전학을 왔습니다. 담임 선생님의 소개로 새 학급 친구들과 인사를 나누고 점심 시간입니다. 몇명 아이들이 몰려와 이것저것 궁금한 것을 묻습니다. 그때 엄석대가 아이들에게 명령합니다. 아이들은 아무 저항 없이 자기 자리에 가 앉습니다. 엄석대가 한병태를 부릅니다. 한병태는 처음부터 호락호락해서는 안 된다는 오기가 생겨 다른 아이들처럼 복종하지 않습니다. 두 아이가 왜 복종하지 않느냐는 듯이 다가와 으르댑니다. 안간힘을 다하여 저항하다가 결국 위압감에 복종 합니다. 엄석대는 부드러운 표정으로 한병태가 자랑스러워 할 만한 여러 사실들을 묻습니다. 한병태의 저항감이 누그러지며 엄석대가 정해주는 자리에 가 앉습니다.) · 즉흥적 표현을 하게된 이유나 느낌 또는 생각을 발표한다.	· 소개하는 장면, 몇 명의 아이 들이 몰려와 호기심을 갖고 묻는 장면, 엄석대와 대립하는 장면, 엄석대의 명령에 호응하는 장면과 같이 몇 개의 상황을 학생들간에 합의하고 연행자 대 연행자 대화극을 즉흥으로 연행하도록 한다. · 연행 과정에서 엄석대와 한병 태간의 팽팽한 긴장감에 초점을 맞춘다. · 학생들의 실연이 합의된 상황 아래서 자유로운 표현과 대사가 되도록 수용한다. · 연행자 대 연행자 대화극의 연행 과정에서 표출된 즉흥 표현 들을 하게 된 자신의 생각이나 느낌을 발표시킨다.	15'	· 장면은 문학 텍스트의 기본적 틀을 유지 하도록 몇개의 상황으로 일관성 있게 제시해 준다. · 연행 과정에서 아이디어를 생성하고 초점 이 일관성있게 유지되도록 교사는 사이드 코치가 되어 계속적인 안내를 한다.

심미적 구체화 단계	· 배경이나 인물의 성격 바꾸기
	한병태가 당황스러워 할 장면을 꾸며 봅시다.
	  이야기 속에서 엄석대라는 인물이 없다고 가정하고 이야기를 만들어 봅시다.
	  한병태가 엄석대보다 덩치도 크고 힘도 셉니다. 이야기를 만들어 봅시다.
	  한병태가 시골 학교가 아닌 같은 서울 학교로 전학을 하였습니다. 이야기를 만들어 봅시다.
	  한병태가 서울 학교가 아닌 시골 학교에서 전학을 왔습니다. 이야기가 어떻게 될까요?
	· 의미 형성하기
	  아이들이 엄석대의 명령에 철저히 복종합니다. 바보스럽다고 생각하지 않았나요?
	  엄석대가 위대하다고 생각되나요?
	  한병태가 용기가 있다고 생각하나요?
	  시골 학교 아이들은 서울 학교 아이들과 어떤 점이 다른가요?
	  한병태가 엄석대의 명령을 거부할 수 있었던 것은 무엇 때문이라고 생각하나요?
		· 모둠 구성하기
		  5~6명씩 5개의 모둠으로 편성하여 각 모둠마다 배경이나 인물의 성격이 서로 다른 상황을 제시하여 주고 이야기를 꾸며 연행자 대 연행자 대화극으로 연행해 보게 한다.
		· 모둠에 참여하는 학습자 간에 달라진 가정적 상황을 합의하고 즉흥으로 연행자 대 연행자 대화극으로 연행을 한다.
		· 발표하지 않을 때는 자유로운 태도와 분석 판단의 상태에 있는 관객 참여자가 되도록 한다.
		· 연행자 대 연행자 대화극을 연행해 보고 질문에 대한 그 인물 로서의 생각이나 느낌과 나 자신의 생각이나 느낌을 비교하여 말해 보게 한다.
		· 연행자가 말하지 못할 때는 좀 더 구체적으로 질문을 한다.
		· 질문의 방법은 기자회견이나 인터뷰 형식 등의 극적 방법을 활용한다.
			20'	· 미리 대본을 써서 연행하는 것이 아니라 제시된 상황의 틀 안에서 즉흥을 통해 연행을 한다.
				· 때로는 표현 활동의 과정에서 연행을 멈추고 현장 인터뷰를 함으로써 즉각적인 반성적사고를 유도한다.
				· 문학 텍스트 속의 등장인물의 입장과 배경 속에서의 인물의 입장이 되어 생각해 본다.

공유하기 단계	· 엄석대와 한병태의 성격적 문제점은 무엇인가?
	  엄석대 - 고집이 세다. 횡포가 심하다. 남의 말을 무시한다. 아이답지 못하다. 폭력적이다. 등
	  한병태 - 의지가 약하다. 용기가 없다. 기회주의적이다. 쉽게 굴복한다. 등
		· 엄석대와 한병태의 역할을 한 연행자는 증인석에서 자신의 행위에 대한 생각을 역할 속 인물의 입장에서 정당함을 합리화 한다.
		· 청문을 하는 관객 참여자는 구체적인 행동이나 행위를 들어 증인을 통해 확인하면서 성격적 문제점을 고쳐 줄 것을 요구한다.
			10'	· 그밖에 엄석 대의 행동에 반응하는 다른 아이들의 행동이나 성격을 대상으로 할 수도 있다.

3. 문학 텍스트 수용과 창작 교수-학습안의 예

[단원]

· 6-1. 2. 고전의 향기

[단원의 특성]

· 묘사의 여러 가지 방식 알고 그 효과 이해
· 실감나게 묘사하여 글 쓰기

[학습 목표]

· 글을 읽고 실감나게 묘사한 부분을 잘 살려 즉흥극으로 표현할 수 있다.
· 글의 앞뒤에 생략된 부분을 상상하여 즉흥극으로 표현해 보고 실감나게
  이야기를 꾸며 쓸 수 있다.

[교수·학습 과정안]

단계	학습활동	교사의 역할	시간	자료 및 유의점

문제 설정 단계	· 실감나게 묘사한 부분 즉흥극으로 표현하기, 생략된 내용 상상하여 연행해 보고 실감나게 묘사하여 쓰기
	· 고소설 '장끼전' 소개 하기
	-꿩을 본 경험 말하기
	-꿩의 생김새 말하기
	-장끼와 까투리의 다른점 말하기
	· 실감나게 묘사한 부분 찾아 읽기
	(장면이나 모습을 중심으로)
		· 학습 목표 설정
		  묘사 부분 즉흥극으로 표현하기
		  생략된 부분 상상해 보기
		  상상한 것을 연행해 보기
		  연행한 것을 실감나게 묘사하여 쓰기
		· 학습활동의 초점
		  장면이나 모습의 묘사를 즉흥극으로 표현하기
			5'	· 교수·학습의 방향이 흔들리지 않게 학습 목표 설정과 학습 활동의 초점이 일관되게 유지 되도록 계획한다.

문제 발견	· 학습 문제 안내 글을 읽고 실감나게 묘사한 부분을 잘 살려 즉흥극으로 표현할 수 있다. 글의 앞뒤에 생략된 부분을 상상하여 즉흥극으로 표현해 보고 실감나게 이야기를 꾸며 쓸 수 있다.		2'	

감 정 교 류 단 계	· 긴장 풀기(꿩과 사냥개) 놀이 방법-(학생들이 모두 교실 한가운데 자유롭게 선다. 한 학생이 술래가 된다. 다른 학생들은 모두 꿩이 되어 자유롭게 달아난다. 이때 사냥개는 몸의 탄력을 이용하여 두 발을 모아서 높이 뛰면서 따라 가고 꿩은 두팔로 날개치며 종종 걸음으로 달아난다. 달아나다 사냥개에게 잡히면 꿩은 즉시 사냥개가 되어 걸음을 바꾸며 사냥개의 역할 을 한다. 이렇게 하여 모든 학생이 사냥개가 될 때 까지 한다.)	· 사냥개와 꿩이 특별한 표식으로 분리되어 있지 않으므로 반드시 걸음걸이의 규칙을 지키도록 한다. · 꿩과 사냥개 놀이를 통해 육체적으로 주변에서 오는 감각을 손쉽게 받아들일 수 있도록 몸을 데워 긴장을 풀고 준비를 하게 한다.	· 달아나는 꿩의 입장이 되어 긴박하게 쫓기는 행위를 통해 동일시 감정을 느끼게한다.
			13'
심 미 적 교 감 단 계	· 표정짓기 놀이 방법-(모둠 간의 게임으로 진행하며 방법은 각 모둠이 한 줄로 서서 대기하고 그 중 첫 번째 주자가 일정한 간격을 사이에 두고 마주본다. 그리고 대기하고 있던 학생들이 차례로 동물의 특징을 표정으로 보여 준다. 이때 앞의 학생이 하지않은 동물의 표정을 지어 주어야 하며 맞추게 되면 표정을 지은 학생이 맞추는 역을 담당하고 맞춘 학생은 그 모둠의 맨 끝에 서서 마지막 주자가 된다. 맞추지 못하면 맞출 수 있을 때까지 몸동작으로 표정을 확대한다. 이렇게 해서 가장 먼저 끝내는 모둠이 이기게 된다.)	· 동물의 표정을 순간적으로 표현해 봄으로써 역할 연기에 대한 부담을 덜어 주고 자신감을 갖도록 한다. · 게임의 규칙을 잘 지키도록한다.	· 비언어적 의사소통 기술인 Kinesics(동작학)의 기술을 경험하게 하여 표현 능력을 기르게 한다.
			13'
	· 상황 제시하기 장끼와 까투리가 겪는 어려움을 즉흥으로 표현해 본다. (장끼와 까투리가 먹이 찾아 나섭니다. 보라매가 나타났습니다. 숨을 곳을 찾아 보세요.)	· 개별활동 : 해설이 있는 무언극으로 표현하되 음향(꿩의소리)은 허용한다. 아동들은 모두 장끼와 까투리가 되어 먹이를 찾아 들판을 뒤진다. 그러	· 상황 제시는 장끼와 까투리가 먹이를 찾아 나설 때 부터 여러 가지 위험을 겪게 되는 과정을 자
			30'

심미적 구체화 단 계	(사냥개가 등장하였습니다. 어떻게 해야 할 까요. 동작과 표정으로 나타내 보세요.) (장끼와 까투리가 먹이를 발견하고 서로 다툽니다. 콩을 먹으려는 장끼와 못 먹게 말리는 까투리가 되어 상대를 설득해 보세요.) · 이야기 구성하기 (콩을 먹고 비참하게 죽어가는 장끼의 고통스런 죽음 장면과 그것을 바라 보며 슬퍼하는 까투리와 아이들의 비통해 하는 장면을 조화동작극으로 꾸며 발표해 보세요.) (까투리는 장끼가 죽은 후 어떻게 되었을까요. 그 다음 이야기를 한 장면으로 조화정지극을 꾸며 발표해 보세요.)	다가 보라매와 사냥개가 나타나는 상황이 제시 되면 각자의 상상에 따라 동작이나 움직임으로 표현한다. · 2인 활동 : 둘씩 짝지어 서로 연행자 대 연행자 대화극을 바꾸어 연행해 보도록 한다. · 모둠활동 : 죽음을 맞는 장면과 죽음 이후의 장면은 5~6 명 단위의 모둠으로 나누어 모둠별로 조화 동자극과 조화정지 극을 만들어 연행해 본다. · 연행시 동작극은 '얼음'을 하고 무엇을 표현하였는지 발표하고 정지극은 '땡'을 하고 무엇을 표 현한 것인지 발표하게 한다.		세하게 구성하여 들려 주고 학생은 그 해설에 따라 즉흥으로 표현한다. · 학생들로 하여금 이러한 역할 바꾸기의 연행을 통해 등장인물의 서로 다른 관점에서 글을 해석하고 표현해 볼 수 있는 다층적인 의사소통 과정을 경험하게 한다. · 이야기 구성하기는 자유로운 상상이 되도록 하며 즉흥극의 연행 과정에서 느낀점을 발표시킨다.
문 제 해 결 단 계	· 역할의 즉흥 과정에서 경험하게 된 감정이나 느낌을 글로 쓴다. '덫에 치었을 때의 고통이 어떠했나? 덫이 목을 짓눌러 숨이 막혀갈 때 어떤 생각을 하였나? 남편이 고통에 일그러지며 죽어갈 때 어떤 느낌이 들었나? 죽어가는 아버지의 모습을 바라보며 어떤 마음이었나?'와 같이 연행할 때의 감정을 되살려 떠난 남편과 아버지에 대한 마지막 편지를 실감나게 쓴다. · 즉흥으로 꾸며본 글의 뒷부분을 즉흥시 느낌과 생각을 회상하며 글로 쓴다.	· 장끼를 떠나 보내는 슬픈 마음을 편지글로 써 보도록 한다. · 장끼가 죽은 후의 이야기를 실감나게 글로 써 보도록 한다. (즉흥으로 연행해 본 경험을 생각하며 쓴다.) · 까투리는 장끼가 죽은 후 어 떻게 되었을까요?	20'	· 죽은 장끼가 부인 까투리에게 또는 아이들에게 남기고 싶은 이야기를 쓰게 할 수도 있다. · 모둠별로 즉흥해 보았던 이야기를 자세히 쓰도록 한다.
공 유 하 기 단 계	· 모둠별로 꾸며쓴 이야기를 발표하고 느낀점을 말해 본다. · 상상한 내용이 달라진 것은 무엇 때문인지 말해 본다. · 어느 글이 실감나게 잘 묘사하 였는지 뽑아 본다.	· 즉흥해 본 이야기를 글로 쓸때는 즉흥 장면에서 인물들의 행동을 회상하며 묘사하듯이 쓰도록 한다.	10'	

참고문헌

1. 기본자료

교육부 (1999a), 초등학교 교육과정해설(Ⅲ). p.155. p.9. p.15.
교육 인적 자원부 (2003), 초등 국어 교과서, 대한 교과서 주식회사.
원훈의 (1996), 국어과 교육연구, 국학자료원.
소꿉놀이 (2006), 아이들과 함께하는 교육연극, 우리교육.

2. 단행본

강이철 (2001), 코스웨어 설계를 위한 교육공학의 이론과 실제, 지학사.
강인애 (1997), 왜 구성주의인가? -정보화시대와 학습자 중심의 교육환경-, 문음사, p.16.
권대훈 (2005), 교육평가, 서울, 지학사.
김병옥 (1986), 칸트의 교육사상 연구, 집문당.
김인순 (1997), 꿈의 해석 상·하, 프로이트 전집 5·6, 열린책들.
김인환 (1979), 문학교육론, 평민서당.
김장호 (1983), 학교연극 그 이론과 실제, 동국대학교 출판부.
김창원 (1995), 시교육과 텍스트 해석, 서울대학교출판부. p.27.
김호권·임인재·변창진·김영채 (1995), 현대교육평가론, 서울: 교육과학사.
민병욱 외 (2001), 교육연극의 이론과 실제, 도서출판 연극과 인간.
안치운 (1996), 연극 제도와 연극 읽기, 문학과 지성사.
여홍상 엮음, (1997), 바흐친과 문학이론, 문학과지성사.
유성호 (2006), 현대시 교육론, 도서출판 역락.
이상구 (2002), 구성주의 문학교육론, 도서출판 박이정.
이상섭 (1976), 文學批評用語辭典, 민음사.
이영호 (2004), 인식과 실천, 아카넷.
이응백 외, (1991), 초등교육과 국어교육, 한국방송통신대학. p.257.
전성연 (2001), 교수-학습의 이론적 탐색, 원미사.
정범모 (1976), 교육과 교육학 (시교육학전서1), 배영사.
정성희 (2006), 교육연극의 이해, 『도서출판 연극과 인간』, p.35. pp.176-177.
조동희 (1987), 아동연극개론, 범우사.

황정현 (1998), "국어과 교수 · 학습의 원리" 『초등 국어과 교육론』, 박이정.
_____ (2007), 동화교육의 이론과 실제, 도서출판 박이정.
황정현 외 (2004), 국어교육과 교육연극의 방법과 실제, 도서출판 박이정.
_____ 외 (2005), 초등 국어과 교육, 도서출판 박이정.

3. 논저
강현재 (1988), 시교육의 수용론적 방법 연구, 석사학위 논문, 서울대학교 대학원.
권오현 (1992), 문학 소통 이론 연구, 서울대학교 대학원. pp.28-32.
권혁준 (1996), 문학비평 이론의 시교육적 적용에 관한 연구, 박사학위 논문, 한국교
    원대학교 대학원.
권혁준 (1997), 문학비평이론의 시교육적 적용에 관한 연구(신비평과 독자반응이론
    을 중심으로), 한국교원대학교 박사학위 논문.
경규진 (1993), 반응중심 문학교육의 방법 연구, 박사학위 논문, 서울대학교 대학원.
김기태 (1985), 효과적인 시 지도와 상상력 신장에 관한 연구, 인하대 대학원 석사학
    위 논문.
김문수 (1975), 중 고교 현대시 교육에 대한 연구, 경북대 대학원 석사학위 논문.
김 선 (1997), 교육연극에서의 리더의 접근방식 연구, 중앙대학교 대학원 석사학위
    논문.
김영실 (1979), 국민학교에서의 문학 교과 지도상의 문제점고, (진주교대 논문집 19
    집), 진주교대.
김윤식 (1976), 시를 어떻게 가르칠 것인가, (심상 1976년 6월호) 심상사.
김은전 (1979), 국어교육과 문학 교육, (사대논총 19), 서울대학교 사범대학.
김정애 (2003), 회화의 통합에 의한 동화교육 방법 연구, 서울교육대학교 교육대학원
    석사학위 논문.
김주향 (1991), 시 교육 방법 연구 -상상력 계발을 중심으로-, 서울대 대학원 석사학위
    논문.
김창숙 (1988), 국민학교에서의 시교육 실태 및 효율적인 지도방안, -고학년을 중심으
    로-, 이화여자대학교 석사학위 논문.
김태기 (1991), 시 해석적 지도의 방향 전환, (모국어교육 제9호), 경상대 국어과.
김혜숙 (1989), 한국 아동극의 교육적 활용에 관한 연구, 한양대학교 석사학위 논문.
김효 (2005), <연극과 교육의 접경지대 : 놀이(놀이에 관한 인문학적 고찰)>, 교육연
    극학 창간호(1집), p.66.

남청자 (2000), 교육연극 방법을 통한 말하기 교육 연구, 서울교육대학교 교육대학원 석사학위 논문.

노창수 (1986), 현대시 교재의 수용적 이해를 위한 전체적 접근 단계의 수업 전개 방법, (미원 우인섭 성생 회갑 기념 논문집), 집문당.

박성철 (1990), 아동극의 교육적 활용방안에 관한 연구, 중앙대학교 석사학위 논문.

박숙현 (2006), 그림 읽기를 통한 시각적 문해력(Visual Literacy)지도 방안 연구, 서울교육대학교 교육대학원 석사학위 논문.

박은희 (1994), 학교 연극 개방과 융화의 장으로, (교육월보 4).

박인기 (1986), 문학제재 교수-학습의 수용과정적 의미, (교육개발 8권 3호), 한국교육 개발원.

박태호 (1995), 반응중심 문학 감상 방략과 교수 학습 방법, (청어람문학 제13집).

박호철 (1992), 역할놀이를 통한 아동의 사회조망능력 향상에 관한 연구, 계명대학교 석사학위 논문.

배문식 (1983), 문학 교재의 구조화에 의한 지도 방법론, -시를 중심으로-, 강원대 대학원 석사학위 논문.

신동구 (2000), 연극놀이를 활용한 희곡지도 방안 연구, 서울교육대학교 교육대학원 석사학위 논문.

엄기원 (1981), 현대 동시의 교육적인 효용에 관한 연구, 동국대학교 석사학위 논문.

오판진 (2000), 교육연극을 통한 동화교육방법 연구, 서울교육대학교 교육대학원 석사학위 논문.

우미라 (2003), 다중지능 이론에 기초한 초등 문학교육 방법 연구, 서울교육대학교 교육대학원 석사학위 논문.

우재학 (1994), 시 수업 방법연구 -수용론적 입장에서-, (어문논총 14·15호), 전남대 학교 국문고.

윤선옥 (1983), 중고등학교 현대시 교육의 문제점 분석 연구, 이화여대 대학원 석사학위 논문.

윤일남 (1984), 시 감상 지도에 관한 연구, 전북대학교 대학원 석사학위 논문.

이경화 (1997), 문학 작품을 보는 관점과 읽기의 두 가지 방향, (청어람문학 제17집), 청어람문학회.

이상구 (1996), 반응중심 문학 교육에 대하여, (유천 신상철 박사 회갑 기념 논총), 문양사.

_____ (1998), 학습자 중심 문학교육 방안 연구, 한국교원대학교 대학원 박사학위

논문.

이용복 (1994), 역할놀이 수업 모형의 적용이 민주시민 의식 내면화에 미치는 영향, 한국교원대학교 석사학위 논문.

이우선 (1982), 고등학교 국어 교과서 시 작품의 이해와 분석, (새 국어 교육 35· 36호), 새국어교육학회.

이유식 (1968), 중등학교에 있어서의 시 감상 지도에 관한 연구, 서울대 대학원 석사학위 논문.

이 중 (1986), 시 맛보기 지도에 관한 연구, 경상대학원 석사학위 논문.

정관영 (1976), 중등학교에서의 시지도에 관한 연구, (논문집 1집), 동아대 국어국문과.

정영희 (2001), 토론 연극을 통한 논술지도 방안 연구, 서울교육대학교 교육대학원 석사학위 논문.

정재찬 (1992), 신비평과 시교육의 연관에 대한 비판적 검토, (선청어문 제20집), 서울대학교 사범대학 국어교육과.

조병진 (2005), 초·중등학교에서의 연극지도, 『교육연극학』, (교육연극학회, 창간호 제1집). p. 23-24.

_____ <정규 교과과목으로서의 연극, 그 교과 운영을 위한 기본전략>, 교육연극학 창간호(1집). p.18.

조연희 (2003), 교육연극을 적용한 토의학습 방법에 관한 연구, 서울교육대학교 교육 대학원 석사학위 논문.

지현배 (1995), 학습자 중심의 교육을 위한 시 수업 모형, (경북대 국어교육연구 27), 경북대 국어과.

최미숙 (1992), 시텍스트 해석 원리에 관한 연구, 서울대 대학원 석사학위 논문.

최보윤 (1996), 학습자 중심 문학교육론의 메타 분석적 연구, 석사학위 논문, 이화여 대 대학원.

최윤정 (1995), 연극놀이의 교육적 효용성 연구, 경성대학교 석사학위 논문.

한귀은 (2001), 문학교육의 교육연극론적 연구, 부산대 박사학위 논문.

한금남 (2006), 스토리텔링을 활용한 문학 반응 활성화 지도 방안 -초등학교 저학년을 중심으로 - 서울교육대학교 교육대학원 석사학위 논문.

한상각 (1977), 국어과 교육에 있어서의 문학 교육의 방법론적 연구, (논문집 13집 2호), 공주교대.

황정현 (1997), 교육연극에 대한 이해와 활용 가능성 연구, (한국어교육 제12호), 한국어문교육학회.

_____ (1999), 드라마의 인지과정 이해, (문학교육학 제3호), 한국문학교육학회.

_____ (2004), '교육연극(Drama in Education)의 교과교육학적 이해' 『국어교육과 교육연극의 방법과 실제』, 박이정. p.13, pp.176-177, p.14, p.17, p.18, p.19.

4. 번역서

권기돈 옮김 (1997), 현대성과 자아정체성, Giddens, A. 지음, 새물결.

권영빈 역 (1989), 놀이와 인간, 기린원.

김성동 옮김 (1996), 사회철학과 예술철학, 메를로-뽕띠 저, 철학과현실사.

김재은 역 (1993), 예술 심리학 (하), *Toward a Psychology of Art*, Rudolf Arnheim 지음, 이화여자대학교 출판부.

박미리 옮김 (1996), 연극의 본질, 앙리 구이에 저, 집문당.

박여성 옮김 (2004), 구성주의 문학체계이론, 지그프리트 슈미트 지음, 책세상.

반성완 옮김 (1983), 발터 벤야민의 문예이론, Benjamin, W. 지음, 문학과 지성사.

신문수 옮김 (1989), 문학 속의 언어학, Jacobson, R. 지음, 문학과지성사.

신숙현 역 (2001), 연극기호학, 안느 위베르스펠트 저, 문학과 지성사.

여홍상 엮음 (1997), 바흐친과 문학이론, 문학과지성사.

이상률 역 (2003), 놀이와 인간, (*Les Jeux et Hommes by* Roger Caillois), 문예출판사.

이유선 옮김 (1993), 해석학과 과학-독일학계의 세 가지 관점, M. 커널리∘T. 코이너트 지음, 민음사.

이은혜 편역 (1993), 「놀이 이론」, 창지사.

임지룡·윤희수·노양진·나익주 옮김 (2005), 몸의 철학 (신체화된 마음의 서구 사상에 대한 도전), G. 레이코프·M. 존슨 지음, 도서출판 박이정. p.127, p.25, pp.26-27, pp.39-40, pp.85-86.

장상호 역 (1987), 「교수, 학습 그리고 의사 소통」, P. J. Hills 지음, 교육과학사. pp.16-21.

장혜전 역 (2004), 연극으로 배우기 (*Learning through theatre* (ED) by Tony Jackson, 1996), 소명출판.

차봉희 옮김 (1995), 구성주의 문예학, S. J.슈미트/ H. 하우프트마이어 지음, 민음사.

하태진 옮김 (1993), 연기방법을 찾아서, Strasverg, Lee. 지음, 현대미학사.

황정현 옮김 (1998), 창조적인 언어 사용 능력을 위한 교육연극 방법,『Playing Their Parts』, Nancy King 지음, 평민사.

황종연 옮김 (1999),『현대 문학·문화 비평 용어사전』, Childers, Joesph, Gary Hentzi,

The Columbia Dictionary of Modern Literary & Cultural Criticism, 문학동네.

5. 외서

Balke, E. (1997), Play and the Arts; The Importance of the "Unimportant", *Journal of the Association for Childhood Education International*, 73(6), 355-358.

Berlin, B. , D. Breedlove and P. Raven, (1974), *Principle of Tzeltal Plant Classification*. New york: Academic Press.

Bloom, B. S. , Engelhart, M. D. , Furst, E. J. , Hill, W. H. & Krathwohl, D. R. (1956), *Taxonomy of educational objectives, Handbook I : Cognitive domain*, New York: David McKay Company.

Boal, A. (1985), *Theatre of the oppressed*, Trans, by M, L, McBride, New York: Theatre Communications Group.

Bolton, Gavin. (1979), *Toward a Theory of Drama in Education*, London : Longman.

Bolton, G. (1984), *Drama As Education: An Argument for Placing Drama at the Centre of the Curriculum*, London: Longman.

Bolton, Gavin, (1985), *Changes in thinking about drama in education, Theory Into Practice*, 24(3), Summer.

Bolton, G. (1999), *Acting in Classroom Dream: A Critical Analysis*, Portland, Maine: Calendar Islands Publishers.

Brockett, O. G. (1991), *History of Theatre(6th ed.)*, Boston: Allyn and Bacon, Inc. p.3.

Bruffee, K. A. (1986), Social construction, language, and the authority of knowledge : A bibliographic essay. *College English, 48(4)*, pp. 773-790.

Carroll, J. B. (1963), A model of school learning, Teachers College Record 64.

Carroll, J. (1993), Drama as *Radical Pedagogy: Agency and Power in the classroom*, unpublished Keynote Address, International Conference, The Work and influence of Dorothy Heathcote, Lancaster University.

Cobb, P. (1994), Where is the mind? Constructivist and sociocultural perspectives on mathematical development. *Educational Researcher, 23*, pp. 13-20.

Cole, P. (1992), Constructivism revisited : A search for common ground. *Educational technology*, 32(2), pp.27-35.

Cremin, L. A. (1962), *The transformation of the school: Progressivism in American education, 1876-1957*, New York: Alfred A, Knopf.

Cronbach, L. J. & Snow, R. E. (1977), *Aptitude and instructional methods*, NY: Irvington.

Cunningham, D. (1992), Assessing constructions and constructing assessments : A dialogue, In T. M. Duffy & D. H. Jonassen (Eds.), *Constructivism and the technology of instruction : A conversation*, pp.35-44). Hillsdale, NJ : Lawrence Erlbaum   Associates.

De Man, P. (1983), *Blindness and Insight*, Univ. of Minnesota Press. p.226.

Dennett, D. (1991), *Consciousness Explained*. Boston: Little, Brown.

Descartes, R. [1628] (1970), *Rules for the Direction of the Understsnding*. In E. S. Haldane and G. R. T. Ross, eds., *The Philosophical Works of Descartes*. 2 vols. Reprint, Cambridge: Cambridge University Press. p.3, p.9.

_____ [1637] (1970), *Discourse on Method*. In E. S. Haldane and G. R. T. Ross, eds., The Philosophical Works of Descartes. 2 vols. Reprint, Cambridge: Cambridge University Press. p.87.

Dewey, J. (1922), *Human Nature and Conduct: An Introduction to Social Psychology*. New York: Holt. Dewey, J. 1925. Experience and Nature. Chicago: Open Court.

Elliot W. Eisner, (1972), *Educating Artistic Vision*. London MacMillan. p.61.

Ernst von Glasersfeld, (1996), "Aspect of Constructivism", Catherine Twomey Fosnot(ed), *Constructivism : theory, perspectives, and practice*(New york and london : Teachers College, Columbia University, 1996). p.9.

Fauconnier, G. and M. Turner (1996), Blending as a Central Process of Grammar, In A, Goldberg, ed., *Conceptual Structure, Discourse, and Language*. Stanfold: CSLI/ Cambridge.

Fleming, R. S. (1963), *Curriculum for Today's Boys and Girls*, Columbus, OH; Merrill.

Fosnot, C. (1992), Constructing constructivism, In T. Duffy & D. Jonassen, eds, *Constructivism and the technology of instruction : A conversation*, pp. 167-176. p. 189. Hillsdale, NJ : Lawrence Erlbaum Associates.

Freud, Sigmunt. (1953), *The Interpretation of Dream*, Trans, and ed, James Strachey, Landon: Hogarth Press.

Gagné, R. M. (1985), *The conditions of learning (4th ed.)*, NY: Holt, Rinehart & Winston.

Gardner, H. (1985), *The Mind's New Science: A History of the Cognitive Revolution*. New York: Basic Books.

Grady, J. (1997), Foundations of Meaning : Primary Metaphors and Primary Metaphors Scenes. Ph.D. dissertation, University of California, Berkeley.

Harrow, A. J. (1972), *A taxonomy of the pschomotor domain*, New York: David McKay Company.

Haugeland, J. (1985), *Artificial Intelligence*: The Very Idea. Cambridge, Mass. and London   : MIT Press.

Heathcote, D, (1975), *Drama in the Education of Teachers*, Institute of Education, University of Newcastle-upon-Tyne.

Heathcote, D. & Bolton, G. (1995), *Drama for Learning : Dorothy Heathcote's Mantle of the Expert Approach to Education*, Portsmouth, NH: Heinemann.

Hesten, S. (1994), *The construction of an archive and the presentation of philosophical, epistomological and methodological issues relating to Dorothy Heathcote's drama in education approach*, Unpublished ph.D. Dissertation. University of Lancaster.

Holt, M. (1994), Dewey and the "Cult of Efficiency": Competing ideologies in collaborative pedagogies of the 1920s, *Journal of Advanced Composition*, 14(1), pp. 73-92.

Huizinga, J. (1950), *Homo Ludens: A study of the play element in culture*, Boston: The Beacon Press.

Jackson, T. (1993), *Learning through theatre: new perspectives on theatre in education* (2nd ed.), London: Routledge.

Johnson, C. (1997), Metaphor vs, Conflation in the Acquisition of Polysemy: The Case of SEE. In M. K. Hiraga, C. Sinha, and S. Wilcox, eds., *Cultural, Typological and psychological Issues in Cognitive Linguistics*. Current Issues in Linguistic Theory 152. Amsterdam: John Benjamins.

Johnson, L. & O'Neill, C. (1984), Dorothy *Heathcote: Collected writings on education and drama*, London: Hutchinson.

John Warren Stewig, Carol Buege, (1994), 『Dramatizing Literature in Whole

Language Classrooms』 Columbia University Teachers College Press, New York and London.

Kenneth J. Gergen, (1995), "Social Construction and the Educational process", Leslie P. Steffe & E. Jerry Gale(ed), *Constructivism In Education*(New Jersey : Lawerance Eribaum Associate, Publishers, 1995). pp.18-19.

Kim Jaegwon (1988), "What is Naturalized Epistemology"(*Philosophical Perspectives 2* : Atascadero, CA : Ridgeview Press.

Koste, Virginia Glasgow (1987), *Dramatic Play in Childhood : Rehearsal for Life*, New Orleans : Anchorage Press.

Krathwohl, D. R. , Bloom, B. S. & Masia, B. B. (1964), *Taxonomy of educational objectives, Handbook Ⅱ: Cognitive domain*, New York: David McKay Company.

Lakoff & Johnson, (1981), *Metaphors We Live by*, Chicago and London : University of Chicago Press.

Lakoff, G. (1987), *Women, and Dangerous things: What Categories Reveal About the Mind*. Chicago and London: University of Chicago perss.

Lakoff, G. and M. Turner. (1989), *More Than Cool Reason: A Field Guide to Poetic Metaphor*. Chicago and London: University of Chicago Press.

Lakoff, G. (1997), How Unconscious Metaphorical Thought Shapes Dream, In D. J. Stein, ed. *Cognitive Science and Psychoanalysis*, New York: American Psychoanalytic Association.

Lakoff, G. , Johnson, M. (1999), *PHILOSOPHY IN THE FLESH: The Embodied Mind and It's Challenge to Western Thought*.

Lave, J. (1988), Cognition in practice : *Mind, mathematics, and culture in everyday life*. Cambridge : Harvard University Press.

Mervis, C. and E. Rosh, (1981), Categorization of Natural Objects. Annual Review of Psychology 32 : pp. 89-115.

Rogoff, B. (1990), *Apprenticeship in thinking : Cognitive development in social context*, New York : Oxford University Press.

Rotty, R. (1991), *Objectivity, relativism, and truth : Philosophical papers*, Cambridge : Cambridge University Press.

Russell, D. (1993), Vygotsky, Dewey, and externalism : Beyond the student/discourse dichotomy, *Journal of Advanced Composition*, 13(1), pp.173-197, p. 283, p. 189, p. 282.

McCaslin, N. (2000), *Creative Drama in the Classroom and Beyond.* (7th ed.), London: Addison Wesley Longman, Inc.

Merleau-ponty, M. (1962), *phenomenlogy of Perception.* Translated By C. Smith. Lodon: Routledge and Kegan Paul.

Mervis, C. and E. Rosh. (1981), Categorization of Natural Objects. *Annual Review of Psychology.*

Nancy King(1996), *Playing Their Part : Language and Learning in the classroom*, HEINEMANN Portsmouth, NH.

Narayanan, S. 1997, Embodiment in Language Understanding: Sensory-Motor Representations for Metaphoric Reasoning About Event Descriptions. Ph.D. Dissertation, Department of Computer Science, University of California, Berkeley.

Piaget J. (1970), *Genetic Epistemology*, New York:W.W.Norton.

_____ (1970), *The development of thought: Equilibration of cognitive structure*, NY:Viking Press. p. 710.

Oberlé, Dominique, (1989), Créativité et Jeu Dramatique, Paris, Méridiens Klincksieck. p.79.

O'Neil, C. & Lambert, A. (1994), *Drama Structures : A practical handbook for teachers*, Portsmouth, NH: Stanly Thornes Publishers Ltd. p.15, p.146.

O'Toole J, (1992), *The Process of Drama: Negotiating art and meaning*, New York: Routledge. p.81, p.160, pp.180-182.

Richard Courtney, (1989), *Play, Drama & Thought-the back ground to Dramatic Education*,

Spolin, Viola. (1983), *Improvisation for the Theatre*, Evanstone : Northwestern University Press.

Spolin, Viola. (1986), *Theatre Games for the Classroom*, Evanstone : Northwestern University Press.

St Clair, J. P. (1991), *Dorothy Heathcote as Philosopher, Educator and Dramatist*, Unpublished Ph, D, Dissertation. University of North Carolina, Greensboro. pp.3-4, p.1, pp.28-29.

Vappula, K. (2000), Dorothy *Heathcote's living through drama in general and in religious education*, www. leaparts. info/ver2/platform/contrib.htm.

Varela, F. E. Thompson, and E. Rosch, (1991), *The Embodied Mind: Cognitive Science and Human Experience*. Cambridge, Mass. : MIT press.

von Glasersfeld E. (1989), Cognition, construction of knowledge, and teaching. *Synthesis*, 80, pp. 121-140.

Vygotsky, L. (1978), *Mind in society: The development of higher psychological processes*, NY : Harvard University Press.

_____ (1978), *Mind in society : the development of higher psychological process*, (trans) Cole, M. et al.

_____ (1933), Play and its role in the development of the Child, In J, Bruner et al., 1976, *Play: A Reader*, London: Penguin.

Wagner, B. j. (1999), *Dorothy Heathcote: Drama as a Learning Medium (revised ed.)* Portland, Maine: Calendar Islands Publishers. Toronto: Simon & Pierre.

Wertsch, J. (1991), *Voice of the mind : A sociocultural approach to mediated action*, Cambridge, MA : Harvard University Press.

Wittgenstein, L. (1953), *Philosophcial Investigation.* New York: Macmillan.

W. V. O. Quine (1969), "Epistemology Naturalized", Ontological Relativity and Other Essays (New York: Columbia Univ. Press).